Dramas da paixão

Coordenadora editorial: Tânia Lins
Coordenador de comunicação: Marcio Lipari
Capa, projeto gráfico e diagramação: Equipe Vida & Consciência
Preparação: Janaina Calaça
Revisão: Equipe Vida & Consciência

2ª edição — 1ª impressão
2.000 exemplares — janeiro 2024
Tiragem total: 2.000 exemplares

**CIP-BRASIL — CATALOGAÇÃO NA PUBLICAÇÃO
(SINDICATO NACIONAL DOS EDITORES DE LIVROS, RJ)**

A64d

Antônio, José (Espírito)

Dramas da paixão / pelo espírito José Antônio ; [psicografado por] Ana Cristina Vargas. - [2. ed.; reimpr.] - São Paulo: Vida & Consciência, 2024.
256 p. ; 23 cm.

ISBN 978-65-88599-95-2

1. Romance espírita. 2. Obras psicografadas. I. Vargas, Ana Cristina. II. Título.

23-87022 CDD: 133.93
CDU: 133.9

Este livro adota as regras do novo acordo ortográfico (2009).

Vida & Consciência Editora e Distribuidora Ltda.
Rua das Oiticicas, 75 – Parque Jabaquara – São Paulo – SP – Brasil
CEP 04346-090
editora@vidaeconsciencia.com.br
www.vidaeconsciencia.com.br

Dramas da paixão

Romance pelo espírito José Antônio

ANA CRISTINA VARGAS

NOVA EDIÇÃO

DEDICATÓRIA

Entregamos nosso primeiro trabalho, no regresso às lides da literatura, à avaliação dos leitores nos alvores do terceiro milênio, como mais uma lembrança das pedras que devemos evitar em nossa jornada, fugindo dos dramas que tanto infelicitam corações. Neste início de novos tempos, desejamos prestar sincera homenagem aos semeadores do século XIX.

Quando luzes novas raiavam ao mundo do conhecimento e somente o academicamente científico era aceito, valorosos irmãos desceram à Terra para semear uma nova doutrina e desvendar aos homens as maravilhas do universo espiritual que nos cerca. Reencarnaram como anônimos trabalhadores, desbravadores de uma nova concepção de vida. Com eles, o mestre de Lion, incansável batalhador do progresso, codificando o que apresentou como a Doutrina Espírita, foi seu maior expoente e luzeiro de todos os sinceros adeptos da revelação espírita.

Na Espanha do século XIX encontravam-se bravos defensores desses ideais. Semeadores que partiram de todos os cantos daquela nação com destino aos diversos países de língua latina, levando consigo as sementes do Espiritismo, que a mãos cheias espalharam e cultivaram.

Naquele bravo país também encontraram — e ainda encontram hoje — um tanto mais veladas a intolerância e a intransigência religiosas, cerceadoras do avanço do pensamento e do progresso. Lá, ocorreu em Barcelona, a 9 de outubro de 1861, às dez e meia da manhã, na esplanada da cidade, onde eram executados os criminosos, a queima de trezentos volumes e brochuras sobre o Espiritismo, importados da França, entre eles obras de Allan Kardec. As fogueiras da ignorância humana acenderam-se, e nem mesmo isso foi capaz de ofuscar o idealismo daqueles desbravadores. Ao contrário, como as labaredas que subiram, também se elevou entre eles a disposição da divulgação, e surgiram valorosos nomes que a história esqueceu ou nem ao menos registrou.

A eles nossa sincera homenagem e gratidão. Para expressá-la, valemo-nos, como em tantas outras partes desse trabalho, das palavras de Allan Kardec:

> Já temos tido muitas ocasiões de dizer que a Espanha contava com numerosos adeptos, sinceros, devotados e esclarecidos. Não é mais devotamento, é abnegação; não uma abnegação irrefletida, mas calma, fria, como a do soldado que marcha para o combate, dizendo: Custe-me o que custar cumprirei o meu dever. Não é essa coragem que chameja como um fogo de palha e se extingue ao primeiro alarme; que, antes de agir, calcula cuidadosamente o que pode perder ou ganhar: é o devotamento daquele que põe o interesse de todos acima do interesse pessoal.
>
> Que teria ocorrido às grandes ideais que fizeram o mundo progredir, se só tivessem encontrado defensores egoístas, devotados em palavras, enquanto nada tivessem a perder, mas se dobrando ante um olhar de ameaça e o medo de comprometer algumas parcelas de seu bem-estar? As ciências, as artes, a indústria, o patriotismo, as religiões, as filosofias têm tido os seus apóstolos e os seus mártires. O Espiritismo também é uma grande ideia regeneradora; apenas surge; ainda não está completo, e já encontra corações devotados até a abnegação, até o sacrifício; devotamentos às vezes obscuros, nem buscando a glória, nem o brilho, mas que, por agir numa pequena esfera, nem por isso são menos meritórios, porque são moralmente mais desinteressados.
>
> Contudo, em todas as causas, os devotamentos em plena luz são necessários, porque eletrizam as massas. Não será longe o tempo — isto é certo — em que o Espiritismo terá também seus grandes defensores que, desafiando os sarcasmos, os preconceitos e a perseguição, hastearão a sua bandeira com a firmeza que dá a consciência de fazer uma coisa útil; apoiá-lo-ão com a autoridade de seu nome e de seu talento, e seu exemplo arrastará a multidão dos tímidos, que prudentemente se põem à margem.
>
> Nossos irmãos da Espanha rompem a marcha; cingem os rins e aprestam-se para a luta. Que recebam as nossas felicitações e as de seus irmãos em crença de todos os países, pois entre os Espíritos não há distinção de nacionalidades. Seus nomes serão inscritos com honra ao lado dos corajosos pioneiros, aos quais a posteridade deverá um tributo de reconhecimento por terem sido dos primeiros a pagar com suas pessoas e contribuído para a ereção do edifício. [...]1

Resgatando no tempo um pouco dessa história, a eles dedicamos este trabalho[2].

Janeiro de 2001.

---

1 KARDEC, Allan. Apóstolos do Espiritismo na Espanha. *Revista Espírita*, Sobradinho, março de 1869.

2 Informações históricas sobre o Espiritismo na Espanha e fatos narrados nesta obra são referidos por Allan Kardec na *Revista Espírita* nos anos 1861, 1862, 1864, 1865, 1868 e 1869.

APRESENTAÇÃO

Iniciava-se o ano de 1972. Nas regiões espirituais próximas à Terra, um grupo de abnegados companheiros buscava, mais uma vez, socorrer Maria Helena, nossa personagem e a prova viva de que somos os criadores de nossos destinos, os responsáveis pela conquista da felicidade ou da desventura.

Maria Helena, desventurada criatura que, por incompreensão do que seja o amor, se confunde em um emaranhado de sentimentos indisciplinados, tornando-se, assim, um ser desequilibrado.

Naquela data, iniciamos um projeto para seu reajuste e para o resgate do grupo de espíritos com o qual ela se vinculava — muitos já encarnados na Terra, onde assumiram o compromisso de auxiliá-la, pois estavam seriamente comprometidos com seu estado atual.

Nas lides terrenas, muito precisamos meditar sobre as mágoas afetivas que causamos, egoisticamente, aos nossos semelhantes, pois, muitas vezes, pessoas se envolvem sem que nessa relação exista afeto verdadeiro. Em geral, buscam passatempo, atender às paixões físicas despertadas pela beleza de um corpo, sem considerar com isso que o outro ser, além de corpo, possui alma, sentimento e razão. Daí, originam-se sérios processos obsessivos que perduram por séculos, desequilíbrios, dores que poderiam ser evitadas, se o homem se atentasse a envolver-se somente atendendo aos interesses sinceros e com amor. São as provas voluntárias que angariamos em momentos de irreflexão e as consequências que, compulsoriamente, receberemos.

A história de Maria Helena retrata essa realidade. Mulher traída em seus mais sinceros sentimentos femininos, incompreendida por uma sociedade preconceituosa, que julga sempre o seu próximo e se diz cristã. Espírito de paixões extremadas, que, não compreendendo o valor do perdão e sua parcela de responsabilidade nos fatos que narraremos aqui, cai nas malhas do desequilíbrio alienante, descambando para o pior dos erros que o ser humano pode praticar e colhendo, ainda hoje, os frutos amargos de dias pretéritos.

Nosso intuito, ao tornarmos pública essa vivência que acompanhamos como amigos interessados, é mostrar que a vida é bela e que sábias são as leis que a regem, sendo nossa responsabilidade conquistarmos o melhor. A justiça divina, porém, cobra centil por centil. Enquanto não aprendermos a lição, a conquista do melhor fica adiada. Essa história é um alerta para nosso hoje. O tempo de solucionar os conflitos é agora e com todo empenho. Colocar "panos quentes" em nossas chagas afetivas de nada adianta. Comecemos já nossa reforma íntima, arejando e limpando nossa casa interior e resguardando-a para que nela não penetrem invasores. Um jardim cultivado com zelo não apresenta ervas daninhas. Um coração resguardado vibra paz e serenidade.

Você encontrará neste relato não um final feliz, uma história doce ou um passatempo, porque a vida é bem mais do que isso. Não há, portanto, final, mas depende de nós torná-la feliz.

CAPÍTULO 1
EM SOCORRO

José Antônio O local é denso, escuro e parece uma caverna. Não se vislumbra luz; há uma espécie de claridade cinzenta que empresta um aspecto profundamente triste e melancólico. Sentada em trapos, vemos uma jovem mulher de vinte e um anos, de aspecto quase macabro, suja, vestida de andrajos, cabelos desgrenhados, magra, que aperta contra o peito, de forma sôfrega e angustiada, um bebê, ninando-o com um canto que expressa em suas nuances vibrações de medo, ódio e amor em total confusão. Causou-nos profunda dor vê-la e ouvir sua cantiga de ninar desesperada. Nossa tarefa era resgatar o espírito que trazia consigo, dando início ao processo de reajuste de antigos débitos. Nesse cenário, iniciaremos a história de Maria Helena.

A equipe destinada a essa tarefa compunha-se, além de mim, de três companheiros: Georges, antigo benfeitor da jovem Maria Helena; Dóris, amiga espiritual de outras existências do bebê que teve por nome Manuela; e nosso orientador.

Ao depararmo-nos com a cena, uma dor profunda nos atingiu. Como um ser espiritual, eterno, dotado de todas as condições para atingir os mais altos graus da perfeição e destinado à felicidade, poderia encontrar-se naquelas lamentáveis condições? Nosso orientador, sentindo nosso questionamento interior, explicou:

— Meus filhos, sem dúvida são tristes as condições em que encontramos Maria Helena. É natural que sintamos nosso coração tocado, porém não nos esqueçamos de que essa condição em que Maria Helena está foi por ela própria construída e agora se constitui em aprendizado. Sentir as consequências de nossas atitudes construtivas ou não é a forma de educação que a vida utiliza para nos ensinar a nos adaptarmos às suas leis. Se construirmos atitudes positivas, receberemos a certeza de prosseguir no caminho correto através do bem-estar que a prática do amor e da fraternidade proporcionam. Se, contudo, nossos atos se revestirem de rebeldia para com o Pai, o sofrimento será nossa colheita. E o sentiremos, até que, exauridos, compreendamos, enfim, a vontade do Pai e as leis que regem nossa existência, harmonizando-nos de forma segura. Nossa irmã, no momento, não tem sequer condições de perceber nossa presença, por isso dirigiremos a ela nossas preces, buscando confortá-la e acalmá-la. O melhor a ser feito é dar cumprimento ao roteiro traçado. Confiemos que tudo tem seu tempo e que a normalidade voltará para nossa desafortunada Maria Helena.

As palavras de nosso orientador tiveram o dom de acalmar a equipe, e Dóris, sem demora, se propôs a iniciar o trabalho distribuindo as tarefas.

— Georges, como você possui maior afinidade com nossa socorrida, poderia tentar fazê-la perceber sua presença e arrancá-la desse estado de fixação mental em que se encontra, fazendo-a mais receptiva às nossas vibrações.

— Por certo, Dóris, faremos o possível.

Após pronunciar tais palavras, Georges concentrou-se em prece fervorosa, e percebemos que, lentamente, ele se tornava mais opaco, assumindo as feições e características que facilitariam sua identificação por sua antiga assistida. Ao fim de alguns instantes, a transformação estava completa. Georges apresentava-se como um cavalheiro distinto de cerca de cinquenta anos, calvo, alto e forte, elegantemente vestido, sem esquecer sua bengala, companheira que o identificava sempre, pois não dispensava tal objeto em seus passeios, fossem eles longos ou curtos, embora não tivesse nenhum problema àquela época para locomover-se. Tratava-se apenas de um mimo que não dispensava.

Voltando-se para nós, ele disse bem-humorado:

— Não fossem todos os percalços que a existência material nos oferece, quase me sentiria tentado a voltar aos meus passeios ao longo das avenidas de minha amada Paris. Mas deixemos os saudosismos de lado e vamos ao trabalho que nos trouxe a este infeliz local.

Georges abeirou-se de Maria Helena, que continuava sua triste cantiga de ninar, sem nem ao menos perceber nossa chegada.

— Helena, querida, olhe para mim. Sou eu, o velho Georges, seu amigo.

Nada registrou a desditosa criatura, totalmente alienada. Nosso companheiro voltou a insistir, mas nada aconteceu. Sentou-se ao seu lado, abraçou-a e começou a acompanhá-la na cantiga de ninar, embalando-a, sem ser, no entanto, notado. As vibrações de seu canto transmitiam paz, e, lentamente, o panorama começou a modificar-se. Nos olhos de Maria Helena notamos algumas fulgurações rápidas, lampejos de lembranças felizes. Recordou-se de uma figura, não conseguiu atribuir-lhe um nome, mas um bem-estar havia muito não sentido insinuou-se em seu ser. Por um momento, Maria Helena interrompeu sua cantiga, olhou o bebê em seus braços e falou:

— Manuela, filhinha, o que faremos nós duas agora? Não sei onde estamos nem o que se passa. Sinto fome, meu peito está seco, e, se você acordar, como vou alimentá-la? Mas não se preocupe... Enquanto eu puder, cantarei para você, pois, assim, não acordará. Vai dormir e estar com os anjos, mas nada vai afastá-la de mim. Nós temos ainda alguns amigos. Não sei onde estão, contudo, irão, por certo, nos procurar. Só precisamos ficar juntas. Dormindo, você não sentirá fome nem frio. Minha mãe sempre me dizia que as crianças dormem com os anjos, por isso, enquanto eu puder, cantarei para niná-la. Durma, filhinha. Durma.

Compungido, Georges ouvia essas palavras, que demonstravam que Maria Helena realmente estava alheia à realidade de sua situação. Aproveitando que ela manifestava preocupação com o bem-estar da filha, tentou uma nova aproximação.

— Helena, você clama pelos amigos, mas não reconhece quando nos aproximamos. Vamos. Veja! Sou o velho Georges.

Ao mesmo tempo, ele envolveu-a com vibrações de carinho. Observando a cena, indago ao nosso orientado.

— Por que a dificuldade em nos fazer percebidos?

Ele, de pronto, esclareceu:

— José Antônio, não me decepcione. Observe mais. Não é Georges quem enfrenta dificuldades, mas, sim, Maria Helena. Ela alienou-se voluntariamente da realidade. Provavelmente, nem se lembra do próprio nome. Sua única e obsessiva preocupação, no momento, é com Manuela. Assim ela desencarnou: envolta em ódio, amor e desespero profundos. E se apresenta aqui nas mesmas condições. A mente não sofre alterações bruscas. O processo de loucura é do espírito, não da matéria. Ela alienou-se, enquanto encarnada. O desequilíbrio das emoções desestruturou todo o seu ser, levando-a a esse estado miserável, que o desencarne não modifica. Ao contrário, agrava, pois se muitas vezes a perturbação natural do desencarne em espíritos em condições normais pode ser prolongada, imagine nas condições dessa irmã. Ela é refratária a qualquer contato. Mas oremos pedindo ao Mestre Jesus que auxilie nosso companheiro Georges para que ele tenha êxito. Como você sabe, até mesmo os casos mais graves de desequilíbrio têm momentos de lucidez. Peçamos que seja concedida essa dádiva a Maria Helena: um minuto de lucidez para que Georges consiga nosso intento de resgatar Manuela.

Dóris, que acompanhava nossa conversa, chamou a atenção para o que se passava.

— Glória Pai de amor e bondade, nossa rogativa foi atendida. Vejam, irmãos. Georges, finalmente, conseguiu captar a atenção da jovem.

Maria Helena, enfim, percebeu um carinho em seu rosto, o abraço amigo e sua voz a adverti-la.

— Não acredito! Enfim, encontrei alguém! Georges! Velho Georges! Por que não me procurou antes? Me diga onde estou. O que aconteceu? Você trouxe comida, como sempre. Você é bom, meu velho amigo! Que saudade! Dê-me logo a comida. Minha filha pode acordar, e não tenho como alimentá-la. Você sempre pensa em tudo. Vamos, sacie minha fome. Não posso falar muito se não ela acorda. Tenho frio. Você trouxe uma manta? Eu sei que trouxe. Você é bom, gosta de mim e me compreende. Georges, Georges, não diga nada, pois ela pode acordar. Fique quieto. Depois que eu comer, lhe contarei tudo.

— Não, Maria Helena, mantenha a calma. Manuela é um bebê muito calmo. Você sabe que, se ela estiver em seu colo, não vai acordar. Tranquilize-se. É para ajudá-la que vim aqui. Mas você precisa cooperar, confiar em mim. Quero levá-las para um local onde você e Manuela receberão tratamento. Você vem comigo?

— Georges, irei a qualquer lugar em que deem alimento para minha filha, para que ela não acorde com fome e frio.

Levantaram-se, e Georges acenou positivamente para nós, abraçando a jovem mãe, que voltou a entoar sua cantiga, e seu bebê. Partimos. Dóris, profundamente agradecida pelo socorro que vislumbrava para sua protegida, agradecia ao Pai, enquanto nosso orientador nos envolvia a todos com seu olhar sereno e firme, transmitindo-nos alegria pelo êxito de nossa tarefa.

Rumamos para uma zona de atendimento próxima ao local onde nos encontrávamos. Já nos aguardavam lá, pois sabiam de nossa tarefa de resgate. O local era uma espécie de casa de repouso. Não diremos hospital, porque o doente mental não necessita dele, uma vez que a mente é o espírito, e não há outro tratamento para o espírito senão o amor e o tempo para se reequilibrar. Toda doença é transitória. Na essência, todos nós somos sadios e voltaremos sempre a essa condição. A doença é sintoma de nossas ações e de nossos pensamentos irrefletidos. Quando aprendemos a lição do que fazer, não reincidimos naquela dor, pois aprendemos a evitá-la. Assim, a doença mental não necessita de encarceramento; necessita de amor e compreensão, porque transfere do espírito para a matéria um estado de perturbação profunda do ser emocional, que não conta com o anteparo da razão para estruturar suas ações e compreender a vida e especialmente os semelhantes, buscando como forma de proteção a fuga através do que conhecemos como loucura.

Em geral, esse processo começa na Terra e completa-se no mundo espiritual. Facilmente, espíritos que sofrem processo de obsessão quando encarnados e não são esclarecidos devidamente ao desencanarem permanecem sob o jugo desses espíritos e, já um tanto ensandecidos, acabam descambando para uma situação idêntica. Outras vezes, como é o caso de Maria Helena, sofrem profundos dissabores na área afetiva, fruto de suas provações voluntárias, e, não suportando a dor, sucumbem às fugas e alienam-se em regiões de sofrimento. No momento em que o homem se compreender, compreender para que fim existe e por que está na Terra, nada disso voltará a ocorrer, pois ele verá que não há dor insolúvel e que de nada vale querer eximir-se da vida, pois ela é superior às forças do espírito. Sendo assim, não está em nosso poder impor-lhe limites, dar-lhe fim. As ilusões que temos a respeito da vida material e espiritual é o que nos fazem gerar nossos infortúnios. Idealizamos o paraíso ou o inferno, estamos felizes ou desgraçados, e raras são as vezes que conseguimos compreender o ponto de equilíbrio que nos cabe. Somos aprendizes da vida e, dessa forma, temos de nos equilibrar, compreendendo que a dor e a alegria são estados transitórios de nossas emoções.

A felicidade real não é fugaz; ao contrário, é fruto do entendimento da razão de estarmos aqui. Tão logo compreendemos que estamos em aprendizado, adquirimos duas coisas fundamentais: a conquista e a descoberta do estado de felicidade, que envolvem a humildade e a paciência.

Humildade para compreender que somos criaturas e, como tal, temos a apreender na grande obra do Criador, daí, aceitamos as lições da vida. E mais: à medida que temos a noção de que fomos criados para evoluir, atingir regiões de felicidade, mais fácil se torna ver que todo o resto é transitório e depende de nós construir o paraíso ou o inferno. Humildade real é saber conhecer nossos limites, não culpar o outro por nossos erros e assumir todas as atitudes, sejam elas boas ou más, e assinar cada uma de nossas ações, sem transferir responsabilidade. Agindo assim, começamos a empreender a conquista do equilíbrio, e, ao somarmos a isso um tanto de paciência, esse estado se completará, adquirindo um caráter de estabilidade.

A paciência é uma virtude que precisamos exercitar inicialmente conosco, como todas as demais, pois, assim, aprendemos a nos amar e amar ao próximo. Exercitar a paciência conosco é compreender que falhamos ou até que falimos em determinados casos. Não pode, contudo, ser uma virtude passiva, simplesmente aceitar. Não é sermos paciente com o erro, mas, sim, com nossa condição de aprendizes. Não se exige do aprendiz a perfeição do mestre, no entanto, o aprendiz deve ser incentivado a retomar o trabalho com maior esforço e dedicação para que atinja os graus do mestre. Paciência é aceitação e trabalho. Ao aceitarmo-nos como aprendizes e aprendermos com nossas imperfeições, entendemos melhor nosso semelhante, deixando de exigir dele uma perfeição que sabemos não ser possível. Compreendemos também que, se muitas vezes somos magoados, machucados e feridos, é porque ele é um aprendiz e não consegue agir conosco da forma que o Mestre ensinou. Aceitamos porque também carregamos imperfeições. Deixemos que o tempo e o trabalho o aperfeiçoem. Esse é o destino. Não carreguemos sentimentos desnecessários, já que a humildade nos ensinou que devemos assinar todas as ações, assumindo nossa parcela de responsabilidade nos erros de nossas relações.

Atravessamos com relativa velocidade a zona escura em que Maria Helena estava. Encaminhamo-nos para a Casa de Maria, onde ela seria deixada para tratamento. Essa organização socorrista muito próxima ao local triste das cavernas escuras era, por assim dizer, uma antítese do anterior. A Casa de Maria é extremamente agradável, um prédio extenso de dois andares em forma de um quadrado perfeito, cercado de um lindo gramado e envolto em uma luz branca, que não ofusca o recém-chegado, lançando uma atmosfera de paz que atrai ao primeiro olhar. Ali, respira-se paz e descanso. A sensação que experimentamos à medida que nos aproximávamos dessa casa era a mesma que tínhamos quando encarnados e buscávamos a proximidade com o mar, especialmente ao amanhecer. A solidão, o marulhar das ondas, o canto dos pássaros e a tênue luz do amanhecer sempre infundem sensações de paz e vigor para o novo dia. Essas vibrações envolvem a Casa de Maria. Os espíritos para lá encaminhados necessitam de paz e repouso para recuperarem-se, refazerem suas vidas e redescobrirem-se, por isso levamos Maria Helena para lá.

Ao chegarmos, fomos recebidos ainda nos gramados por um prestativo companheiro que atendia na instituição, o enfermeiro Amaral, que veio ao nosso encontro já sabedor do caso que trazíamos.

— Sejam bem-vindos, companheiros! Encaminhemos nossa enferma até os alojamentos. Ficam à esquerda do jardim das fontes. Por favor, me sigam.

Surpreendido, acompanhei a equipe.

Dóris, sempre sensível, percebeu minha surpresa.

— José Antônio, a beleza é fundamental para a conquista da harmonia. Como despertaremos em um ser a vontade de progredir, lhe mostraremos que o universo e a vida são belos, cheios de oportunidades e que cada um deve buscar em si a força para alcançar a condição de viver permanentemente de forma bela, em um local que não transmita exatamente essa ideia? As imagens contêm conceitos que atuam tanto ou mais no psiquismo humano do que as palavras. Facilmente, sensibilizamos e transformamos um quadro de dor quando usamos ingredientes de paz e beleza. Nada mais correto do que uma organização como essa para recuperar espíritos na condição de nossa Maria Helena. Você ainda terá muitas surpresas!

— De fato, Dóris. Como ainda temos a aprender! Não esperava esse jardim das fontes! Aliás, já foi uma enorme surpresa nos depararmos com a visão maravilhosa dessa casa após aquele local tão triste.

— É pena que nossa amiga não tenha, no momento, condições de apreciar essa mudança. Mas confiemos de que, em breve, por meio do contato com esses companheiros especializados nesse trabalho, ela possa recuperar-se e voltar a crescer.

— Bem, Dóris, busquemos Georges e nosso orientador, que, acostumados a esse local, já não se surpreendem como eu. Prosseguimos o trabalho. Obrigado por suas explicações. Vamos.

— Claro, mas não se incomode em interromper-me quando desejar alguma informação que esteja ao meu alcance. Nessa missão, minha colaboração se iniciará, como você sabe, somente após os primeiros cuidados dispensados a Maria Helena. Então, minha Manuela voltará a mim para prosseguirmos nossa jornada.

Deixamos aquele aprazível jardim de verde luxuriante e fontes de água cristalina, dispostas harmoniosamente entre os caminhos e bancos, que realmente convidavam à reflexão, e adentramos uma porta lateral do prédio. Depois, seguimos por um corredor, cujas paredes laterais de vidro permitiam que víssemos o jardim das fontes. Do lado oposto havia portas, e era tudo branco, porém não tinha aquele clima tão comum aos hospitais terrenos.

— Novamente surpreso, José Antônio. Vejo em sua expressão. Aqui, não encontramos o clima às vezes asfixiante de um hospital, pois todos os trabalhadores são conscientes de suas tarefas, as executam em clima de fraternidade e sabem o quanto essa calma é transmitida aos atendidos e aos demais companheiros, contribuindo para o equilíbrio. Precisamos aprender a dominar nossos pensamentos e nossas emoções para encontrarmos uma forma sadia de viver e conviver.

Prosseguimos nossa caminhada até encontrarmos uma porta aberta e o enfermeiro Amaral de saída.

— Podem entrar — disse Amaral. — Já a instalamos. Estou indo avisar o irmão Marcos, que acompanhará o caso. Ele virá logo. Aguardem.

Georges estava junto de Maria Helena, abraçando-a.

— Como está? — perguntei.

— Como pode ver, ela ainda não está percebendo as mudanças que a cercam.

De fato, Maria Helena permanecia nas mesmas condições de quando ainda estava nas cavernas. Ninava seu bebê desesperadamente e repetia as mesmas frases, num monólogo repetitivo e quase sem nexo.

Sentada sobre a cama alva, sua figura tornava-se um contraste quase violento com o ambiente. O quarto totalmente branco, composto apenas de uma cama, uma cadeira e uma mesa, era simples em comparação ao ambiente dos jardins por onde antes estivéramos.

Admirando esse fato, questionei ao nosso orientador:

— Professor, por que a mudança de ambiente? Por que lá fora há tanta beleza e elaboração e aqui há tamanha simplicidade?

— José, a pergunta responde-se por si mesma, se considerarmos o objetivo desta casa. Os espíritos aqui asilados temporariamente precisam sair de dentro de si mesmos, de suas ideias fixas e doentias, e passar a viver e conviver com o ambiente que os cerca. Não é em celas que possibilitaremos essa mudança de padrão mental e de comportamento. Atraí-los para junto da natureza em ambientes abertos favorece o tratamento, despertando-lhes a curiosidade e o desejo de explorar o novo.

— Esse local é fantástico. Cada ambiente, então, corresponde a um conceito dentro do tratamento que aplica.

— Exatamente.

Interrompemos nosso diálogo com a chegada do irmão Marcos, que cumprimentou a todos e se dirigiu a Georges:

— Então, como nossa paciente está respondendo ao tratamento?

— Com dificuldade — esclareceu Georges. — Somente após tentarmos várias vezes, conseguimos que ela nos notasse. Acompanhando-a nesse intervalo de tempo, notamos que seus instantes de lucidez são fugazes e raros. Ela não tem noção de onde está, qual sua atual condição. Maria Helena vive confusa entre os últimos dias na matéria e o local onde foi parar após o desencarne. Suas vibrações, como pode ver, são pesadas e cheias de desespero. Apega-se à filha e domina-a, fazendo-a submergir em um sono hipnótico. O que faremos, amigo?

— Inicialmente, ela precisará descansar. Adormecê-la nos permitirá tratá-la com mais eficiência nesses primeiros momentos. Dar-lhe um aspecto mais agradável. Determinaremos à equipe de enfermagem que lhe aplique passes de efeito calmante e a adormeça. Se desejarem, poderão acompanhar o procedimento e contribuir com suas vibrações.

— Lógico — respondeu Georges. — Se estiver ao nosso alcance, por certo teremos prazer.

— Fiquem à vontade. Em breve, a equipe deve chegar. Se nos permitem, precisamos acompanhar outros pacientes que chegarão. Nós os manteremos informados das condições de nossa enferma. Paz, queridos!

Despedindo-se, ele partiu pelos corredores.

Alguns instantes depois, três agradáveis senhoras de semblante risonho deram entrada no ambiente em animada conversação.

— Então, como estão? — interrogaram-nos animadas.

Com familiaridade, nosso orientador respondeu:

— Melhor, ainda mais vendo a alegria e animação com que trabalham.

— Ora, trabalhar com alegria é benéfico aos nossos espíritos e aos espíritos de nossos assistidos. Um clima alegre e saudável predispõe a vida, reforça a coragem e desperta. Precisamos aprender a viver com máxima disposição todos os momentos, pois isso nos garantirá a saúde necessária.

Com o olhar sereno e aprovador, o orientador fez um gesto concordando com as palavras da senhora enfermeira. Aproveitando que ela começara a atender Maria Helena, aproximei-me dele e indaguei:

— Orientador, você conhece essa companheira?

— Claro, José. A equipe que aqui trabalha, em sua maioria, já fez parte dos assistidos desta casa. Em condição melhor, descobrem o prazer e a necessidade do trabalho e, realizando-o, mantêm a harmonia conquistada. O trabalho é o melhor remédio para os males do espírito. A ociosidade agrava todos os problemas.

Com esses esclarecimentos e fazendo um gesto de silêncio, ele encerrou nosso diálogo, indicando-nos o atendimento que a equipe de enfermagem iniciava.

A alegre senhora que dialogara conosco acercou-se da paciente com infinita ternura, abraçando-a e pedindo a Georges que se afastasse.

— Então, minha amiga, vamos! Volte a atenção para nós. Você é tão bonita. Precisa recuperar-se para o próprio bem e de seus amigos. Vamos, coopere comigo, olhe para mim.

Maria Helena, surpreendentemente, voltou o rosto na direção da enfermeira e olhou-a, silenciando seu canto. Por um longo momento, fixou a enfermeira, parecendo recobrar por instantes a lucidez. Ela perguntou:

— Ainda me acha bonita? A senhora é muito boa. Eu já não me acho bonita, mas veja minha filhinha! Ela é linda. É tudo o que tenho, minha razão de viver.

Fazendo-se de surpreendida, a enfermeira retrucou:

— Mas é mesmo?! Deixe-me vê-la. Deve ser linda, pois a mãe é bonita.

Maria Helena afastou um pouco de si o bebê para que a enfermeira o visse.

— Sim, é uma bela menina. Parabéns. Você deve estar muito feliz com uma criança tão linda e tão calma. Veja como dorme.

— Ela precisa dormir. Não posso deixá-la acordar, pois não tenho mais com o que a alimentar e estamos passamos muito frio. A fome é horrível. Não sei onde estamos e não conheço ninguém. Perdi-me. Dormindo, ela não sofrerá, não morrerá e ficará sempre comigo.

Com a mesma alegria e ternura, a enfermeira olhava o bebê e prosseguia o diálogo como se fosse coerente o que ouvia.

— Ora, você está amparada agora. Está em uma casa de repouso. Vocês duas serão atendidas, e não precisa temer.

— Você é boa — dizendo isso, Maria Helena sorriu.

— Isso! Sorria! Você fica ainda mais bonita sorrindo. Mas qual é seu nome?

— Meu nome? Será que esqueci meu nome? Eu lembro que Georges é meu amigo e me trouxe para cá. Ele lembra meu nome.

Virando-se, ela procurou visualizar Georges.

Acompanhávamos com encanto a cena que se desenrolava. Georges, disfarçando a emoção, consultou com olhar a enfermeira e, ante sua aquiescência, aproximou-se novamente.

— Claro que lembro seu nome. Você se chama Maria Helena. E, de fato, a enfermeira tem razão em tudo quanto lhe disse. Confie nela e não se preocupe. Aqui, você receberá tudo de que precisa.

— Georges, minha filhinha também poderá ficar aqui? Se ela não ficar, vou-me embora.

— Acalme-se. Sua filhinha será tratada também. Agora que sei seu nome, eu me chamo Dulce. Vamos ser amigas. Vai deixar-me tratá-la?

— Você é boa. Eu deixo, sim.

— Ótimo! Vamos começar agora mesmo — respondeu Dulce. E, dirigindo-se a nós, pediu: — Por favor, deixem-nos a sós. Tão logo iniciemos a aplicação dos passes, lhes chamaremos.

Ao mesmo tempo, uma das enfermeiras abriu a porta para que nos retirássemos.

No corredor, podíamos conversar com maior liberdade. Dóris e Georges, extremamente felizes com o andamento da tarefa, viam que seus pupilos se encaminhavam para uma melhora. Nosso orientador acompanhava o diálogo enaltecendo a importância da fé para a realização exitosa de qualquer tarefa. De minha parte, a curiosidade era tanta que eu não conseguia prestar maior atenção a este ou aquele comentário; parecia-me que cada coisa e cada gesto naquela casa tinham um significado especial e eram direcionados a um objetivo comum. Estudá-los, observá-los, ainda que momentaneamente, era fascinante.

De repente, abriu-se a porta do quarto, e a mesma enfermeira convidou-nos a entrar. Ao lado do leito, permaneciam Dulce e outra auxiliar. Percebendo nosso ingresso no recinto, Dulce aproximou-se e informou-nos quais procedimentos seriam adotados, ressaltando a importância da tarefa de Dóris, que, neste momento, deveria ser realizada. Depois, acompanhou-nos até o leito da paciente.

Que transformação! Verdadeiramente irreconhecível! Se não houvesse acompanhado toda a jornada, não poderia reconhecer naquele leito a mesma jovem mulher que vira nas cavernas. Deitada sobre lençóis brancos, vestindo uma ampla túnica de um azul diáfano, estava uma jovem de beleza invejável. Seus longos cabelos, desembaraçados e limpos, ondulados e repartidos ao centro, de um castanho-claro, lembravam folhas de outonos batidas pelo sol e emolduravam o rosto de feições regulares de Maria Helena, destacando-se pelos grandes olhos e pela boca rosada de lábios cheios. Era esbelta e bem formada de corpo e trazia nos braços o bebê adormecido, agora embrulhado em um xale branco. Não cantava mais.

— Dulce, não tenho palavras para agradecer seu trabalho.

— Ora, Georges, nosso trabalho não precisa de agradecimento! Aqui, compreendemos que é dando que se recebe. Aceito, porém, seu carinho como incentivo a todas nós.

— Essa jovem é uma amiga querida, que muito tem sofrido. Tudo quanto pudermos fazer para auxiliá-la nos será tarefa de alegria.

— Continuemos, então, amigos.

Dulce aproximou-se novamente do leito e falou:

— Maria Helena, seu amigo voltou para vê-la e trouxe consigo uma companheira especializada para atender seu bebê. — E, trazendo Dóris ao seu lado, continuou: — É muito importante para a bebê que ela seja tratada. Vocês sofreram muito, e a menina está adormecida. Não sentirá sua falta.

Desconfiada, a jovem observou Dóris pela primeira vez. Vimos que, rapidamente, brilhou em seus olhos aquela chama de medo e ódio à simples menção de afastar a menina de si. Dóris, contudo, obedecendo às instruções da enfermeira, dirigiu-se a Maria Helena, falando com brandura e segurança:

— Confie em mim. Desejo o melhor para Manuela, e, enquanto ela estiver longe de você, eu serei seu anjo guardião. Zelarei, dia e noite, se preciso for, pelo bem-estar dela. Serei para sua bebê o amor que você sente e a trarei aqui para visitá-la. Deixe-me levá-la, Maria Helena. Manuela precisa ser tratada. Sei do afeto que você sente por sua filha e respeito isso. Não desejo substituí-la. Entregue-me Manuela, como se o fizesse a uma velha amiga.

Dulce, notando que a paciente se calara e voltara a fechar-se, interferiu imediatamente:

— Ora, Maria Helena, não seja egoísta! Nós lhe dissemos que não poderíamos atender a bebê da mesma forma que fizemos com você. Ela precisa de quem entenda de bebês, e nesta casa ainda não temos esse serviço. Você havia concordado comigo. Quando conversamos, chegamos à conclusão de que o melhor seria que Manuela fosse atendida por essa amiga, que é especializada. Além do mais, foi o senhor Georges, seu amigo, que a trouxe aqui e buscou Dóris para atender a menina. Vamos, confie em Dóris. É o melhor a fazer. Ela cumprirá a palavra. E será por pouco tempo.

Olhando fixamente para a enfermeira Dulce, Maria Helena acalmou-se, beijou a menina e a estendeu a Dóris. A expressão de Dóris foi indefinível. Seu rosto estava iluminado, e notamos seus olhos marejados de lágrimas de felicidade. Com o bebê nos braços, aproximou-se da jovem paciente, acariciou seu rosto, como uma mãe o faria, e murmurou:

— Eu amarei você tanto quanto amo Manuela. Jesus a abençoe!

Retomando a direção da tarefa com seu sorriso e de forma enérgica, Dulce convidou a todos nós para que iniciássemos a aplicação de passes calmantes. Nosso grupo permaneceu em prece, vibrando para que Maria Helena encontrasse a paz e a recuperação naquela casa. Enquanto isso, Dulce aplicava-lhe passes, envolvendo a paciente em energias brandas até fazê-la adormecer.

Cumprida a tarefa, retiramo-nos do quarto.

— Tarefa cumprida, por ora. Deixemos que ela descanse — disse Dulce, que fitando um a um do grupo, sorriu e despediu-se: — Precisamos seguir nosso trabalho. Foi uma alegria vê-los. Paz a todos.

Observando-a afastar-se com suas auxiliares, o orientador, com sua costumeira serenidade, nos disse:

— Terminada parte da tarefa. Sigamos para atender Manuela.

Georges tornou a aproximar-se do leito, beijou as faces da paciente adormecida, acariciou-lhe os cabelos e murmurou-lhe um adeus.

Partimos, deixando para trás aquela casa que tão esclarecedores conceitos me trouxera.

CAPÍTULO 2
DIVERSAS MORADAS

O Universo é muito maior do que nossos profetas disseram, mais grandioso, mais sutil, mais elegante.

(Carl Sagan)

Em busca de assistência para Manuela, chegamos a um posto de atendimento a espíritos que desencarnaram na infância. Era uma construção térrea pequena de um tom rosa-pérola, cercada de flores e pequenos animais, que também eram motivos de decoração na base das paredes. À porta, encontrava-se uma jovem que nos recebeu alegremente.

— Dóris, finalmente nos trouxe a menina Manuela! Como ela está?

— Regina, querida, você não sabe a alegria e a satisfação que sinto neste instante. Sim, trago Manuela e a deixarei sob seus cuidados. Para onde iremos?

— Sigam-me. Vamos levá-la ao berçário. Ela ainda está adormecida, como você informou?

— Sim. A desventurada Maria Helena, que foi sua mãe na malograda existência finda, está perturbada mentalmente. Não sabia o que havia ocorrido, onde estava e, temendo que a menina sofresse privações, cantava hipnoticamente, enviando vibrações que atingiam Manuela e a mantinham nesse estado de dormência.

— É lamentável! Mas para tudo há uma solução e uma nova oportunidade. Tratemos, então, de recuperá-las: Maria Helena e Manuela.

Enquanto Dóris e Regina conversavam, observávamos o local, que nos parecia uma creche. Sem sombra de dúvida, era um local dedicado à infância. As salas eram claras e decoradas com cores alegres e motivos infantis, e os móveis eram adaptados aos seus pequenos habitantes. Uma música alegre e um suave perfume conferiam a todo o ambiente uma sensação de aconchego do lar e segurança.

— Vejo que novamente se surpreendeu, José Antônio. Estamos em um setor que ainda conhece pouco. Aqui, abrigamos espíritos desencarnados na fase infantil. Para facilitarmos sua adaptação e percepção sobre a vida espiritual, reproduzimos o ambiente de um lar. Aqui, eles chegam e são recebidos por companheiros dedicados, que lhes servem de famílias substitutas. Assim, começam lentamente a recobrar lembranças, compreendem a situação atual para, assim, prosseguirem a outra etapa na vida espiritual — esclareceu o orientador.

Curioso, indaguei:

— O que farão com Manuela? Ela desencarnou ainda bebê? Desde que as buscamos, essa pergunta tem me perseguido e confesso não ter encontrado resposta.

— O caso é peculiar. Manuela foi vítima de assassinato. Teve sua existência física interrompida aos sete meses. O processo reencarnatório recém se iniciava, sua personalidade ainda estava totalmente tolhida, e ela exercia apenas o uso dos instintos, apesar de seu espírito registrar todas as ocorrências pelas quais estava passando. Manuela necessitará de tratamento diferenciado. Como esse fato se deu com ela ainda nos primeiros meses de vida, será submetida a um procedimento que visa a recuperar a personalidade e a forma anterior do espírito, possibilitando, assim, que se manifeste inteligentemente. É lógico que, como dissemos, ela carregará consigo a lembrança dos fatos vivenciados ao lado de Maria Helena. Em pouco tempo, talvez você conheça Manuela.

— O que será feito após?

— Preparamos seu retorno à Terra. Ela permaneceu muito tempo sob o poder de Maria Helena, e, agora que conseguimos resgatá-la, o tratamento será de urgência. Tão logo seja possível, ela se juntará a antigos companheiros, especialmente aquele que foi inadvertidamente o causador de todo o drama que você tem acompanhado.

— Então, a recuperação de Manuela será breve.

— Sim. Tudo para o retorno dela já está acertado. Precisamos apenas que recobre a consciência para tomar ciência dos planos e aquiescê-los ou não.

Adentramos em um berçário e encontramos vários bebês atendidos individualmente.

— Aqui estamos — disse Regina. — Manuela ficará sob meus cuidados. Cada uma das trabalhadoras cuida de um bebê. Alguns foram seus familiares. Muitas trabalhadoras exercitam a prática da maternidade consciente e zelosa em futuras existências terrenas, já que a maioria de nós faliu nessa tarefa em algum momento. Agora, enquanto resgatamos, também aprendemos. Dóris, deixe o bebê comigo. Conforme fomos orientadas, ela será tratada em regime de urgência. Faremos tudo para recuperá-la o mais breve possível. Tão logo esteja consciente de si mesma, nós a chamaremos.

— Muito bem. Regina deixou-a com você com a certeza de que fará o melhor. Mantenha-me informada, por favor. Jesus as abençoe nessa tarefa! — respondeu Dóris.

Apertou gentilmente a bebê e entregou-a a Regina. Depois, voltou-se ao orientador, informando:

— Podemos regressar. Maria Helena e Manuela já estão sendo atendidas. Tudo se encaminha conforme o planejado.

— Sim, Dóris — concordou o orientador e convidou o grupo a retornar à nossa instituição.

Na saída, passamos por uma biblioteca repleta de crianças monitoradas por duas assistentes, que ministravam uma aula com o apoio de uma tela de projeção na qual se sucediam imagens.

— A criança necessita da luz do conhecimento e de esclarecimento. Em geral, os pais, na vida material, preocupam-se em dar-lhes formação, ensinam-lhes esportes, danças, línguas, e ocupam-se em prover-lhes diversão. Práticas ainda equivocadas, sem espiritualidade. Esquecem-se de que a infância é apenas uma breve fase da vida do espírito, na qual se faz necessário incutir bons princípios, semear virtudes e despertar a religiosidade, baseadas na verdade e não em alegorias que assustam e geram medo nas mentes infantis. A verdade deve ser dita de forma que a criança compreenda e extraia o ensinamento. Isso lhe dá segurança, a faz confiar no adulto e sentir que ele a está preparando e preocupando-se com seu desenvolvimento integral e não só de seu corpo físico. De posse desses conhecimentos, será possível para a criança enfrentar a realidade, aceitá-la e transformá-la. Quando essa realidade for, por exemplo, a morte de familiares, é preciso lembrar que tal educação, caso desencarne na infância, facilitará a adaptação ao mundo espiritual. Portanto, a preocupação com a formação e com o conhecimento das verdades da vida são primordiais no trabalho com as crianças, estejam elas encarnadas ou não — esclareceu o orientador. — Mas deixemos esse assunto para mais adiante e regressemos sem demora à nossa instituição.

O espírito deslocou-se com a rapidez do pensamento, e, em pouco tempo, já estávamos novamente em nossa instituição. Nosso lar é um educandário habitado por amigos que desejam construir novas ideias e perspectivas de desenvolvimento. Buscamos compartilhar vivências, encontrar as causas de nossas quedas e fortalecermo-nos para superá-las. Em grupo, com compreensão e amor, melhoramos aprendendo e trabalhando para assimilar os ensinamentos de Jesus, tornando-os parte de nossa conduta e ofertando-os a quem desejar compreendê-los como um caminho para a felicidade. Para disseminar seus princípios libertadores, cada um de nós trabalha na área que lhe apraz, utilizando as melhores tendências e aptidões na tarefa escolhida. Assim, alguns se dedicam ao atendimento aos espíritos infelizes, às vítimas da ignorância do bem, buscando fazê-los despertar e encaminhando soluções, como foi o caso de nossos amigos Dóris e Georges. Outros, como eu, utilizam os recursos possíveis à nossa condição, recolhendo fatos e histórias para despertar consciências e abrir-lhes novos horizontes. O orientador supervisiona tudo, com a serenidade que caracteriza sua alma e uma, perdoe-me a expressão, invejável dedicação aos seus objetivos. Foi por isso que acompanhamos a excursão de resgate de Maria Helena e Manuela.

Ao final de nossa jornada, reunimo-nos em um dos salões da instituição, e o orientador, em prece, agradeceu ao Criador as lições e realizações do dia. Encerrada a breve reunião, permanecemos em uma agradável conversa, ainda felizes com os resultados obtidos. O orientador aproximou-se do grupo onde eu estava e disse:

— Querido José Antônio, espero que o trabalho de hoje tenha sido proveitoso para suas observações.

— Por certo, orientador. Era fundamental esse contato com as atendidas. Como bem sabe, há algum tempo tenho pesquisado as vivências delas, que servirão de base ao nosso romance. Vê-las, conhecer suas condições presentes e, principalmente, me permitir perceber o que sentiam me deram maior clareza das consequências de atitudes impensadas.

Conversamos alguns instantes, e logo depois me retirei. Precisava estar só para dar início à história de Maria Helena.

CAPÍTULO 3
O PASSADO

Pela reencarnação, a igualdade é para todos, o futuro pertence a todos sem exceção e sem favor para ninguém, os que chegam por último não podem culpar senão a si mesmos.[3]

Corria o ano de 1790, quando a família Alvarez, composta por nobres espanhóis de baixa hierarquia, recebeu da Coroa espanhola o domínio de uma pequena ilha, para onde transferiu residência.

Paisagem luxuriante, esse é o termo para definir aquele pequeno paraíso que passaram a chamar de lar. Praias extensas, nas quais o mar azul-turquesa contrastava com grandes extensões de areia branca e suaves dunas, tendo ao fundo vegetação verde e rica. Desbravar aquele domínio foi tarefa árdua. Praticamente desabitado, era conhecido ponto de parada dos corsários e piratas europeus em busca de pilhagens milionárias dos navios que faziam rota para o Oriente.

No centro da ilha, os Alvarezes estabeleceram a sede da paróquia, construindo uma pequena igreja dedicada à Santa Tereza, ao redor da qual se formou uma pequena praça. Depois, foram construídas casas de comércio, estalagem e a residência de artesãos, dando origem, assim, a um pequeno povoado, pobre, habitado por comerciantes e artesãos, que tinha na Igreja seu grande foco de reunião.

Próximo ao mar, a família Alvarez fixou residência e mandou construir uma formosa vila de três andares, em semicírculo e com paredes brancas. Grandes arcos deixavam entrever em todo o primeiro pavimento um piso de lajotas coloridas, e as janelas arredondadas da parte superior davam um ar de graça e frescor à construção. Ajardinada com roseiras e arbustos ornamentais, a vila tinha ao centro uma fonte de querubins,

---

3 KARDEC, Allan. **O Livro dos Espíritos**. Araras, SP: IDE. Questão 199 a.

que jorrava água em abundância, formando uma cortina de prata cercada por bancos de mármore. De lá saíam caminhos para diversos recantos dos jardins da Vila Alvarez e o caminho central conduzia aos portões.

O interior da residência era igualmente luxuoso para os padrões do local. Móveis feitos de madeira escura, tapeçarias, objetos de metal e cristal adornavam-na. Pinturas de afrescos no teto retratavam cenas religiosas, com grande profusão de santos. Era um local austero. Apesar da beleza natural que a rodeava, da arte e da riqueza da decoração, faltava-lhe paz e aconchego. Inúmeros criados e escravos trabalhavam na Vila Alvarez, pois os muitos aposentos e as salas requeriam cuidados constantes.

Tanto no povoado quanto na vila, todos os habitantes se submetiam ao domínio de dom Antônio. Ele era o senhor daquelas terras, o segundo proprietário da ilha e concedia aos moradores o direito de habitá-la ou não. Nascido em 1800, filho único, acostumara-se a mandar, ser obedecido em todos os seus desejos e não suportava contrariedades. Dom Antônio era uma pessoa de natureza sisuda, circunspecto, conservador extremado e severo com a família e com aqueles que considerava subalternos. Bem-apessoado, chamava a atenção onde quer que se apresentasse. Guardava em seu íntimo uma natureza pervertida, verdadeiramente devassa, libertina, que o tornava facilmente escravo de suas amantes.

Em 1818, como era de praxe na época, teve seu casamento arranjado com dona Maria Gomez, uma jovem de dezesseis anos, extremamente inexperiente, educada somente para servir à procriação, a Deus, e obedecer cegamente ao marido a quem temia e não amava. Aliás, amor era palavra muito pouco utilizada, quiçá sentida pelo casal.

O casamento, entretanto, não modificou os pendores do jovem par. Ao contrário, intensificou-os, fazendo dom Antônio entregar-se à libertinagem em viagens solitárias, mantendo, assim, a fachada de homem exemplar de quem nada se podia falar. Já dona Maria, por sua vez, sofria em dobro, pois, ainda que ignorasse a infidelidade do marido, se tornava infeliz a cada dia, especialmente por não conceber o tão cobrado herdeiro para a família Alvarez.

Ao longo dos dez primeiros anos de casamento, dona Maria teve alguns abortos espontâneos que quase lhe custaram a vida, sem que o herdeiro legítimo surgisse na Vila Alvarez. Educada para casar-se e conceber filhos, isto para ela era uma verdadeira tortura e desonra, por isso, nem sequer questionava o fato do marido não a levar em suas viagens. Perguntas e comentários ao fato de ainda não ter dado um filho ao marido envergonhavam-na. Assim, dona Maria acabava grata ao marido por poupá-la da convivência com outras pessoas, deixando-a sempre na ilha, onde os habitantes conheciam seu dilema e não a interrogavam.

Acreditava-se amaldiçoada e buscava a Igreja com frequência exagerada. Confissões, penitência, jejuns, promessas eram sua rotina. Dona Maria clamava a Deus para conceber um herdeiro, entretanto, a idade avançava, e ela não lograva êxito em gerar o filho.

Em 1832, finalmente, dona Maria conseguiu realizar seu desejo e deu à luz uma criança, que viria a ser a única herdeira legítima do pequeno império e dos títulos da família Alvarez.

CAPÍTULO 4

O NASCIMENTO

A infância tem ainda outra utilidade: os Espíritos não entram na vida corporal senão para se aperfeiçoar, se melhorar; a fraqueza da pouca idade os torna flexíveis, acessíveis aos conselhos da experiência e daqueles que os devem fazer progredir. É quando se pode reformar seu caráter e lhe reprimir as más inclinações; tal é o dever que Deus confiou aos pais [...].[4]

Transcorria uma tarde quente nos domínios dos Alvarezes. Dom Antônio impacientava-se, andando de lado a outro da sala de leitura, enquanto o padre se abanava confortavelmente sentado.

— Acalme-se, dom Antônio. As mulheres sabem o que fazer nestas horas. Sente-se. Vamos rezar! É tudo quanto podemos fazer neste momento. Oremos para que Nossa Senhora auxilie dona Maria a dar à luz seu herdeiro.

— Padre, quisera fosse tão simples. O senhor bem sabe o quanto tenho esperado minha esposa cumprir com seu papel e me dar esse filho. Sabe o quanto ele é necessário. E quantas tentativas já foram falhas! Essa é a primeira que cumpre seu tempo, porém, Maria não é mais uma jovem, não tem idade e saúde para que esperemos que tudo corra bem. Estou nervoso. Não poderia estar de outro modo! Essa criança tem de ser perfeita!

— Meu caro dom Antônio, Deus é sábio. Se agora atende às súplicas de sua esposa é porque este é o momento. Ela tornou-se digna de ser mãe. Esperemos e rezemos. Tudo correrá bem! Eu lhe afianço.

— Deus o ouça, padre!

Passadas algumas horas, entre o corre-corre das criadas, ouviu-se o choro de um recém-nascido.

— Nasceu, padre! Meu filho nasceu! Tenho, finalmente, um herdeiro! — anunciou de imediato dom Antônio.

---

4 KARDEC, Allan. **O Livro dos Espíritos**. Araras, SP: IDE. Questão 385.

Tomado pela emoção, dom Antônio abraçou o padre, que, surpreendido, retribuiu-lhe o gesto, felicitando-o e louvando a Deus pelo tão esperado nascimento.

— Vá, dom Antônio. Veja como estão a mãe e a criança. Não se demore mais. Tão logo a senhora esteja recomposta, irei vê-la. Pode dizer-lhe — instruiu o padre.

Sem demora, dom Antônio dirigiu-se ao andar superior, onde ficavam os aposentos da esposa. Bateu à porta, ordenando à parteira que preparasse a senhora e a criança, pois desejava vê-las.

Recuperando-se do longo trabalho de parto a que se submetera, dona Maria olhou a filha considerando como dar a notícia ao marido. Tinham agora uma herdeira, mas não um filho homem como era sabido ser seu desejo. "Será que ele rejeitará aquela linda menina? Ao menos, ela é perfeita e aparentemente saudável", pensou.

— Posso mandar dom Antônio entrar? — perguntou-lhe a parteira.

— Apenas um momento. Ainda não sei como direi a ele que é uma menina — respondeu dona Maria.

"Será que Deus não poderia ter atendido mais este seu pedido e lhe dado um filho homem? Isso acabaria com a tortura que é minha vida", pensou. Mas, imediatamente, reagiu e persignou-se pedindo perdão a Deus. Afinal, seu maior pedido fora atendido: era mãe e sua filha estava bem. Assim, conseguiu forças para encarar o marido e pedir à parteira:

— Mande-o entrar, por favor.

— Se a senhora quiser, posso dar a notícia a dom Antônio lá fora. Com certeza, será a primeira coisa que me perguntará.

— Prefiro eu mesma lhe dar a notícia. Pode ir.

Antes de se retirar, a parteira olhou satisfeita para suas pacientes. Finalmente, aquele nascimento ocorrera com sucesso. Gostava muito de dona Maria e a auxiliara nas vezes em que fora infeliz nas gestações e lutara para sobreviver. Naquele dia, em alguns momentos, julgou que a patroa não teria forças e sucumbiria com a criança, mas, felizmente, ambas estavam bem.

— Pode entrar, dom Antônio. A senhora o espera com a criança. Hoje é um dia muito feliz em nossa ilha.

— Sim, é verdade. Pode ir.

Dom Antônio viu Maria recostada no leito com a criança nos braços, pálida, cansada, porém composta, como sempre.

— Então? Nosso filho é perfeito, saudável, está bem? Posso vê-lo? — indagou dom Antônio, afoito.

— Venha, marido! Veja nossa criança! Sim, ela é perfeita e saudável — convidou dona Maria.

Dom Antônio aproximou-se e pegou a recém-nascida, olhando-a emocionado. "Finalmente, eis a continuidade do meu nome! Tudo farei para torná-lo meu sucessor! Aprenderá comigo as artes do comércio e do mando", pensou.

— Deus atendeu aos meus inúmeros pedidos e às minhas promessas. Temos uma criança, porém temo não poder parar com minhas súplicas. Deveremos ter outros filhos.

— Nem pensar! Basta, minha senhora. Não mais faremos tentativas. Temos um herdeiro. É suficiente — retrucou dom Antônio, sem tirar os olhos da criança.

— Dom Antônio, nossa criança é uma menina. Não deseja que tenhamos um filho homem? — insistiu dona Maria.

Nesse instante, ele se deu conta de que nem ao menos havia perguntado sobre o sexo da criança, tal era sua certeza de que teria um filho homem. Olhou novamente para o bebê, porém de uma forma diferente, sem o brilho da emoção. Um toque de decepção foi indisfarçável na resposta:

— Sendo assim, talvez devamos tentar. Pensarei a respeito e lhe comunicarei oportunamente minha decisão. Agora descanse. Vou deixá-las, pois tenho negócios a tratar. A angústia da espera impediu-me de atender aos compromissos que se avolumam. Com sua licença — disse dom Antônio, devolvendo a menina aos braços da mãe.

— Apenas mais um momento, dom Antônio. Qual nome deseja dar à nossa filha?

— Sinceramente, não pensava em batizar uma mulher, por isso não escolhi nenhum nome. Dê-lhe a senhora um nome — respondeu ele.

— Obrigada. Se concordar, ela se chamará Maria Helena, tal qual minha avó materna.

— Que seja! Até logo.

Correu o tempo, e a vida prosseguiu. Na Vila Alvarez, tudo seguiu sem grandes modificações. A atitude dos pais de Maria Helena teve por tônica o dia de seu nascimento. O pai não escondia a decepção de ter uma filha e não o seu tão sonhado herdeiro e acompanhava seu desenvolvimento um tanto distante e friamente. A mãe amava-a muito e dedicava-se com zelo às funções maternais, coisa não usual nas mulheres de sua classe social na época. Exilada na ilha, distante da sociedade e de suas imposições, dona Maria criou para si uma condição diferenciada: acompanhou todo o desenvolvimento da filha, cumulando-a de mimos e carinhos, nos momentos em que não estava dedicada à Igreja. Além disso, era amiga das criadas.

Assim, transcorreu a infância da menina. Inocente, Maria Helena não percebeu as circunstâncias que a cercavam. Foi feliz pelo carinho da mãe e dos serviçais, entretanto, a preocupação com sua criação limitava-se a ter atendidas suas necessidades básicas. Maria Helena era de natureza doce e afável, mas, aos cinco anos, começou a questionar e manifestar outros traços de sua personalidade, como a teimosia. Os mimos excessivos dados pela mãe, que atendia a todas as suas vontades, geravam um comportamento egoísta. Perdera-se a oportunidade de semear, naquele solo rejuvenescido pela encarnação recente, valores morais capazes de desbastar as tendências negativas que ela ainda carregava e que, aparentemente, eram "sem importância" na infância, mas que crescem e se manifestam intensamente na idade adulta, quando o espírito demonstra sua personalidade plena, com vícios e virtudes. No cultivo das virtudes e no combate aos vícios é que devemos nos empenhar vigorosamente na infância, mesmo que seu comportamento nos pareça sem importância, fruto de infantilidade. Alguns até consideram "normais" atitudes estremadas de egoísmo e crises temperamentais. Esse é o momento que o Pai nos reserva para retirarmos as ervas daninhas do orgulho, do egoísmo e da vaidade, que, desde muito cedo, se manifestam nas crianças, oferecendo-lhe o conhecimento e o cultivo de novos hábitos capazes de desenvolver virtudes[5].

Crescendo sem esse contraponto, a menina, que, como todos nós, trazia comprometimentos com vícios morais de longa data, manteve sua personalidade arrebatada, não medindo consequências para ter o que desejava. Essas coisas pequeninas revelavam tendências como teimosia,

---

5 Nota do autor espiritual: sobre o tema, lembramos as orientações de *O Evangelho Segundo o Espiritismo*, capítulo XIV, A ingratidão e os laços de família, ditadas por Santo Agostinho, esclarecendo a tarefa que compete aos pais na educação dos filhos, especialmente os parágrafos 5 e 6.

crises de choro, chantagens emocionais às amas para que lhe fizessem as vontades, e a isso os pais chamavam de "coisas de criança", esperando que, quando crescesse, a menina mudasse.

De fato, mudaram de forma, pois o conteúdo e a origem dessas ações estão na personalidade do ser espiritual, que se manifesta na matéria como lhe permite o corpo. Cabia-lhes alterar o conteúdo, mexer nas origens daqueles comportamentos, substituindo a teimosia pela compreensão dos limites e que nada conseguiria com comportamento arrebatado e sem medir consequências para ter o que desejava. Teriam evitado os dissabores futuros e a teriam feito realmente feliz e não ilusoriamente, como é a felicidade da satisfação dos desejos.

Se falhou a educação moral de Maria Helena, não se poderia dizer o mesmo da educação formal, aquela que produz o dito "verniz social". Essa foi tratada com esmero por seu pai. Dom Antônio, desiludido com a ideia de ter um herdeiro homem, deu-se conta de que precisava preparar a filha para um bom casamento, pois assim haveria um homem para substituí-lo à frente dos negócios da família quando chegasse a hora.

Imbuído desse pensamento, dom Antônio trouxe professores da Espanha para educarem a menina, já que não conseguiu seu intento de colocá-la em um convento para ser educada até a idade de casar-se. Aliás, foi uma das poucas concessões que fez à esposa ao longo de sua vida. Dona Maria não suportaria ser afastada da filha e implorou-lhe que não o fizesse, ameaçando-o de que ela, igualmente, entraria no convento para não mais sair e assim dedicar a vida a Deus, caso ele insistisse na ideia. Temendo que isso se concretizasse, dado o fervor da mulher pela Igreja e o consequente escândalo de sua mulher abandoná-lo para viver num convento, dom Antônio aquiesceu ao desejo de dona Maria, deixando a menina permanecer na ilha. A condição foi que a educação de Maria Helena se submetesse aos professores por ele contratados. Sua única filha não seria uma fanática ignorante como a mãe, mesmo sendo uma mulher. Por isso, a herdeira recebeu conhecimentos de letras, matemática, artes, tornando-se portadora de uma cultura invejável para a época, já que poucas eram as jovens que ao menos sabiam ler.

Aos treze anos, Maria Helena recebeu aulas de dança e etiqueta para o convívio em sociedade, com vistas a prepará-la para ser apresentada à Corte da Espanha. Dom Antônio desejava levá-la para viver na Espanha por algum tempo para que ela conhecesse mais do mundo do que lhe era oferecido na ilha. E chegava também o tempo de pensar em fazer uma aliança casando Maria Helena com um homem de sua escolha.

A adolescência mostra claramente a personalidade do espírito reencarnado. O desenvolvimento do corpo físico permite-lhe expressar-se plenamente. As tendências trazidas do passado mostram-se mais claras, e instala-se, assim, a luta pela superação. Se a educação recebida na infância teve o cuidado de dar virtudes em substituição aos vícios observados, há paz e prosperidade. Se não houve, é na adolescência que surgirão os dissabores para os pais, que, em geral, exclamam ante os problemas: "O que foi que eu fiz para ter um filho assim?". Deveriam, no entanto, perguntar-se: "O que deixei de fazer para ter agora um filho assim?".

Equipara-se à situação de uma lavoura que nos é entregue arada, adubada, em boas condições para o plantio. Entretanto, nós, como lavradores, deixamos o tempo passar preocupados em enfeitá-la, crendo que ainda não é o tempo certo. Enfim, somente quando surgem as gramíneas e as ervas daninhas, ressecadas, com solo mais difícil de trabalhar, é que cremos ser tempo de lançar as sementes que nos incumbiram de plantar. Qual será a colheita de tal lavoura?

A menina tornou-se uma moça. Aos quinze anos, Maria Helena estava, segundo a avaliação de seu pai, preparada para ser apresentada à sociedade. Era bela e encantava com sua alegria e inocência. Era muito ingênua, em parte fruto do ambiente em que viva. Tinha uma personalidade arrebatada, apaixonada e sem limites quando desejava algo. Inteligente e curiosa, fizera jus à primorosa educação formal recebida. Submetida a uma severa disciplina pelos professores, ela encontrou no mundo do conhecimento um local para viver à larga, longe dos limites e da solidão da ilha. Pela leitura, transportava-se para tempos distantes, gostava da filosofia clássica e entretinha-se com a matemática, com a combinação de números e resultados, como se fossem jogos. Cativante é a palavra que definiria a jovem.

A perspectiva da viagem e de ver locais que somente conhecia por meio dos livros a enchiam de contagiante entusiasmo. Nada temia e, no tocante ao convívio com outras pessoas, nem ao menos pensava que poderia enfrentar dificuldades; via somente felicidade. Em muitos aspectos, ainda era uma criança.

CAPÍTULO 5
O INÍCIO DO DRAMA

As paixões são alavancas que decuplicam as forças do homem e o ajudam na realização dos objetivos da providência. Mas, se em lugar de dirigir, o homem se deixa dirigir por elas, cai nos excessos e a própria força que, em suas mãos poderia fazer o bem, recai sobre ele e o esmaga.[6]

Em 1847, Maria Helena e dom Antônio chegaram à Espanha. Inicialmente, hospedaram-se na casa de familiares distantes.

Notícias da ilha chegavam periodicamente por cartas de dona Maria, para a filha, e do administrador, que dava conhecimento a dom Antônio sobre o andamento dos negócios.

À época, o casal, definitivamente, convivia somente por força das convenções sociais às quais não queria afrontar. Dessa atitude hipócrita colhiam as infelicidades íntimas, os dissabores e as insatisfações, e cada um lidava com elas a seu modo.

Dom Antônio tornava-se, ano a ano, mais sisudo e circunspecto com a família. Na mesma proporção, atirava-se à libertinagem quando distante da ilha. Dona Maria, cada dia mais, confiava que somente a felicidade celeste era possível, por isso se dedicava com fanatismo à religião, buscando sufocar os sonhos destruídos que carregava consigo, transferindo desta para a vida futura a própria felicidade.

Na Espanha, a jovem Maria Helena vivia uma fase de profundo encantamento; para ela, tudo era novidade. Rapidamente, fez amigos, atraídos por sua simplicidade e inteligência. Entre eles, um se tornaria especial.

Encontraram-se numa tarde muito quente em Madri. Maria Helena observava através da janela o movimento na rua, o ir e vir das pessoas, e pensava no que estariam vivendo. Notava que algumas sorriam como se estivessem em um mundo de venturas, de boas lembranças, que lhes

---

6 KARDEC, Allan. **O Livro dos Espíritos**. Araras, SP: IDE. Questão 908.

ocorriam naqueles momentos. Outras passavam visivelmente preocupadas e andavam cabisbaixas. E ainda havia as que, igual às aves nas praias da ilha, andavam em bandos e faziam muito barulho. Essa ideia, naquele dia quente, fê-la sentir falta do frescor da ilha, da liberdade dos momentos em que fugia de seus professores e banhava-se livremente nas águas calmas das baias próximas à vila. Envolta nesses pensamentos, sorriu. A nostalgia iluminou seus olhos, tornando-os mais belos e expressivos, e Maria Helena não percebeu a aproximação de uma pessoa.

— Desculpe, senhorita — pediu o recém-chegado chamando-lhe a atenção. — Não permiti ao criado me anunciar. Sou amigo de longa data de dona Eleonora e do doutor Ângelo e dispensei as formalidades. Não sabia que meus amigos tinham visita. Permita-me, sou Georges de S.., amigo e médico dos donos da casa.

O recém-chegado irradiava simpatia. O sotaque denunciava que era francês. Aparentava ter quarenta anos, era falante, deixava as pessoas à vontade e despertava confiança. Apesar disso, estava solteiro, atravessava a existência sozinho, dedicado aos seus estudos sobre o comportamento humano.

Georges surpreendeu-se por encontrar ali uma jovem tão formosa, pois poucas eram as pessoas que conviviam com o casal. Sabia que tinham familiares distantes, especialmente uma prima de dona Eleonora, mas que pouco se visitavam, pois que essa se casara e transferira residência para um local distante. Quem seria essa jovem?

— Por favor, não se desculpe. Eu estava distraída e não notei sua chegada. Dona Eleonora e o marido foram às compras e não devem demorar. Por favor, aguarde. Permita-me apresentar-me. Sou Maria Helena Gomez Alvarez, prima em segundo grau dos nossos amigos.

"Como é espontânea essa menina!", pensou Georges. "Nada das afetações tão comuns da sociedade. É educada, porém pura". Por pouco, Georges não se perdeu em divagações. Lembrando os deveres da educação, respondeu:

— Sim, claro. Aguardarei. Sou médico, amigo de seus familiares e espero também ser seu amigo. Está há muito tempo na cidade?

— Doutor Georges, chegamos há quinze dias. Ainda estou habituando-me, pois são tantas as novidades. Moramos, meus pais e eu, em uma ilha no mar do Caribe, em domínio espanhol. É a primeira vez que venho à corte. Aliás, é a primeira vez que viajo.

— Por certo, então, a senhorita é a filha da prima de dona Eleonora, da qual ela sente muita falta. Frequentemente, ela me fala de dona Maria. É esse o nome de sua mãe?

— Exato. Infelizmente, minha mãe raramente fala de sua vida antes de se casar com papai. Assim, só conheci dona Eleonora há poucos dias.

A conversa entre os dois fluiu com facilidade, como se fossem amigos há muitos anos, que se reencontraram. Nem as diferenças culturais nem a diferença de idade eram barreira para a afinidade entre eles. De um assunto a outro, conversaram por horas até a chegada de seus anfitriões.

Georges, admirado em encontrar cultura e inteligência em uma jovem proveniente de um local tão distante, mal conseguia disfarçar o encanto e a alegria que sentia. As horas haviam sido agradáveis como poucas.

Ah! Afinidade! Bendita lei que nos desvenda a compreensão das emoções despertadas pelos encontros. Georges e Maria Helena eram espíritos que se reconheciam; eram amigos de outras existências reencontrando-se, daí a identificação dos gostos, dos hábitos, e aquela sensação de indefinível bem-estar. É como matar saudades antigas! É doce! É alegre! É como estar em família.

A visita prolongou-se com a chegada dos donos da casa. O clima de amizade reinante prenunciava que as relações do grupo se estreitariam ao longo da permanência da jovem.

A amizade entre Georges e Maria Helena consolidou-se. Era frequente vê-los em passeios ou visitas recíprocas. Ela estava fascinada com o conhecimento dele sobre o comportamento humano. Observar os hábitos e os porquês de algumas condutas, entender as motivações das pessoas e buscar formas de fazê-las se interessarem pela aquisição de novos conhecimentos e valores humanos eram assuntos sobre os quais conversavam por horas, levando-os a um mundo particular. Eventualmente, dona Eleonora participava da conversa. Em geral, apenas fazia companhia a Maria Helena, a quem apresentava a todos como uma querida sobrinha.

Os dias em Madri eram felizes e seguros na companhia desses amigos, contudo, dom Antônio não os via com bons sentimentos. Em nada lhe agradava a presença frequente do médico. Ele não era o homem que desejava para genro. Com profissão estabelecida, por certo não abandonaria o que tanto amava para dedicar-se aos negócios da família Alvarez. As conversas não o agradavam. Falar de aquisição de valores morais trazia-lhe à mente muitas lembranças e dúvidas que preferia ignorar. Além do mais, considerava-o velho para sua filha. A seu modo de ver, era impossível um homem interessar-se por uma jovem, sem que nisso entrasse interesse sexual. Amizade, afinidade de ideias e sentimentos não eram suficientes para justificar o interesse do doutor.

Não podia, contudo, impedir o acesso de Georges à casa dos amigos comuns, que o consideravam com grande estima. Tornava-se, portanto, urgente levar a filha aos eventos sociais da cidade, fazê-la interessar-se por outras pessoas, evitando a crescente ascendência desse "amigo". Dom Antônio precisava conhecer outras famílias para localizar rapidamente um jovem com as qualidades pretendidas para ser seu genro.

Movido por esses pensamentos, dom Antônio decidiu alugar uma pequena mansão, na qual teria maior liberdade durante o período em que ficasse na corte. A filha surpreendera-o. Não pensava que ela se adaptaria rapidamente a viver na cidade.

Maria Helena florescera. Somara ao seu encanto natural a elegância da moda, maiores cuidados com a beleza, mas mantinha a espontaneidade, sua característica marcante. Despertava atenção. Georges era seu acompanhante, orientador e confessor. A jovem encontrara nele o carinho que o lar lhe recusara. A companhia do amigo supria as carências de sua alma, e Maria Helena compartilhava com ele as dúvidas, alegrias e descobertas da juventude. Por sua vez, a jovem alegrava-lhe a existência, e seu caráter espontâneo e sincero renovava-lhe a esperança em meio à devassidão e superficialidade da época. Para ele, Maria Helena era a filha querida que não tivera e que encontrara crescida e bela. Essa convivência era um alento para Georges, que dedicava suas horas ao estudo e tratamento dos intrincados problemas do ser humano e seus desajustes emocionais, numa época em que isso era coberto com o manto da vergonha e escondido de todos. Época em que um doente era considerado menos do que um animal, despertando o interesse de poucos abnegados médicos.

Georges exilara-se "voluntariamente" na Espanha. Na França, seu país de origem, era um conceituado médico, entretanto, essa reputação não resistiu quando começou a ocupar-se com os problemas da mente. Ele preocupava-se com a dor dos pacientes pelos males incuráveis da mente e passou a dedicar-se a observá-los, a notar as peculiaridades da doença e propor tratamentos que não isolassem o doente. Afirmava que, quando abandonado pelos amigos e familiares, a tendência era um alienamento progressivo e irreversível. Defendia que, às vezes, a origem do mal se enraizava na consciência da pessoa, em erros praticados, forçosamente silenciados e ignorados pela sociedade, como abortos, assassinatos, traições e especialmente situações em que o indivíduo era obrigado a renunciar à sua liberdade de consciência e de escolha, abraçando deveres que seu coração não havia elegido, quer fosse na esfera afetiva ou profissional. Com o passar do tempo, essas "escolhas forçadas" geravam profundas insatisfações e revoltas, lançando os pacientes à fuga da realidade por não suportarem essas vivências impostas.

Ao defender essas ideias, Georges encontrou sérios adversários naqueles que, antes, eram admiradores. Tais ideias renderam-lhe perseguições, que culminaram em sua imigração para a Espanha. Agora, optara por uma vida social restrita a poucos e sinceros amigos, tinha boa clientela e prosseguia suas pesquisas em uma chácara que adquirira numa cidade próxima a Madri. Lá, cuidava carinhosamente desses pacientes, oriundos de diversas classes sociais, que ele tratava, ao mesmo tempo que estudava seus comportamentos. Essa atividade era conhecida por pouquíssimas pessoas. Por esses fatores, eram-lhe muito gratas as horas alegres que passava em companhia de Maria Helena.

Em uma manhã de domingo, Georges visitava a amiga, já na luxuosa residência alugada por dom Antônio. Era uma casa térrea, ampla, de cor cinza, cercada por jardins geometricamente desenhados com labirintos de ciprestes e flores coloridas, com recantos e belas estátuas, tipicamente em estilo francês. Conversavam no recanto favorito da jovem, que ficava um tanto afastado da casa, onde gozava de maior liberdade, pois dom Antônio passara a receber amigos em casa com muita frequência. Maria Helena estava conhecendo no pai um homem totalmente diferente, falante, alegre, rejuvenescido e preocupado com a aparência pessoal como nunca havia sido. Na intimidade com a filha e os criados, contudo, permanecia o mesmo. Essa dubiedade de comportamento intrigava-a, e Maria Helena decidiu conversar a respeito com o amigo.

— Georges, alguém muda de comportamento rapidamente?

— Por que a pergunta? Acaso deseja mudar algo?

— Não. É que noto inúmeras mudanças em meu pai. Aqui, na presença de outras pessoas, ele é quase irreconhecível. Não lembra a pessoa com a qual convivi, por anos, na ilha. Apesar disso, características do caráter anterior ainda se manifestam na privacidade e, especialmente, no trato com os criados. Então, me pergunto se ele mudou realmente.

Ouvindo-a mais uma vez, Georges maravilhou-se com a ingenuidade de Maria Helena, que lhe dava aquela candura tão típica das pessoas sinceras.

Entretanto, lembrando-se de experiências pessoais, não pôde deixar de preocupar-se. Sabia o preço, por vezes muito alto e de sabor amargo, que se paga quando não vemos claramente as pessoas e a vida, seja por ilusões, seja por ingenuidade. Aliás, reconhecia que essa era causadora de sofrimentos.

"Deus, o que dizer à menina?", pensou. Falar-lhe dos caracteres corruptos e dissimulados e enquadrar dom Antônio entre eles seria mostra-lhe uma face triste do mundo, e Georges hesitava em fazê-lo. Entretanto, nada dizer não solucionaria o impasse, pois não impediria que, amanhã, ela se deparasse com a triste verdade da desfaçatez humana. Conservá-la tal qual uma flor pura era o que gostaria, mas sabia ser impossível.

— Filha, o comportamento das pessoas é tão difícil de ser decifrado! Uma vida será insuficiente para estudá-lo. São tantos as razões das atitudes, algumas conscientes, outras me parecem que não. Há a influência do meio, da educação recebida, da cultura, dos interesses envolvidos em cada situação. Mas, posso lhe dizer que poucas são as pessoas capazes de alterar drasticamente sua conduta. Compartilhamos o gosto pela leitura e pelos estudos, e você sabe que não o faço somente para obter informações, mas para analisar vidas. É fascinante apreender com a vivência dos outros, procurar conhecer-lhes o caráter como se fossem nossos mais íntimos amigos. Veja, um dos mais marcantes exemplos de alguém que alterou totalmente sua vida, suas crenças e seus valores foi Paulo de Tarso. De autoridade judaica a cristão atuante, de perseguidor a perseguido, de combatente ao cristianismo a seu mais valoroso defensor e divulgador, isso ocorreu porque ele se deparou com a verdade. Sua história é fascinante e cheia de simbolismo. Quando ele encontrou com o espírito de Jesus, na famosa visão às portas de Damasco, reconheceu seus erros, caiu do cavalo, e todo o seu mundo ruiu naquele instante. Ele, então, se viu tal qual era de fato: um cego. Devido ao fanatismo, estava cego de ódio de todos que ousassem pensar e sentir de forma diferente do que ele aceitava e ensinava-se, à época, como sendo socialmente correto. Paulo de Tarso confrontou o próprio orgulho e, ao ver-se no chão, ficou em posição de igualdade com os demais. Entendeu o engano que alimentava, tanto que segue a pé o caminho que Jesus lhe indica. Ele ainda não era um cristão, mas inegavelmente, entre o cair e levantar-se, era um espírito com conduta e valores absolutamente diversos, não obstante fosse o mesmo espírito. Entende o simbolismo disso tudo? Só o poder da verdade, minha querida, é capaz de mudar drasticamente o comportamento de uma pessoa. Às vezes, podemos estar lado a lado com a verdade e não a reconhecemos a ponto de alterar nossa conduta, como aconteceu com Pedro. Ele conviveu anos com Jesus, diariamente, e não foi capaz de provar a mudança de comportamento, alinhando sua conduta com a consciência. Pedro aceitou as imposições sociais, não foi capaz de reconhecer Jesus e afirmar-se seu seguidor na adversidade. Negou-o para não ser perseguido.

— Então, meu pai se aproximaria mais da conduta de Pedro, alguém que tem sua conduta dirigida pelas imposições do meio. É o que quer me dizer, Georges?

— Não podemos julgar, Helena. Observe-o mais e aprenda para formar um juízo seguro.

— Deixando de lado a conduta do meu pai, suas colocações despertaram-me uma curiosidade: por que alguns são capazes de mudanças profundas e outros não?

— Ah! Helena, você é muito atenta e inteligente, porém pouco habituada à análise do comportamento das pessoas. Não notou que há pessoas extremadas em tudo o que fazem? Se são fúteis, são extremamente fúteis; se são más, Deus nos livre delas; se são boas, igualam-se aos santos e vão ao martírio. Isso mostra que temos diferentes níveis de paixão e compreensão. Estou convencido de que, em essência, somos todos iguais, dotados de sentimentos e inteligência, mas nos diferenciamos. As experiências pelas quais passamos nos transformam. Somos livres para usar nossos sentimentos e nossa inteligência. Daí, alguns são mais apaixonados do que outros, quer dizer, colocam integralmente suas forças nas causas que abraçam e, em geral, são espíritos que buscam a verdade. Em determinadas situações, podem tornar-se vítimas da própria ilusão e julgarem-se detentores da verdade, mas, se provado que aquilo em que se empenhavam não era verdadeiro, abandonam e prosseguem a busca em outros caminhos com a mesma dedicação. Ao passo que outros, uma legião penso eu, simplesmente existem sem indagações ou necessidades mais profundas; vivem por viver, aprendem lentamente, conformam-se aos valores e às imposições vigentes na sociedade. Mesmo quando essas regras lhes são adversas e lhes causam sofrimento, falta-lhes a coragem para ser livres[7].

---

7 Nota do autor espiritual: leitura dos fatos embasada no item 11, Capítulo XII, de *O Evangelho Segundo o Espiritismo*, onde se lê "[...] ao lado desses grandes partidos, formiga a numerosa tribo dos indiferentes que, sem convicção e sem paixão, amam tibiamente

— Georges, por hoje basta de cogitações filosóficas. Precisarei de alguns dias para refletir sobre essa conversa, eu creio — disse Maria Helena com ar de brincadeira. — Vamos passear? Está um lindo domingo, não concorda?

— Para mim, é uma alegria passear contigo, minha bela Helena.

Da janela, dom Antônio, insatisfeito, observou-os embarcarem na carruagem de Georges em frente à entrada da residência, mas decidiu não se preocupar com a relação do médico intrometido e sua filha. Logo, tudo estaria arranjado. Ele aproveitaria o dia. Combinara de visitar Elizabeth naquela tarde e não perderia essa oportunidade. Não era de seu feitio deixar uma mulher bonita esperando, especialmente se ela demonstrasse que sua presença a agradava, como era o caso.

---

e gozam com economia. [...]", princípio que aplicamos à conduta do espírito e ao aproveitamento que faz das experiências propiciadas ao longo do tempo. E ainda na questão 783 de **O Livro dos Espíritos**, abordando o progresso regular e lento que resulta da força das coisas e da ação providencial do Pai, que suscita, de tempos em tempos, quando um povo não avança muito depressa, um abalo físico ou moral para transformá-lo, despertando as paixões adormecidas, fazendo despontar líderes, missionários da caridade e mártires capazes de exemplos que influenciarão inúmeras gerações.

CAPÍTULO 6
ELIZABETH

Ai do mundo por causa dos escândalos; porque é necessário que venham escândalos; mas ai do homem por quem o escândalo venha. [...] [8]

Dom Antônio alimentou por poucos minutos a insatisfação por não conseguir afastar Maria Helena de Georges, por quem não sentia a menor afinidade. O imediatismo do prazer chamava-o e escravizava o severo senhor da ilha.

Havia alguns dias, ele conhecera, em um clube frequentado pelos homens ricos e nobres da cidade, uma mulher pela qual se sentia fascinado desde então. Tinha cabelos escuros e encaracolados que chegavam à altura da cintura, pequena estatura, olhos verdes e a pele clara levemente rosada e brilhante, era esbelta e dona de corpo feminino bem proporcionado. A aparência dela revelava sua descendência; era filha de mãe inglesa e de pai espanhol. Porém, não era somente a beleza da jovem mulher que lhe chamara a atenção, mas suas maneiras educadas e sedutoras, coisa que poucas conciliavam. Era um misto de dama e cortesã. Entrara no salão de jogos, onde ele estava, um ambiente quase exclusivamente masculino, como uma soberana, como se ali fosse um lugar comum para uma mulher da posição dela. Determinada, segura e sedutora. "Que mistura!", pensou dom Antônio, enquanto a observava circular acompanhada de um cavalheiro. A semelhança dos traços fisionômicos revelava parentesco próximo. Sentiu imediato interesse por ela, e, como tudo que despertava sua atenção e lhe agradava tinha de tornar-se seu, a moça tornara-se seu novo desafio.

O casal sentou-se a uma mesa próxima a da que ele jogava. Com alegria, viu um comerciante com o qual mantinha negócios havia longos anos sentar-se com eles. Era a desculpa perfeita para aproximar-se da

8 Mateus 5:29.

fascinante desconhecida. Aguardava há dias aquele encontro, e, naquela tarde de domingo, tinha, finalmente, a oportunidade de ser recebido por Elizabeth. Com sorte, ficariam sozinhos, e dom Antônio teria a oportunidade de confirmar se não delirava e ela, de fato, correspondia ao seu interesse, apesar da diferença de idade entre eles.

Recordou-se de que, naquela noite, se aproximara dela com a desculpa de cumprimentar o parceiro de negócios, mas desejava, na verdade, conhecer o casal, especialmente a mulher. Tivera êxito. Fora apresentado a Elizabeth e a Franz, seu irmão. Descobrira, com o passar dos dias, que eram descendentes de uma conhecida família, mas que o pai deles caíra em desgraça com o avô ao desposar uma mulher inglesa, pobre e sem títulos, que, diziam as más línguas, tinha reputação duvidosa, e muitos afirmavam tê-la conhecido em um teatro em Londres, no qual ela trabalhava para sobreviver. O avô paterno, em razão disso, deu poucos bens ao filho, e, após a morte desse, dizia-se que tais bens eram insuficientes para os filhos saldarem as dívidas.

Franz era conhecido boêmio das noites de Madri. Devido à sua alegria e irreverência, era bem-vindo em qualquer grupo disposto à diversão. A irmã era pouco conhecida na cidade e vivera com a madrinha na Inglaterra. Eram nebulosas as relações da jovem com a família, pois ela mantivera-se distante mesmo quando o pai faleceu. Regressara havia pouco, após a morte da madrinha, o que poucas pessoas sabiam. Estranhavam que a família não houvesse lhe arranjado um casamento. Elizabeth partira com quinze anos, retornava com vinte e cinco, e tinha modos estranhos. Defendia suas ideias, não baixava o olhar para os homens, usava roupas de cores marcantes, acompanhava o irmão a lugares recomendáveis e a outros nem tanto. Era uma mistura de dama e cortesã, predominando uma faceta ou outra, conforme seu interesse. Sabia que atraía a atenção masculina e manipulava-os com maestria, como se fossem marionetes em suas mãos, que por seus olhares e sorrisos ganhavam vida.

"Ela será minha!", decidiu dom Antônio a caminho do encontro. Ela não o teria convidado se não correspondesse ao seu interesse.

Dom Antônio desconhecia o quanto a paixão torna alguém manipulável. Ele não era um marido exemplar, entretanto, em suas aventuras anteriores não se envolvera emocionalmente. Eram noites inconsequentes de prazeres sensuais fáceis com mulheres que faziam disso sua profissão. A prostituição era uma das poucas profissões que elas podiam exercer. As opções de trabalho para a mulher eram incoerentes. Podiam ser freiras, criadas, artesãs ou prostitutas, entretanto, independentemente da escolha de trabalho, todas estavam sujeitas ao abuso sexual.

As companheiras de dom Antônio eram inofensivas; interessavam-se em atender aos clientes e receber por seus "favores". Esse não era o caso de Elizabeth. Ela era sofisticada, tinha verniz social, conhecia as artes da sedução e da dissimulação. Seu interesse ia muito além...

Elizabeth andava de um lado a outro da sala de estar do apartamento que dividia com Franz e alguns criados.

— Cara irmã, com essa agitação você acabará estragando seu primoroso *toillet*, amassará seu vestido e se cansará à toa. Será que não consegue ficar sentada?

— Franz, não me aborreça. Você sabe que estamos jogando alto. Não teremos chance melhor do que essa, que, em tão boa hora, nos bate à porta. Tudo precisa ser muito bem planejado. Não podemos errar para termos êxito em nossos planos. Preciso pensar em nós.

— Pensar em nós? Pois sim! Desde quando, irmãzinha, você passou a ser nós? Não seria mais correto dizer: pensar em você — ironizou Franz. — Permito-me questionar com "quem" você tanto se preocupa neste momento?

O rapaz frisou propositadamente a palavra "quem", referindo-se aos atuais interesses da irmã pela parcela masculina da sociedade.

— Irmãozinho, não fossem seus diversos "interesses" sociais, não estaríamos nesta situação hoje, portanto, deixe-me — retrucou Elizabeth igualmente irônica.

— Seja feita sua vontade. Aproveitarei a tarde em companhia mais agradável.

Após a saída do irmão, Elizabeth analisou a arrumação da sala, conferindo se suas ordens haviam sido executadas a contento. Chamou o criado, que fazia também a função de mordomo, e indagou se as providências para o chá estavam satisfatórias.

Satisfeita por constatar que suas ordens haviam sido cumpridas, ela mirou-se no grande espelho vitoriano que decorava a sala.

O apartamento era confortável, amplo e mobiliado com os móveis da mãe, ao estilo inglês, de madeira escura, pesada, polida. As paredes da residência eram revestidas com papel florido e decoradas com quadros. Na sala, havia um quadro retratando Elizabeth aos dezesseis anos, com um vestido branco de modelo medieval, com mangas longas e largas, decote alto, marcado na cintura e no quadril por uma corrente de prata. Os longos cabelos da jovem estavam soltos, ornados por uma tiara prateada, e ao fundo via-se uma floresta. O rosto de Elizabeth tinha uma expressão de mistério, magia e sedução, e seu olhar era desafiador. Fora pintado por Charles, um artista inglês, amigo de sua madrinha. A obra fazia jus à beleza e à personalidade da modelo.

Naquela tarde, porém, Elizabeth era a personificação da elegância feminina. Traje, penteado, ambiente, tudo fora preparado para surpreender o visitante. Ele, que esperava encontrá-la sedutora, encontraria a jovem dama, carente e enfrentando sérias dificuldades. Encantá-lo com sua fragilidade era seu objetivo.

Dom Antônio, que não desconfiava das intenções de Elizabeth, foi pontual e disfarçou a satisfação por estarem sozinhos, como desejava. Entretanto, logo uma criada postou-se, discretamente, na sala, impedindo maiores intimidades e resguardando a reputação da jovem.

Elizabeth conversava e portava-se como uma anfitriã perfeita, delicada e atenciosa. O retrato era a lembrança de que havia a outra. A tarde foi calma, como ela planejara. A astúcia com que conduzia o visivelmente apaixonado visitante era digna de nota. Enredou-o. Facilmente, teria dele tudo o que desejasse e assim obteve as informações de que necessitava para decidir os futuros passos.

Descobriu que ele era casado, como esperava, e que não era feliz no casamento. Dom Antônio contou-lhe todos os percalços de sua vida familiar, inclusive a desdita de que essa união lhe desgraçara a vida a ponto de dela não ter conseguido gerar nem sequer um herdeiro homem. Era pai de uma jovem, razão de sua viagem. Como não era afeito a abrir o coração, não teve limites nem escrúpulos em se expor; falou, inclusive, de sua repugnância às amizades da filha e das medidas que tomara para afastá-la de companhias que julgava serem prejudiciais a Maria Helena.

"Isso é melhor do que eu poderia esperar. Um homem riquíssimo, de meia-idade, infeliz com a família e precisando de alguém com quem compartilhar as responsabilidades dos negócios e que, por casamento, se tornaria seu herdeiro e sucessor", pensou Elizabeth.

— Caro Antônio, permita-me dispensar as formalidades agora que compartilhamos nossas mazelas íntimas. Você sabe de minhas dificuldades: a morte de papai e o estado lamentável de nossas finanças, que meu irmão administra com competência e dedicação exemplar. Ele as está recuperando, mas ainda são motivo de preocupação. Com a doença de mamãe, que nos faz praticamente órfãos, temos somente um ao outro, por isso somos tão apegados e vamos juntos a todos os lugares, o que muitos estranham, julgando-me mal. E você com tantas dificuldades, incompreendido e sozinho. Creio que temos muitas afinidades e experiências comuns, por isso podemos, na intimidade, tratar-nos menos cerimoniosamente. Ouvia-o e pensava de que forma poderia ajudá-lo. Concordo que, com as atuais companhias de sua filha, você não conseguirá atingir seus objetivos. Podemos ajudá-lo, meu irmão e eu, tornando-nos amigos de Maria Helena, levando-a a frequentar eventos e conhecer pessoas que estejam de acordo com os propósitos de sua viagem. Podemos ajudá-lo a encontrar um bom homem, jovem e confiável, para ser seu genro. O que me diz?

— Somente uma mulher sensível e inteligente poderia ter tamanha generosidade. É uma excelente ideia! Aceito sua ajuda; ela me será inestimável. Além de um admirador, você tem em mim um amigo grato. Serei um eterno devedor, se conseguirmos nosso intento — declarou dom Antônio.

— Ora, não me constranja com tantos galanteios. Quero ajudá-lo e sei o quanto é difícil ser só perante os problemas da vida.

— Pois bem, eu já não sou mais só! Conto com sua ajuda, Elizabeth. Portanto, é justo que retribua. Permitiria que eu solucionasse alguns pequenos problemas financeiros de sua família?

Fingindo-se surpresa e um tanto indignada, Elizabeth respondeu:

— Por não desejar ser constrangida com galanteios, não quer dizer que deseje ser humilhada, dom Antônio. Não foi com o propósito de extorquir-lhe valores que lhe contei nossos desditos. Por favor, não falemos disso.

— Cara Elizabeth, não pensei em momento algum em ofendê-la, perdoe-me. Mas, compreenda que me falta sua sensibilidade. Sou um homem de negócios, não sei lidar bem com sentimentos. Mil vezes peço-lhe desculpas. Não tornarei a insistir, mas sabe que, se necessário, lhe servirei com imenso prazer.

— Agradeço, mas é meu irmão quem toma as decisões financeiras. Ele divide comigo somente as preocupações, por isso sei das dificuldades. Assim, ainda que quisesse ou precisasse de seu oferecimento, não seria eu a aceitá-lo. Bem, deixemos esse assunto desagradável. Não quero estragar nossa tarde. Fale-me de sua ilha. Parece-me um pequeno paraíso, uma vida descansada, longe das intrigas e invejas da sociedade.

Conversaram por horas, e dom Antônio assimilou perfeitamente a informação de que não era a Elizabeth quem ele deveria procurar para oferecer auxílio financeiro, mas a Franz, o chefe da família, como era um costume da época. Por mais inteligente que fosse uma mulher, era incapaz de gerir bens, segundo os valores patriarcais vigentes à época.

À noite, ao regressar à residência, Franz encontrou a irmã esperando-o na pequena biblioteca que usavam como escritório. Sem delongas, relatou-lhe os fatos da tarde e sua esperança de que muito em breve as dificuldades financeiras seriam sanadas.

— Franz, aguarde uma visita de dom Antônio. O pobre homem está apaixonado. Percebi já nessa primeira visita, que foi acompanhada por minha criada — informou Elizabeth, evitando as especulações do irmão quanto às visitas masculinas que ela recebia.

— Dom Antônio ofereceu-se para solucionar nossos "pequenos problemas financeiros" — revelou Elizabeth sorrindo com deleite.

— Como você fez isso? — questionou Franz espantado. Se bem conhecia a irmã, ela já deveria ter planos de como conduzir dom Antônio para obter tudo o que desejava.

— Ofereci-lhe ajuda em uma dificuldade familiar que ele enfrenta — respondeu ela, misteriosamente, para despertar a curiosidade do irmão.

— Que dificuldade familiar é essa? E o que você ofereceu? Não temos nada além de dívidas e uma velha doente — disse Franz.

Ele referia-se à mãe, que definhava de tristeza, como diziam, desde a morte do marido. Hoje, esse mal é conhecido como depressão.

— Ingênuo! Quando se tem pouco, é preciso multiplicar e valorizar muito o que se tem para extrair o máximo. E é isso o que vamos fazer. Ouça-me...

Elizabeth relatou a conversa que tivera com dom Antônio, as descobertas, e colocou-o a par de seu plano de torná-lo marido da filha de dom Antônio e, consequentemente, seu sucessor, ficando com a fortuna da família Alvarez e recuperando o prestígio.

Franz ouviu os planos da irmã. A princípio, era Elizabeth quem desejava retornar à vida de prestígio que a família desfrutava outrora, e a ele isso pouco importava. Simplesmente, não era capaz de seduzir uma menina quase selvagem, como julgava ser a filha de dom Antônio, e tampouco queria mudar-se para os confins de uma ilha distante da civilização.

Não. Definitivamente, o plano era bom, mas o sacrifício era dele e o benefício da irmã, que em momento algum falou em abandonar Madri e ir embrenhar-se numa ilha no meio do mar do Caribe.

— Elizabeth, pare! — ordenou Franz. — Esqueça! Não me inclua no seu plano. Não vou participar disso. Não conheço a moça, mas não desejo casar-me, muito menos com uma mulher criada nesse lugar. Ela deve ser absolutamente insossa. Posso até ajudá-la, levá-la a passear, divertir-me com essa infeliz, que deve estar deslumbrada com a vida na sociedade, quem sabe até encontrar um candidato a marido, mas eu não. Esqueça!

Não seria tão fácil como Elizabeth havia pensado. Contava que o irmão aceitaria facilmente o plano. Franz era um jovem despreocupado, conhecido boêmio, que gostava de passar a vida entre mulheres, festas e jogos. Ele, contudo, possuía valores, e um deles era respeitar os sentimentos alheios. Era incapaz de enganar alguém, de ser dissimulado; era íntegro.

Como o ser humano é dúbio! Franz poderia ser definido como um inconsequente íntegro.

Isso, porém, não seria empecilho suficiente para impedir a realização do desejo de Elizabeth. Se não fosse com Franz, seria com outro. Com algumas modificações, alcançaria seu intento. O certo é que outra oportunidade como a que defrontara naquela tarde não surgiria... Esse pensamento dominava-lhe inteiramente, e, a cada instante, o plano parecia melhor e mais promissoras as chances de livrar-se das dificuldades.

Desconhecendo que eram alvo de conluios e preocupações, Georges e Maria Helena passeavam alegremente, ora conversando com um conhecido, ora admirando um prédio e frequentemente observando as pessoas. Divertiam-se com as expressões, a postura, a forma de andar delas, e teciam teorias sobre o que as motivaria a esta ou aquela conduta. Viam um casal andando de braços dados e conversavam sobre o amor, esse sublime sentimento que une almas, corpos, gerando famílias e impulsionando a sociedade — embora casar-se por amor fosse raro na época, pois não era livre a escolha dos pares. Divagavam se o amor nasce e cresce de forma repentina ou cai como semente crescendo e amadurecendo com o tempo. Mais além, viam um grupo em acalorada discussão política, e seguia a análise das paixões humanas e as que poderiam conduzir uma sociedade.

Retornando a casa, um criado informou Maria Helena de que dom Antônio a aguardava. Sentindo a urgência da ordem paterna e preocupada com a possibilidade de ser alguma má notícia sobre sua mãe, apressou-se a atendê-lo.

Os aposentos de dom Antônio eram um apartamento exclusivo da mansão, e poucos visitantes tinham acesso a ele. Maria Helena somente estivera ali quando mudaram. A decoração era austera, composta por móveis pesados, escuros. Dom Antônio aguardava-a na biblioteca, uma ampla sala com estantes repletas de livros e uma mesa de trabalho, atrás da qual ele observou a entrada da filha. Pela primeira vez, notou que era uma bela moça. "Carrega o nome da avó materna, mas lembra minha mãe. Se quando ela nasceu tivesse sabido disso, teria lhe dado o nome da minha mãe e não da minha sogra", considerou dom Antônio em pensamento.

Naquele dia, ficara terrivelmente desapontado com o fato de o bebê não ser um menino e afastara-se pouco se importando com nomes.

"Que importa isso agora? A solução é casá-la e logo", recordou-se.

— Sente-se, Maria Helena. Tenho um assunto muito sério a lhe expor.

Típico comportamento de dom Antônio. Ele não dialogava, não informava nada. Apenas explicava quando estava muito bem-humorado. Regra geral, ele mandava.

Ante a obediência da filha, que o olhava sem nada dizer, ele prosseguiu:

— O objetivo de trazê-la comigo nesta viagem é que desejo casá-la com um homem de boa família, de minha confiança, que possa auxiliar-me nos negócios e, como seu marido, possa, um dia, substituir-me na direção dos negócios. Por isso, amanhã receberemos uma amiga, uma jovem senhora muito distinta, que se chama Elizabeth. Ela será sua tutora na sociedade e nos ajudará a encontrar o homem ideal. Para informá-la desse compromisso e das intenções, mandei trazê-la à minha presença. Espero que seja dócil e obediente, não causando embaraços de nenhuma ordem.

Enfim, ele revelava suas intenções. Maria Helena pressentia ser esse o objetivo do pai na viagem, mas as conversas com Georges, a convivência na casa de dona Eleanor e doutor Ângelo a tinham feito ver que existiam outras formas de casamento muito diferentes da de seus pais e infinitamente melhores. Por isso, estava decidida a impor algumas condições e não ser simplesmente negociada como uma mercadoria. Pela primeira vez, enfrentaria dom Antônio. Tinha experiência nisso. Quando criança, impunha também suas vontades à mãe e aos professores, chantageava, brigava, esperneava, chorava, mas conseguia. Não seria diferente agora.

— Senhor, espero jamais ter lhe causado embaraços e não será agora que o farei. Entretanto, esse assunto envolve minha vida e tenho aprendido muito com os professores que me proporcionou e nesta viagem. O senhor já tem algum pretendente? Quem é? Não pretendo envergonhá-lo, repito, mas quero que minha opinião seja respeitada nesse assunto — repetiu Maria Helena, encarando o pai, sem baixar os olhos.

Indignado, dom Antônio não acreditava no que via.

— Como ousa dizer uma coisa dessas? Minhas decisões não são discutidas; devem ser aceitas. Farei como sempre fiz: o melhor pela família e pelos negócios. Era só o que me faltava! Discutir minhas decisões com uma mulher. O que tinha para lhe informar já foi feito. Pode se retirar.

— Senhor, eu não me intrometeria em qualquer outro assunto, mas é a minha vida e creio ter o direito de saber e participar da escolha. Lembre-se de que quem dirá "sim" na cerimônia serei eu e sem que eu diga sim nada acontecerá. Portanto, se não for do meu agrado, posso dizer não.

— Onde foi que arranjou tais ideias? Na companhia daquele doutor? Se ele pensa que a encantando terá alguma chance comigo, já lhe adianto que minha resposta para ele é "não, nunca".

Enfurecido, dom Antônio não media nem as palavras nem o tom adequado. Estava aos gritos.

— Resposta a que, dom Antônio? Ao que me conste, doutor Georges não deseja nada do senhor.

Ao fitar o pai, Maria Helena compreendeu a que ele se referia. Estava tão obcecado com a ideia de encontra-lhe um marido que imaginava existir outras intenções na amizade de Georges, como casamento com uma jovem e rica herdeira.

— Que pensamento infeliz! Ele não merece isso! É uma das poucas pessoas que me devotou afeição sincera e desinteressada. Não ouvirei suas opiniões. Já me mandou embora, então, irei. Mas pense bem. Sempre há a opção de me dedicar à Igreja. Não me force ou verá o fim de sua descendência. Seus negócios não terão sucessor e serão doados a alguma ordem religiosa. Lembre-se: se isso acontecer, não irei só. Deve ser somente o que falta para minha mãe entregar-se de vez ao serviço da Igreja. Passe bem, dom Antônio — ameaçou Maria Helena, com insolência, e, ao sair, bateu a porta com mais força do que recomenda a educação.

"De onde surgiu essa criatura?", perguntou-se dom Antônio. Que ideias eram aquelas? Fora ameaçado por sua filha de desobedecer a uma ordem sua, caso não concordasse com seus argumentos. Ela não ousaria. Embora reconhecesse que suas alegações tinham sentido e lógica, não esperava ser enfrentado assim. Ela era corajosa. Talvez Elizabeth soubesse como agir. Provavelmente, isso não passasse de manhas de moça. Com alguns bons conselhos, ela não ofereceria problemas. Aguardaria o dia seguinte para conversar com a amiga, e tudo isso teria um lado positivo. Era a desculpa para uma nova conversa em particular. Elizabeth, sensível a um agrado, era vaidosa, gostava de joias. Um presente como agradecimento abriria alguns caminhos que ele desejava percorrer.

CAPÍTULO 7
O ENCONTRO

Remontando à fonte dos males terrestres, se reconhecerá que muitos são consequência natural do caráter e da conduta daqueles que os suportam.[9]

Na matéria, somos limitados por tempo e espaço. Tudo o que fazemos leva essas marcas, e assim avançam as existências na matéria. Por isso, há sempre um momento decisivo em nossos caminhos. Ah! Quisera que os homens se apercebessem e meditassem mais sobre o valor do tempo e no que fazem enquanto encarnados. Há minutos em uma encarnação que gostaríamos que jamais houvessem existido. Não é o tempo, a hora, o dia, mas as atitudes que catalogamos num determinado tempo e exclamamos coisas como: "Deus, esse dia jamais deveria ter ocorrido!".

O tempo não tem responsabilidade pelo uso que fazemos da oportunidade divina a nós concedida. Somos os construtores. Ele é simplesmente o terreno onde edificamos nossa vida, e, às vezes, colocamos em risco o bom andamento da obra em um minuto que registra a tomada de decisões e atitudes das quais nos arrependeremos. Que venham logo os novos dias em que o homem terá por decisão somente o bem e sua única preocupação será regenerar-se o quanto antes. Nesta época, os momentos que nos trazem arrependimentos serão dias passados, cujos ensinamentos já teremos arquivado sem medo de recaídas.

O momento em que Elizabeth e Maria Helena se conheceram gerou profundos arrependimentos, mas é errando e sofrendo as consequências que caminhamos para a saturação das ilusões da matéria que nos cegam. E, cansados, buscamos, compreender a vida, entendendo que a felicidade existe e que cada um de nós pode e deve conquistá-la por meio do autoaperfeiçoamento.

---

9 KARDEC, Allan. **O Evangelho Segundo o Espiritismo**. Araras, SP: IDE. Cap. V, item 4.

Nas primeiras horas da manhã, Elizabeth enviou seu criado à residência de dom Antônio, informando-lhe que o visitaria aquele dia, às quinze horas, e renovando a disposição de auxiliá-lo na solução do difícil problema doméstico.

Após a discussão da noite anterior, dom Antônio não havia encontrado Maria Helena, por isso deu aos criados as ordens necessárias e determinou que a filha fosse avisada da visita, acrescentando que ela deveria lembrar-se das recomendações recebidas.

A curiosidade dominou Maria Helena. Não conseguia afastar o pensamento da desconhecida. Perguntava-se: "Quem será essa amiga de meu pai? Qual será o envolvimento dela nos planos de que tomei conhecimento ontem à noite? Como será? Uma velha, com certeza. Rabugenta e crente de que toda mulher deve obedecer cegamente aos homens de sua vida. Primeiro, submeter-se ao pai, depois ao marido e, no fim da vida, ao próprio filho mais velho ou aquele que lhe fizer as vezes. Não. Eu conheço suficientemente a vida infeliz da minha mãe e não a desejo. Comigo será diferente. Lutarei. Não podem negar-me esse direito. Não aceitarei calada as imposições e maquinações de meu pai".

A vida social limitada da ilha e o distanciamento dos pais produziram em Maria Helena uma estranha noção de independência para as mulheres da época. Ela era autêntica, não contaminada por ideias e regras sociais impostas à conduta feminina pela sociedade. Por outro lado, isso a fazia ignorante e ingênua das "sutilezas" dos caracteres corrompidos, dos interesses escusos, e essa incompreensão dos vícios morais humanos tornava-a frágil.

Elizabeth estava nervosa com a proximidade do encontro, mas tinha os planos traçados. Nem a negativa de Franz fora empecilho, pois já sabia a quem recorrer, embora o substituto fosse menos seguro. Não sabia, contudo, por que se sentia dividida. Em seu íntimo, questionava aquelas atitudes, e uma voz interior insistia em perguntar: se fosse com ela, gostaria que alguém traçasse seu destino como estava traçando o de Maria Helena, alguém que nem sequer conhecia? Essa voz incomodava-a e parecia fazer coro a seu irmão, que, naquele momento, abandonou a leitura tardia do jornal, a observou por alguns instantes e disse:

— Elizabeth, está quase na hora da visita ao seu "novo amigo". Você realmente tentará executar o que me disse?

Franz tinha dificuldade de acreditar na frieza calculista da irmã. Sabia que Elizabeth era ambiciosa e não aceitava de bom grado as limitações financeiras que experimentavam. A dificuldade era crer que ela fosse capaz de articular um plano e manipular pessoas para beneficiar-se indiretamente com a situação.

Irritada com a própria consciência e com Franz, Elizabeth respondeu convicta:

— Em vez de me ajudar, você fica me questionando como se meu plano fosse algo muito horrível. Os casamentos são acordos econômicos e de status. A diferença é que eu arranjarei tudo para meu "amigo". O homem vive isolado em um fim de mundo, com muito dinheiro, e sem nada para fazer com ele. Precisa arranjar um marido para a filha, que receberá essa fortuna. Qual é o problema em agradá-lo e convencê-lo de que o homem que eu escolher para a filha dele será o melhor? Por isso, pare de me questionar.

Intimamente, porém, ela vacilou em alguns momentos, mas decidiu pela concretização do plano, acreditando que reger destinos alheios era tarefa fácil e que não estava fazendo nada de mal. Seu objetivo era atingir a fortuna de dom Antônio, e casar a filha dele era o meio. Precisava conhecê-la. Imaginava-a uma menina rude, uma camponesa. Não seria páreo para ela. No entanto, era fiel ao princípio de que é preciso conhecer bem o adversário para vencê-lo.

Às quinze horas, pontualmente, Elizabeth estava na sala de visitas dos Alvarezes. Enquanto aguardava, observou a riqueza expressa nos móveis, adornos e no estilo da mansão. Era preciso ter muito dinheiro para manter aquele local.

Dom Antônio, ao ser informado da chegada da visitante, dispensou o secretário, com quem despachava, e imediatamente foi ao encontro dela. Quando entrou na sala, notou que Elizabeth usava a joia que ele lhe dera: um broche em forma de rosa cravejado de rubis. Era perfeito para ela: forte, vibrante e belo.

— Elizabeth, que honra recebê-la em minha casa. Seja bem-vinda! — saudou-a dom Antônio.

— Dom Antônio, sua casa é maravilhosa, encanta-me. O senhor é um felizardo — respondeu Elizabeth sorrindo.

— Antes fosse, minha cara! Agora que sabe das minhas desditas, pode avaliar o que sinto pelo que me cerca. Mas saber que a encanta me faz, a partir de hoje, ter outro valor para mim. Aliás, faz-me feliz saber que aceitou a pequena lembrança que lhe enviei. Confesso-lhe que temi ser mal compreendido, contudo, confiei na sinceridade de nosso afeto. — Dom Antônio beijou delicadamente a mão de Elizabeth.

— De outro, com certeza, eu não aceitaria. No entanto, após nossa conversa, entendi perfeitamente a maneira gentil de demonstrar sua gratidão. Agradeço-lhe o presente. É lindo e estará sempre comigo — disse Elizabeth.

A conversa era dúbia, mas os olhares não deixavam dúvidas de onde pretendiam chegar. Dom Antônio era a ânsia da paixão, e ela, puro cálculo, inteligência e frieza. Fazia crer que travava uma luta entre render-se ou não à atração que havia entre eles.

A batida na porta interrompeu-os. Era Maria Helena, regiamente vestida. A jovem portava-se como uma nobre, educada, altiva, surpreendendo muito a Elizabeth.

Aliás, a surpresa foi recíproca e devidamente disfarçada. Maria Helena não entendia como aquela mulher com idade para ser sua irmã era amiga de seu pai, mas, ingenuamente, julgou ser melhor do que a velha matrona de quem esperava ouvir sermões sobre o papel da mulher e a obediência que devia ao pai. Uma mulher jovem, vivendo em uma cidade como Madri, provavelmente pensasse de outra forma.

Elizabeth media, analisava, cada gesto e expressão da filha de dom Antônio. Concluindo que a camponesa teria sido bem melhor ao seu plano do que a jovem educada e bela, isso adicionava riscos ao novo arranjo de seu propósito. Enfim, sob seu ponto de vista, era um jogo de risco constante. Maria Helena era apenas mais desafiadora do que esperava. Rapidamente, percebeu que, sob a camada de sofisticação, Maria Helena era uma criança ingênua e carente. Aproveitando a curiosidade com que era observada, Elizabeth desfez-se em atenções e simpatia, conquistando a admiração de Maria Helena ao descrever as viagens que fizera e a vida com a madrinha na Inglaterra.

A visita foi satisfatória aos planos de dom Antônio e Elizabeth. A cordialidade entre as duas mulheres era promissora para a realização do que julgavam um intento comum.

Foi a primeira de uma série de encontros. A vida social de Maria Helena transformou-se daquele dia em diante, e as ilusões passaram a fazer parte de seus pensamentos, até então voltados aos estudos, à satisfação de seus desejos e à companhia de seu devotado amigo Georges.

A vida material oferece inúmeras ilusões aos sentidos, e deixar-se absorver por esse redemoinho é extremamente fácil. Viver somente considerando a matéria, evitando questionar-se, detendo-se na superfície de tudo e de todos, ou buscando apenas o conhecimento acadêmico, formal, que proporciona avanço intelectual, mas que não isenta das paixões e das agruras das ilusões que os sentidos despertam, provavelmente é o comum, o "normal".

Com o desenvolvimento de nossa espiritualidade, passamos a atribuir valores mais justos às fases da vida. O imediatismo perde significado e cede espaço para aquisições lentas e seguras, e a euforia ruidosa dá lugar à alegria calma e constante.

Maria Helena ainda não compreendia isso. Estava na maioria. Deixou-se seduzir por breves momentos de euforia e pelas ilusões materiais oferecidas pela sociedade. Ah! Momentos há que nos rendem anos de arrependimento e solidão. Já falamos sobre isso. Esse período de deslumbramento social custaria muito caro à nossa jovem.

Em companhia de Elizabeth, ela apreendeu a gastar o tempo com futilidades e descobriu todas as facilidades de ser uma jovem rica. Passavam os dias em compras, festas e outros eventos sociais. Inúmeras horas passaram a ser gastas em toaletes elaborados. Essas atividades causavam, naturalmente, uma excitação, uma euforia, mais ainda em se considerando a vida que tivera, reclusa na ilha. Maria Helena julgava-se a mais feliz das criaturas, mas o que sentia era deslumbramento. A vida era bela e fácil, e, de fato, assim o é. A vida é bela e fácil quando nós a vivemos sem ilusões, sem mascarar. Tanto o sofrimento quanto a euforia são resultado da forma de encarar um fato. Independentemente disso, a vida prossegue fácil e bela à espera de que a compreendamos e saibamos vivê-la.

Envolvida em tantas atividades e crendo-se muito feliz, Maria Helena esqueceu o motivo da aproximação de Elizabeth. O assunto casamento não figurava nas conversas. Parecia haver um pacto de esquecimento do assunto.

Nem sequer dom Antônio comentava. Ele parecia estar de acordo com a nova rotina da filha e, em diversas ocasiões, fazia questão de acompanhá-la a festas e apresentações teatrais, contando sempre com a companhia de Elizabeth. Portava-se de maneira que quem o visse não imaginava que aquele distinto cavalheiro, gentil e bem-disposto era um déspota em seus domínios. Tudo cumpria um propósito: a realização de sua paixão por Elizabeth, envolvê-la, torná-la dependente, tão apaixonada quanto ele.

Nada, contudo, acontecia espontaneamente. Cada passo era planejado. Elizabeth analisara o comportamento de Maria Helena com a mesma frieza que o fizera com dom Antônio e descobriu o caráter arrebatado, a busca pela satisfação dos desejos e a ingenuidade da moça.

Enquanto Georges via as virtudes existentes em Maria Helena, Elizabeth anotara todas as más tendências para insuflá-las. E sua ingenuidade era um encanto que servia a duas visões distintas: ao primeiro, era um lenitivo; à segunda, a porta de acesso à concretização de seus planos.

Descoberto isso, o restante foi fácil. Com a recusa de seu irmão em envolver-se no plano, fora necessária uma substituição. Elizabeth ficara inicialmente insegura, mas, após o primeiro mês de convivência com Maria Helena, não teve dúvidas em buscar o auxílio de Rodrigo de M.

CAPÍTULO 8
RODRIGO DE M., COMPLETA-SE O TRIO

Qual é o maior obstáculo ao progresso? O orgulho e o egoísmo. Quero falar do progresso moral, porque o progresso intelectual caminha sempre, e a primeira vista, parece dar a esses vícios um redobramento de atividade, desenvolvendo a ambição e o amor das riquezas que, a seu turno, excitam o homem às procuras que esclarecem seu Espírito. [...] [10]

Rodrigo de M., um jovem alto, de cabelos e olhos negros, grossas suíças ao longo do rosto de expressão determinada, exalava uma aura de magnetismo e confiança. Descendente de nobre família, o que de pouco lhe servia, pois, financeiramente, pouco lhe caberia, não era o primogênito. Era um espírito inquieto e amante das artes. A pintura e o desenho fascinavam-no, e suas tendências, naturalmente, levavam-no a conviver nos meios artísticos e boêmios da época. Teatros, concertos, onde houvesse beleza e festa lá estava Rodrigo.

Seu estilo de vida não passava ileso às críticas familiares. É justo dizer que ele destoava da família, cujos membros eram ciosos de suas responsabilidades sociais e financeiras, apreciadores da cultura e da arte, porém não afeitos à boemia. Eram pessoas de rígida formação moral e esperavam que Rodrigo mudasse sua conduta. Empenhavam-se nessa luta apontando-lhe a necessidade de escolher e construir uma carreira, constituir família. Ofereciam-lhe diversas e vantajosas alianças para um futuro matrimônio, contudo, ele não dava importância. Apreciava sua liberdade e desfrutar os prazeres de sua juventude. Era sedutor, um conquistador de mulheres, e, entre as que lhe despertaram interesse, poucas resistiram aos seus encantos.

Nesse momento, entretanto, sua vida passava por uma drástica mudança. Vivia uma alucinada paixão por Elizabeth ou, como a chamava, Eliza. Tinham idades próximas; ela era apenas dois anos mais velha do

---

10 KARDEC, Allan. **O Livro dos Espíritos**. Araras, SP: IDE. Questão 785.

que ele. O romance começara na Inglaterra. Rodrigo era amigo íntimo de Charles, o pintor amigo da madrinha de Elizabeth. Conheceram-se quando Charles pintava o retrato da jovem. Rodrigo vira a pintura e interessara-se em conhecer a modelo, que despertara seu desejo de conquistador.

E assim se conheceram e iniciaram um relacionamento apaixonado. Ele regressou com ela à Espanha, e continuaram a se encontrar. Entretanto, aquela relação jamais seria aceita pela família de Rodrigo, pois Elizabeth não estava à altura dos de M. A situação decadente da família de Elizabeth e o comportamento dela tornavam-na indigna aos olhos da família de M. Assim, o romance deles tinha o sabor de coisa proibida e não convencional, e Rodrigo sentia-se o próprio Romeu de Shakespeare. A ideia de viver um amor impossível reforçava sua índole rebelde, e ele entregava-se cegamente à paixão.

Elizabeth, contudo, vivia o romance de maneira mais amena. Apreciava a companhia de Rodrigo, sentia uma forte atração por ele, mas não permitia que a paixão a dominasse. Não tinha ilusões e sabia que eles não eram, um para o outro, uma boa opção de aliança matrimonial. Seria a concretização da pobreza. Ela, de família arruinada; ele, sem possibilidades de ter acesso à fortuna da família, pois era o filho mais novo de uma numerosa prole. Construir um patrimônio juntos era uma ideia inconcebível, afinal, o trabalho não os atraía, e comungavam do pensamento de que não era preciso trabalhar e adquirir as coisas por esforço pessoal. A eles cabia aproveitar a vida e usufruir a fortuna alheia. Isso era bem mais agradável.

Quando Franz, categoricamente, se negou a participar dos planos de Elizabeth e tornar-se o marido de Maria Helena, ela o substituiu por Rodrigo. Apesar de não ser o mais seguro a fazer, primeiro porque não tinha qualquer garantia de que, com a posse da fortuna dos Alvarezes, ele cumpriria seu trato de continuar ao seu lado e ser sócio no "empreendimento", como o denominavam. Segundo, como mulher, não lhe aprazia dividir as atenções do amante, o que seria inevitável. Verdade seja dita, sua maior preocupação era a insegurança de que Rodrigo não dividisse a fortuna com ela.

Mas, com a negativa do irmão, Elizabeth não titubeou em lançar o amante à condição de pretendente de Maria Helena. Manter acesa a paixão de Rodrigo por ela era a garantia. Aceitar as atenções de dom Antônio e tornar-se amante dele acresciam mais segurança de partilhar da fortuna dos Alvarezes.

Elizabeth acendera, sem vacilação, a fogueira das paixões nos espíritos que a cercavam. Incendiara de uma só vez a paixão da sensualidade e do apego ao dinheiro. Não considerou nem os próprios sentimentos nem os dos demais envolvidos. Rodrigo de M. era seu amante, comparsa, algoz e vítima.

O plano era bastante simples, e os dois confiavam no pleno sucesso. O que mais desejariam da vida? Tudo lhes seria fácil. Ricos, jovens e juntos para se entregarem às paixões que acalentavam. Com esse propósito, iniciaram a malograda empreitada.

Fazia algumas semanas que Elizabeth e Maria Helena haviam se tornado amigas inseparáveis, entretanto, o assunto casamento ainda não fora abordado. Dom Antônio, muito feliz com o andamento das coisas, perdera absolutamente a pressa em casar a filha e usufruía momentos de idílio amoroso com Elizabeth, sentindo-se rejuvenescido, pleno de forças. Pela primeira vez em sua vida adulta, os negócios estavam em segundo lugar. Estava embevecido pelo amor. Esquecera a esposa. Só lembrava de dona Maria quando sonhava em não mais se separar da jovem amante, então, recordava-se de que ainda não era viúvo e pensava em como seria feliz se isso fosse realidade.

Tudo corria conforme desejava a arquiteta da trama. Assim, em uma tarde, quando desfrutava do jardim junto à sua "protegida", Elizabeth decidiu que era hora de pôr as mãos à obra e realizar seus intentos. Aproveitando um momento de relaxamento, tocou no assunto casamento.

— Maria Helena, sei que você sabe que dom Antônio pediu minha ajuda para solucionar um problema entre vocês: arranjar seu casamento. Gostaria de conversar sobre isso com você. Somos amigas, e eu gostaria de ajudá-la, se você permitir, é claro.

— Demorava a voltar à baila esse assunto. Sim, eu sei do pedido de meu pai. O que deseja saber? Pode perguntar. Somos amigas, e eu confio plenamente em você. Pergunte o que quer saber, e eu responderei.

O semblante de Maria Helena refletia a confiança e ingenuidade de sua alma. Era uma flor abrindo-se ao sol. Não via nada além do que seus olhos mostrassem.

— Em primeiro lugar, quero saber se deseja se casar — indagou Elizabeth.

— Fui educada para isso. Fora o casamento, poucas opções me restam e não as quero. Além disso, sei de minhas obrigações com a família.

Depende de mim dar-lhe continuidade. Creia, sei muito bem o que significa ser a herdeira de dom Antônio Alvarez. Terei de me casar, sim, mas não desejo que me seja imposto um marido. Quero opinar. Afinal, serei eu a cumprir os deveres de esposa desse homem. Gostaria de que algumas de minhas vontades fossem consideradas. Sei que, dificilmente, será uma união como eu desejaria; será mais um negócio, e por isso me aborreci com meu pai.

— Compreendo seus sentimentos e conversarei com dom Antônio sobre seus pedidos. Foi ele mesmo quem solicitou minha interferência. E como me pediu opinião a respeito de diversos candidatos a pretendentes a essa aliança, creio que podemos transformar isso em uma união como você deseja e não apenas um negócio. Maria Helena, o que você deseja em um pretendente? Posso pensar em alguns nomes entre meus conhecidos e quem sabe encaminhar uma boa solução para todos, usando de astúcia feminina.

— Elizabeth, você crê que seja possível conseguirmos isso?

— Lógico, minha querida! As mulheres desconhecem o poder que têm, por isso ainda se submetem a muitas coisas indesejáveis. Há duas opções: ou somos escravas ou somos rainhas. Escolho ser rainha, comandar, embora pensem que obedeço — ensinou Elizabeth, com sorriso de cumplicidade, para Maria Helena.

A conversa seguiu animada. Maria Helena deu a Elizabeth as informações necessárias para Rodrigo ser bem-sucedido em conquistar a jovem herdeira, algo fácil para um sedutor como ele.

Naquela noite, dom Antônio encontrou-se novamente com Elizabeth numa casa discreta, afastada da cidade, um local exclusivo para eles, decorada ao gosto da jovem. Fora um dos "presentes" dele à amante, alegando que precisavam de privacidade e tempo para viver as maravilhosas descobertas que faziam. Implorou que ela aceitasse.

Aliás, dom Antônio estava irreconhecível. Mesmo um libertino como ele não sabia até onde pode ir a vilania de alguém manipulando os sentimentos alheios em seu interesse próprio. Se ele soubesse disso, teria se poupado de implorar muitas coisas naquele relacionamento.

No quarto, recostada em uma poltrona, Elizabeth calmamente dava prosseguimento ao trabalho iniciado na tarde, ciente de que, naquele momento, nada que pedisse a dom Antônio lhe seria negado.

— Antônio, essa tarde conversei com Maria Helena sobre a questão do casamento. Exporei meu plano, e você me dará sua opinião. De acordo?

— Amada, como posso lhe recusar algo? Seus pedidos são sempre tão simples! Gostaria que um dia me fizesse realmente um pedido. O que me propõe é auxiliar-me em uma questão delicada que me preocupa muito. Obviamente, ouvirei com a máxima atenção. Fale!

— Pois bem, estive considerando várias famílias que têm filhos que preenchem os requisitos para ser seu genro. A tarefa é difícil, mas creio que, entre meus conhecidos, um será adequado. Trata-se do senhor Rodrigo de M. Você deve conhecer a família, ao menos de nome. É tradicional, são da realeza, corretíssimos, educados, ricos, e há esse filho, Rodrigo, em idade para casar-se e, até onde sei, sem compromisso. O que acha, Antônio? Interessa uma aproximação com essa família e o rapaz?

— Sinceramente, Elizabeth, nada teria a opor a uma aliança com eles. Seria até muito vantajosa, pois traria à nossa família um título real. Em fortuna, possivelmente nos igualemos. Mas, amada, creio que se deixou empolgar um pouco pelos devaneios de Maria Helena. Eu preciso casá-la com alguém que vá residir e acompanhar o trabalho na ilha. Lá está a fonte de nossas riquezas. Não me parece que um membro dessa família deixaria de bom grado a corte, a vida na cidade. Além do mais, por que teriam interesse nesse casamento? — ponderou dom Antônio.

— Bem, considerando que seja possível, não faria objeções, certo? — insistiu Elizabeth.

— Certo. Mas o que você sabe que eu não sei? Por que estamos falando disso agora?

— Antônio, meu querido, sente-se aqui, ao meu lado, e me abrace. Eu contarei tudo, prometo. Não temos segredos — pediu Elizabeth.

Ele atendeu ao pedido da amante e, enlaçando-a, ouviu a história sobre a situação de Rodrigo de M. Ela disse que era seu conhecido, um amigo íntimo de Franz, e que julgava ser possível a aliança pelos pendores do rapaz para o comércio, por ele não ser um frequentador da vida social da cidade e, principalmente, porque, afora um título e uma propriedade, nada mais receberia de herança da família. Por isso, via com bons olhos a união entre as duas famílias.

— Além de tudo, Antônio, temos de considerar que, quanto antes realizarmos o casamento de Maria Helena, mais pronto você começará a ensinar seu genro a gerir os negócios. Logo, você terá mais tempo para ficar comigo, porque não consigo pensar em como será quando tiver de partir. Mais cedo voltará para cá.

Esse último argumento foi infalível para convencer dom Antônio. Pouco lhe importava se logicamente tal união soasse improvável. Não pensou em unir sua família a uma das mais tradicionais famílias espanholas, mas abandonar a amante era algo que não cogitava. Assim, se casassem a jovem com alguém de confiança e capaz, retornaria e permaneceria um bom tempo com Elizabeth.

— Muito bem. Você tem como verificar se eles teriam interesse numa aliança conosco? Diga-me, o seu irmão interferirá neste assunto?

— Somente para apresentar Rodrigo de M. Como lhe disse, eles são amigos.

— Ótimo! Avise-me sobre o que apurar com os de M. e depois providencie o que for necessário. Só me diga como pretende fazer isso. É uma boa tentativa.

— Dará certo, meu querido. Seus sucessores, além de muito ricos, serão também recebidos pelas mais nobres casas da Espanha.

A vaidade de dom Antônio exultava com essa possibilidade, pois representava ascensão social. Até aquela viagem a Madri, isso não era importante para ele, mas, convivendo com Elizabeth e sabendo o quanto isso significava para ela, a questão ganhava outra dimensão e importância.

— Serei seu eterno devedor, Elizabeth. Já o seria por ter diminuído a influência daquele médico sobre minha filha. E, se seus planos se realizarem, minha dívida aumentará muito. Como poderei compensá-la por tudo isso?

— Ah! Não fale assim, Antônio. Sua felicidade é minha recompensa. Vamos esquecer esse assunto e aproveitar a nossa noite.

CAPÍTULO 9
PREOCUPAÇÃO DE AMIGO

A censura lançada sobre a conduta de outrem pode ter dois motivos: reprimir o mal ou desacreditar a pessoa cujos atos se criticam; este último motivo não tem jamais desculpa, porque é da maledicência e da maldade. O primeiro pode ser louvável, e torna-se mesmo um dever em certos casos, [...].[11]

Feitos os arranjos iniciais, era tempo de torná-los realidade. Elizabeth tinha a palavra de dom Antônio de que não faria oposição à aliança com a família de M. Maria Helena dissera-lhe o que esperava do futuro pretendente à sua mão e do casamento.

Uma noite, conversando com Franz, Elizabeth pôs-se a falar da reelaboração de seu plano para extinguir a miséria na vida deles. Franz, surpreso em vê-la ainda alimentando aquelas ideias, que pensava extintas e que tinham ares de coisa certa, confrontou, indignado, a irmã:

— Elizabeth, como você pode se arvorar no direito de dispor assim da vida dessa moça? Quisera fosse com você que fizessem tal coisa! Obviamente, não desejaria ter por marido o amante da melhor amiga! Menos ainda que a melhor amiga também fosse amante do pai. É sórdido o que você está fazendo!

— E como você pensa em viver? Pretende trabalhar? Até quando acha que viveremos do que resta de nossa herança falida? É preciso solucionar esse problema o quanto antes. Já nos bastam as humilhações e perdas a que fomos submetidos. Perdemos nossa casa, as propriedades, muitas joias! Além disso, papai está morto, e nossa mãe se encontra nesse estado lamentável. Casar-me será difícil. Teria alguns viúvos de mediana condição financeira para escolher, mas não me interessam. Ou estão cheios de filhos de outras para criar, ou eu seria enfermeira. Encararia

---

11 KARDEC, Kardec. **O Evangelho Segundo o Espiritismo**. Araras, SP: IDE. Cap. X, item 13.

esse futuro, somente se houvesse uma boa recompensa. Ou será que em suas noitadas, nos ambientes que frequenta, você encontrará uma "Maria Helena" para ser sua esposa? — ironizou Elizabeth, enquanto seus olhos verdes brilhavam furiosamente. — Vejo que nada disso acontecerá, irmãozinho, por isso tomo minhas atitudes. Quando o efeito do último sermão que você ouviu na igreja tiver passado, você me dará razão.

— Não seja irônica, Elizabeth. Entenda que é terrível dispor do destino de outras pessoas. Peço que reflita sobre o que está fazendo para não se arrepender depois. Tudo que me disse é verdade, mas, se não encontro uma esposa rica nos locais para os quais vou, é porque espero encontrar neles uma fortuna livre de incômodos. Quero tanto quanto você ser um senhor novamente, mas não quero alguém me jogando na cara que lhe devo favores. — Franz era a voz de alerta à beira do precipício.

— Orgulho! É nisso que se resume toda essa conversa. Orgulho e pobreza não combinam, nunca observou isso? Prefiro correr riscos e compartilhar com Rodrigo a fortuna dos Alvarezes do que continuar vivendo como estamos. Aliás, deixe-me refrescar a sua memória. Somente me alio a Rodrigo nesse negócio porque você recusou a esposa que lhe ofereci, então, chega de falso moralismo. Você não quis participar, e respeitei sua vontade. Com Rodrigo está tudo acertado. Somente espero que você compareça à festa. Somos uma família e precisamos manter as aparências perante os Alvarezes, que, afinal, são estranhos na cidade e desconhecem a verdade sobre nossa situação e prestígio. Mas eles têm ouro bastante para calar qualquer matrona faladeira. Você irá comigo ao baile que organizarei com Maria Helena em sua casa e não discutimos mais. É pouco o que lhe peço. — Elizabeth deu por encerrado o diálogo com o irmão e decidida a questão.

Abriria o salão dos Alvarezes à sociedade local. Gostava de festas, muita música, bebida, dança. Isso era alegria, era assim que se vivia, segundo acreditava Elizabeth.

Franz advertia a irmã sobre seus planos de dispor da vida alheia, e Georges acompanhava temeroso as alterações na vida de Maria Helena. Continuava encontrando-a, porém não mais com tanta liberdade e regularidade como antes. Ela agora tinha muitos compromissos sociais, que, inicialmente, considerou bons, afinal, Maria Helena era moça e precisava conhecer a cidade e outras jovens. Novos relacionamentos seriam bons para ela. O convívio em sociedade a ajudaria a formar laços afetivos e analisar o caráter das pessoas, suas atitudes. Ela aprenderia, assim, a diferenciar as corretas das equivocadas, as verdadeiras das impostoras. O isolamento da ilha tornara Maria Helena ingênua, e isso o fascinava e preocupava ao mesmo tempo. A vida social da jovem, no entanto, reduzia as horas que passavam juntos e aumentava as horas que ela passava com Elizabeth e as visitas dela à residência dos Alvarezes.

Elizabeth era tão frequente que Georges quase poderia apostar que ela amanhecia e anoitecia ao lado de Maria Helena, e isso o intrigava muito. A uma jovem ingênua aquilo parecia normal, mas isso não acontecia com Georges. Homem experiente e que tinha por hábito analisar minuciosamente a conduta das pessoas, ele estranhava a súbita dedicação daquela mulher a Maria Helena. Vê-las juntas era como olhar a um só tempo o alvorecer e a noite escura; era impossível encontrar traços comuns, afinidades entre as duas. Uma era transparente, trazia estampado no rosto o que pensava e sentia; a outra, por sua vez, encobria o pensamento e as intenções nas sombras de si mesma, era evasiva; e futilidades eram seu assunto constante. Apesar disso, Georges via nela inteligência e por isso pressentia o perigo. Não gostava de ver Maria Helena com ela. Não conhecia Elizabeth ou sua família, mas buscava informações sobre eles entre seus pacientes e amigos. Não poderia, contudo, minar as relações de Maria Helena simplesmente com base em suas intuições e deduções. Tinha consciência suficiente para respeitar a liberdade da amiga de eleger novos amigos.

Georges obteve poucas informações sobre Elizabeth, entretanto, estas foram suficientes para confirmar suas intuições. Soube que a jovem fora enviada para Inglaterra por decisão do pai, e dizia-se que, aos quinze anos, a vida amorosa e o comportamento de Elizabeth eram grandes preocupações da família. Durante o período em que ela viveu com a madrinha, a família decaiu socialmente, e havia alguns anos eram considerados falidos. A situação agravara-se com a morte de genitor, que acarretou, segundo diziam, graves distúrbios à esposa. Sobre o irmão as informações também não eram as mais elogiosas. Era conhecido como alguém agradável, de bom convívio, mas irresponsável quanto ao trabalho e às finanças. A boêmia era sua vida.

Portanto, o que levava Elizabeth, repentinamente, a envolver-se com os Alvarezes? O que dom Antônio pensava sobre essa situação?

Disposto a investigar a questão *in loco*, Georges resolveu fazer uma demorada visita à casa. Passaria o domingo com Maria Helena.

O domingo amanheceu ensolarado, prenunciando a chegada da primavera, que convidava as pessoas a passeios e conversas em contato com a natureza. Confiante em ser bem recebido, Georges chegou à casa de dom Antônio pela manhã. Maria Helena lia no jardim e alegrou-se com a chegada do amigo, ordenando à criada que o conduzisse ao jardim e lhes servisse sucos.

Ao vê-lo no jardim, foi ao encontro do amigo abraçando-o calorosamente.

— Georges, que bom que veio me visitar! — disse Maria Helena

— Helena, só o seu sorriso bastaria para saber que sou bem-vindo! Fico feliz. Há algum tempo, somente temos conversado rapidamente. Ora são seus compromissos, ora são os meus, por isso decidi que passaria o domingo todo com você esta semana. O que me diz? Este velho está abusando, não é mesmo? Não basta aparecer sem avisar, ainda é para o dia todo! — falou Georges bem-humorado, fazendo graça de si mesmo.

— Velho?! Até que esse apelido fica bem em você. A partir de hoje, chamarei você de "velho Georges", já que se considera assim — respondeu a jovem rindo.

E, desde então, o carinhoso apelido tornou-se um código entre eles. Maria Helena continuou:

— Além do mais, você sabe que eu adoro suas surpresas e sua companhia é bem-vinda. Quisera ter mais tempo com você! Aprenderia muito e seria imensamente feliz. Sinto-me alegre e segura em sua companhia.

— Somos felizes em compartilhar nossa amizade, Helena — corrigiu Georges.

— Tem razão. Ando preocupada com meu futuro ultimamente. Será bom mudar meus pensamentos — confessou a moça.

Ouvindo isso, Georges convenceu-se de que suas intuições e seus cuidados com o bem-estar da amiga tinham razão de ser e estimulou-a a compartilhar seus pensamentos.

— Somente estou aqui porque meu pai decidiu que é tempo de encontrar um marido para mim, mas minha opinião a respeito disso não importa. Ele quer um genro que venha a auxiliá-lo e futuramente substituí-lo nos negócios da família. A mesma história de toda a minha vida: a triste sina de ser mulher. Já conhece bem.

Maria Helena relatou as últimas ocorrências culminando com a intervenção de Elizabeth a pedido de dom Antônio. Isso intrigou e preocupou Georges.

O dia seria tranquilo e com muita privacidade, pois dom Antônio estava ausente desde o dia anterior e regressaria ao final do dia. E a tão encantadora e comentada Elizabeth também estava fora da cidade visitando familiares, portanto, teriam todo o dia e a necessária privacidade para conversar.

Anoitecia quando Georges abordou o assunto que o preocupava: a relação com Elizabeth.

— Helena, você tem estado muito com Elizabeth. Como vocês se conheceram?

— Meu pai nos apresentou. Não perguntei de onde ou desde quando eles se conhecem. Creio que sejam ligações antigas. Por quê?

— Curiosidade de um velho abelhudo, só isso — respondeu Georges, enquanto segurava as mãos de Maria Helena e a olhava fixamente. Desejoso de expressar com o olhar os próprios sentimentos, ele prosseguiu: — Para ser claro, também estou preocupado com você. Sabe o quanto lhe quero bem, Maria Helena. Sei que posso lhe dizer isso e ser corretamente interpretado, pois sinto que em seu coração o afeto é o mesmo. Amo-te como a uma filha, a uma irmã, a alguém muito querido. É um sentimento calmo, delicado, sem paixões, que nasceu assim que nos encontramos. Talvez seja por isso que pensadores como Cícero enalteçam a amizade como uma forma sublime de amor. É em nome desse sentimento que nos une que quero lhe dizer algumas coisas.

— Por Deus, Georges! Assim, você me aflige. O que se passa? Parece que algo grave o perturba. Tenho por você o mesmo sentimento e obviamente o compreendo. — Maria Helena sorriu deliciada. — Bem que eu gostaria de viver perto de você. Quem sabe, quando eu retornar à ilha, você não me acompanhe? O que acha? Pense nisso, Georges. Como seria bom! Meus filhos poderiam conviver com você. Poderia me ajudar a educá-los, e nós os ensinaríamos juntos. Poderíamos criar uma escola para os filhos dos trabalhadores da ilha.

— Como você é sonhadora, minha criança! Belos sonhos, aliás. — Interrompeu Georges. — Mas voltemos ao assunto. Como eu lhe dizia, me preocupa essa proximidade com dona Elizabeth. Você é ingênua, Helena. Pouco conviveu com a raça humana e não conhece as máscaras e os interesses que movem as pessoas. A riqueza é uma tentação muito grande para algumas pessoas, essencialmente para aquelas apegadas à matéria. E a forma como essa mulher tem se disponibilizado me causa estranheza.

— Ora, Georges, você está com ciúmes de Elizabeth! Não se aflija. Sei que pouco convivi em sociedade, porém ela é uma boa mulher, alegre, divertida, que tem me ensinado várias coisas que somente uma mulher poderia me ensinar. Como você sabe, minha mãe, infelizmente, se preocupa mais com os santos e a vida futura do que com os humanos. E eram, melhor dizendo, são conhecimentos necessários para mim. Não se aflija inutilmente, pois não pretendo tornar-me um bibelô, fútil. Se como mulher pouca coisa me é dado fazer, ao menos como espírito posso evoluir e aprender, assim você tem me dito. Eu continuo dedicando-me às leituras e aos estudos. Não se preocupe.

— Eu sei, querida. Talvez esteja um pouco ressentido com as suas novas ocupações, afinal, durante meses fomos apenas nós e dona Eleonora. Fiquei mal-acostumado com tantas atenções. Mas, por favor, considere meu pedido. Observe as ações de sua amiga, indague de onde e como ela conheceu seu pai, por que esse grande e repentino interesse em você e em seu futuro? Sei que você merece bons amigos, porém não é comum a atitude dela. Eu acho muito estranha, inexplicável. Por favor, não se deixe envolver em manobras quanto ao seu futuro. Observe, analise, especialmente essa "ajuda" para arranjar um marido. Sinceramente, sua frieza me espanta, não combina com você.

A forma como Maria Helena reagia à questão do futuro casamento arranjado surpreendia Georges pela corajosa afronta a dom Antônio e pela maneira fria e racional. Era como se fosse uma negociação comercial. Ele atribuía essa atitude, em parte, ao desconhecimento da jovem quanto à vida conjugal e às suas responsabilidades. Também sabia que a par das virtudes que admirava, Maria Helena era dona de um caráter arrebatado e era bastante mimada. Por vezes, parecia que ela se referia a um futuro marido como se ele fosse um boneco ou um objeto que ela compraria, e não alguém com quem partilharia a vida.

— Está bem, Georges, meu velho e abelhudo amigo, atenderei ao seu pedido. Mas o tempo passa rápido e a noite se aproxima! Deixemos essa conversa tão sisuda e aproveitemos o restante do dia. Já lhe falei do baile que faremos? — Tomando-lhe o braço, Maria Helena caminhou pelo jardim.

— Não, nem sabia que dom Antônio apreciava esse tipo de evento, quanto mais promover um baile. Quando será?

— Deseja apresentar-me aos futuros pretendentes ao cargo de marido. Elizabeth está nos auxiliando. Será uma festa linda! Se você faltar, ficarei muito triste — disse Helena fingindo tristeza.

— Causar tristeza a uma linda moça é catalogado pela justiça de Deus como um pecado gravíssimo. Confessar tal delito me renderia uma penitência por demais pesada — respondeu Georges fingida e exageradamente, fazendo-a rir.

Maria Helena sabia o quanto ele era avesso ao catolicismo e às suas práticas, especialmente à "confissão dos pecados", por isso, debochadamente, havia criado uma relação pessoal de pecados.

— Não pretendo passar dias ajoelhado. Virei com certeza. Basta enviar o convite, e aqui estará o velho Georges em sua melhor vestimenta. Aliás, creio que isso mereça uma visita a Paris para adquirir trajes novos e elegantes. Serei o mais belo homem da festa — continuou Georges, brincando.

— Mesmo sendo um dos mais velhos — provocou a jovem.

— Isso não se considera — afirmou Georges categoricamente, com ares de ofendido.

Quando Maria Helena e Georges se despediam à porta, dom Antônio chegou, cumprimentou-os fria e educadamente e, protestando cansaço, foi para seus aposentos. Georges notou diferenças em dom Antônio. Parecia remoçado, distraído, o que não combinava com a pessoa que ele conhecera alguns meses atrás.

"Mas todos mudam", justificou Georges, em pensamento, quando retornava ao seu lar. "Porém, não mudam gratuitamente. Sempre existem forças que impulsionam as mudanças. Quais serão as que estão impulsionando dom Antônio?"

CAPÍTULO 10
O BAILE

O mal não é uma necessidade fatal para ninguém e não parece irresistível senão àqueles que a ele se abandonam com satisfação.[12]

— Ah! Vocês são lerdos, porque dom Antônio não está aqui. Aproveitam-se. Mas não perdem por esperar. Ele saberá de cada atitude de desrespeito. Aguardem! — esbravejava Elizabeth com os empregados da mansão dos Alvarezes.

Havia alguns dias, ela estava hospedada na residência para conduzir os preparativos para a festa promovida por dom Antônio.

Os parceiros comerciais, os amigos e as melhores famílias de Madri haviam sido convidados. Não haveria naquela temporada outra festa que ofuscasse o brilho daquela organizada por Elizabeth. Nada de economia. Somente o melhor de comer e beber, os melhores artistas, os melhores músicos, as roupas mais elegantes, o serviço mais completo para o evento. Sucesso absoluto era o que desejava dom Antônio. Ele queria que toda a Madri visse o quanto estava feliz. E isso, obviamente, abriria caminhos para realizar a aliança sugerida por Elizabeth para casar Maria Helena com Rodrigo de M. Isso o interessava muito. Dom Antônio queria impressioná-los favoravelmente.

Ciente da importância do sucesso do baile, Elizabeth esmerou-se na organização. O principal havia sido conseguir plena liberdade com relação aos gastos, afinal, disso dependia o restante. Era uma oportunidade para iniciar a gestão dos bens da família e começar a fazê-los mudar de mãos, acrescendo-os aos seus.

---

12 KARDEC, Allan. **O Evangelho Segundo o Espiritismo**. Araras, SP: IDE. Cap. XXVIII, item 3-6.

Ela andava de um lado a outro em meio aos preparativos, reclamando das empregadas, das encomendas que atrasavam. Quem a visse pensaria que era a dona da mansão. Entre os empregados era tratada como a nova patroa. Falavam à boca pequena que, apesar da riqueza de dom Antônio, gastando como ela gastava, sendo jovem e bonita, Elizabeth logo levaria o velho à cova. E só lhes restava pedir forças a Deus para aturar a megera.

Mas os amantes eram sinônimo de discrição. Somente Franz sabia do que se passava entre a irmã e o pai de Maria Helena. Ele evitava o máximo possível encontrar dom Antônio, sua filha ou qualquer pessoa que soubesse estar ligada a eles. Seu esforço era tanto que, passados meses desde a primeira conversa que tivera com Elizabeth, Franz ainda não conhecia a "amiga" da irmã. Não concordava com os planos dela e deixara isso claro, porém nada fizera para impedi-la de prosseguir; submetera-se. Quanto ao baile, não conseguira furtar-se de ir, pois teria de aparentar desconhecer o relacionamento entre sua irmã e o dono da casa e também com Rodrigo de M., o principal convidado, seu amigo e companheiro de diversas noitadas.

Franz havia muito sabia do relacionamento de Elizabeth e Rodrigo. Sabia que não tinha futuro, mas a irmã era responsável por suas escolhas. Se nem o falecido pai conseguira domar o caráter de Elizabeth, não seria ele que tentaria. Por isso não se envolvia na vida particular da irmã. Aliás, isso era uma conduta recíproca entre os irmãos: não interferiam nas decisões do outro, fossem elas quais fossem. Prestavam ajuda mútua e assim sobreviviam à decadência da família e ao desprezo que muitos antigos convivas de sua casa agora lhes devotavam. Em nome dessa lealdade fraterna, Franz compareceria ao baile. Elizabeth fora previdente, incluindo entre as despesas da festa uma renovação completa dos trajes do irmão para que ele comparecesse ao baile. Dom Antônio tinha muito dinheiro, sendo assim, um pequeno e inofensivo presente ao irmão de sua amada não significaria nada.

Maria Helena não tinha a mais leve desconfiança do que se passava entre a amiga e o pai. Notava a diferença de comportamento dele e conversara com Georges sobre isso. Acostumou-se, contudo, à nova realidade, pois a mudança em relação a ela era pouco significativa. Notava-o mais alegre, mais participativo em reuniões sociais, remoçara e havia um brilho misterioso em seu olhar, mas como pai permanecia o mesmo. A atenção dada à filha resumia-se a atender às suas necessidades elementares.

As discussões a respeito do casamento haviam amainado com a interferência de Elizabeth e igualmente a implicância com Georges. Ela representava uma mercadoria a ser negociada com vantagens para os interesses dele. Toda a sua vida fora sido assim, então, por que mudaria?

Concordara com os termos de Elizabeth para "manipular" a decisão paterna. Juntas, fizeram a lista dos convidados incluindo alguns possíveis candidatos, e o que mais a agradasse seria indicado por Elizabeth a dom Antônio. Ele fora ouvido na lista de convidados, porém em condições muito diversas, e já concordara com os planos de Elizabeth de casar a filha com o caçula da família de M., embora ainda julgasse isso bastante pretensioso.

As cartas estavam marcadas e distribuídas. Elizabeth, sobranceira, comandava o jogo. Um jogo mortal, cujas consequências nem ela previa. Brincava de Deus por alguns dias. E o preço a pagar? Não pensava nisso. Mas a lei é infalível e cobra no tempo certo.

Naqueles dias, somente Rodrigo a preocupava. Ele não poderia saber de seu envolvimento com dom Antônio e enganá-lo era difícil, ela sabia. A convivência longa e íntima que mantinham lhes dava cumplicidade e conhecimento das reações um do outro, e Elizabeth tinha certeza de que ele não aceitaria a situação. Dom Antônio também não poderia desconfiar da relação dela com Rodrigo, mas ele era mais fácil de manipular, pois estava cego pela paixão. Esperava que Rodrigo de M. não fosse imune aos encantos da jovem Alvarez. Fingiria estar enciumada e sofredora para o comparsa, mantendo-o vinculado ao compromisso. Afinal, a beleza de Maria Helena era de alguma utilidade. Seria a desculpa perfeita que encobriria o relacionamento com dom Antônio, seu curinga naquele jogo. Agia sozinha. O irmão a criticara e recusara-se a participar, e o jogo complicara-se.

A relação com Rodrigo era motivada unicamente por questões afetivas, prazer, vaidade e rebeldia pela impossibilidade de assumirem e viverem publicamente o relacionamento. Ela havia preparado o caminho durante um encontro às vésperas do baile. Elizabeth afagava os cabelos de Rodrigo, cuja cabeça repousava em seu colo, quando disse:

— Tem certeza de que nada entre nós mudará se você se casar com a filha de dom Antônio Alvarez?

— Claro, meu bem. Nada mudará. Você é a soberana da minha vida! Será mais ainda, pois deverei a você minha fortuna futura. Deixa-me preguiçoso, me acariciando assim. Seremos muito felizes, Eliza. Verá! Pelo que me diz, essa moça é fácil de ser envolvida e nada perceberá. Confie em mim. Ela ficará tão encantada que, em pouco tempo, bem menos do que você espera, estarei casado e seremos muito ricos — tranquilizou-a Rodrigo.

— Hum! Prepotente! Convencido! Você acha que nenhuma mulher o recusa — ironizou, rindo, Elizabeth. — O pior é que reconheço sua "habilidade".

— Então, Eliza, eu não entendo o que você teme.

— Você ainda não conhece Maria Helena. Talvez ela o encante — disse Elizabeth com uma expressão levemente torturada.

Rodrigo deixou o colo de Elizabeth e riu deliciado com o ciúme dela. Roçou os lábios no rosto e na boca da amante, murmurando:

— Eliza, como é bom saber que você teme me perder. Isso prova o seu amor. Lembre-se que não nos casaremos, mas seremos sócios e viveremos juntos a vida toda. É o nosso compromisso.

— Ah, Rodrigo! Precisamos que isso dê certo — disse Elizabeth abraçando-o.

Pela reação do amante, Elizabeth concluiu que sua estratégia era acertada.

Enfim, chegou o dia do baile.

Amanheceu, e na mansão a atividade era intensa. Elizabeth, mais do que nos dias anteriores, cuspia ordens aos empregados. Elogio nenhum. Incentivo menos ainda.

Maria Helena, cuja atitude em relação aos empregados sempre fora diversa, pois na ilha os trabalhadores haviam sido sua família, não admitia maus-tratos. Por isso, pediu à amiga que fosse mais tolerante com eles, afinal, eram boas pessoas.

— Se fossem boas pessoas, teriam nascido em famílias influentes e ricas. Pobres e incultos precisam ser mandados e muito bem-mandados, para fazerem algo direito — retrucou Elizabeth com dureza.

Estranhando a conduta de Elizabeth, Maria Helena olhou-a e demonstrou sua perplexidade. Depressa, a outra se corrigiu:

— Maria, não se aborreça comigo. Falei sem pensar. É a ansiedade. Quero muito que nosso baile seja um sucesso. É importante para sua felicidade. Quero que seja inesquecível! Por favor, deixe-me sozinha. Vá conferir a decoração do salão. Você é talentosa com os arranjos das plantas e flores. Veja se tudo está a contento.

Dessa maneira, Elizabeth forçou a moça a afastar-se de sua presença.

À tarde, tudo estava pronto para receber os convidados. Gastaram o restante do tempo em preparativos pessoais.

Iluminado, portas abertas, flores em abundância, com música alegre e de bom gosto, convidados distintos, cores, brilho e animação, assim estava o salão de baile dos Alvarezes.

Dom Antônio recepcionava os convivas com elegância e charme; era a outra face do homem severo a tornar-se pública. Elizabeth usava um vestido branco e joias de ouro que brilhavam. A distância, ela supervisionava o andamento dos trabalhos dos criados, e seu olhar tinha um brilho intenso, quase febril. À primeira vista, isso poderia ser confundido com satisfação com a festa, porém Franz se preocupou. Reconhecia o perigoso brilho do desequilíbrio. Mas, aos demais, ela era a amiga da família esmerando-se em auxiliar a jovem e inexperiente herdeira Alvarez a receber os convidados.

Maria Helena atraía naturalmente a atenção das pessoas, no entanto, não percebia o efeito que exercia. Na noite do baile, ela irradiava alegria, juventude e inocência, que, somados à sua beleza, a faziam parecer um anjo na Terra.

Assim como Elizabeth, ela usava um vestido no qual a cor branca predominava, com detalhes em amarelo suave, que, quando ela andava, davam efeito de luz ao seu redor. Usava poucas joias, somente brincos e uma tiara de brilhantes. O penteado deixava algumas mechas soltas.

Estava com o pai na entrada do salão, recepcionando os convidados com desenvoltura e simpatia, quando Rodrigo de M. chegou ao baile.

Dom Antônio somente ouvira falar do rapaz e aproveitou a ocasião para analisá-lo. A boa aparência impressionou positivamente aos Alvarezes. A conduta altiva e correta do jovem também agradou. Ele dirigiu-se a dom Antônio e cumprimentou-o:

— Felicitações, dom Antônio Alvarez. Sou Rodrigo de M. e trago-lhe um pedido de desculpas pela ausência dos meus pais. Um problema de saúde na família os reteve no lar, mas me pediram que lhe transmitisse nossa satisfação em conhecê-lo e, também, um convite a nos visitar.

— É uma honra recebê-lo, senhor Rodrigo. Eu e minha filha aceitamos o convite de seus pais. Peça-lhes que avisem tão logo os problemas de saúde que os impossibilitaram de comparecer ao baile hoje estejam afastados da família. Permita-me apresentar-lhe minha filha, Maria Helena Gomez Alvarez –, respondeu dom Antônio, enquanto tomava a mão de Maria Helena.

Sorridente, ela estendeu delicadamente a mão, e Rodrigo olhou-a, sem esconder o que sentiu: uma agradável surpresa e admiração pela herdeira. Constatou, com alegria, que seu "sacrifício" não seria grande. Ao contrário, prometia ser um negócio extremamente prazeroso. Agradeceu aos céus aquela sorte e sentiu-se privilegiado.

— É um grande prazer conhecê-la. Posso lhe dizer que doravante sou um homem mais feliz — disse Rodrigo segurando a mão de Maria Helena.

Encarando dom Antônio, Rodrigo prosseguiu:

— Sua filha é um anjo, senhor!

Rodrigo convenceu-os facilmente, pois suas palavras eram sinceras.

— Sinto-me honrada, senhor. Soube que é amigo do irmão de uma querida amiga nossa, a senhorita Elizabeth. Esperamos contar com sua amizade também — respondeu a jovem educadamente.

"Ela é bonita, educada, a voz é agradável e é riquíssima. Todo o meu empenho será pouco para conquistar o posto de seu marido", pensou Rodrigo, analisando a mulher que, intimamente, ele passou a considerar sua futura esposa.

Rodrigo entrou nos salões da mansão constatando as informações de Elizabeth sobre a riqueza dos anfitriões. Viu Franz sozinho, fato raro, parado próximo a uma porta que dava acesso ao jardim, e foi encontrá-lo.

— Franz, como está? Há alguns dias não nos vemos. O que está havendo? Enjoou dos prazeres da vida? — indagou Rodrigo, abordando o amigo com um sorriso brincalhão.

— Olá, Rodrigo! Fico feliz em ver que notou minha ausência. Já começava a pensar que, se eu morresse, ninguém notaria. Nos últimos dias, não estava disposto a reuniões.

— Ora, ora, o que houve com você? Encontrou uma nova atriz por quem se apaixonou e não quer torná-la conhecida? Confesse — insistiu Rodrigo.

— Nada disso. Sou avesso a paixões. Prezo minha liberdade. Não me envolvo com amores. Se tivesse alguma atriz nova na cidade que me interessasse, isso seria causa para que eu saísse de casa, não o contrário. Não sei explicar-lhe o que se passa comigo. Vamos esquecer esse assunto, está bem? Diga-me! O que está achando do baile? — perguntou Franz.

— Belíssima festa! Belíssima jovem! Para não ser conhecida, precisava mesmo estar vivendo isolada em uma ilha — respondeu Rodrigo olhando Maria Helena a distância.

Franz notou a forma dúbia da resposta.

— De fato, ela é linda. Estou surpreso. Pelo que dizia Elizabeth, eu esperava alguém diferente. Muito diferente.

— O que você esperava, Franz? — questionou Rodrigo.

— Alguém sem vida, inexpressiva, de parca inteligência e sem encantos. Entretanto, aqui estou eu observando nossa anfitriã. Ela é o oposto do que eu pensava. O que Elizabeth entende como pouca inteligência é apenas consequência da forma como ela viveu: isolada da sociedade. Ela não tem artifícios; é ingênua.

Rodrigo viu encantamento no olhar de Franz e em suas palavras havia uma velada censura à opinião da irmã sobre a jovem Alvarez. Observou Maria Helena e reconheceu que Franz tinha razão. Exatamente naquele instante, ela recebia um convidado que deveria ser alguém especial, deduziu Rodrigo, considerando o carinho e a alegria dela ao recepcioná-lo. Possivelmente, algumas senhoras qualificassem o comportamento dela como inadequado, mas Rodrigo não acreditava que a crítica prosperasse. Maria Helena expressava a felicidade pura de uma criança em seus gestos, ao recepcionar Georges e sair circulando com ele pelo salão. Mas a mesma expressão de pura alegria se manteve quando dançou e conversou com outros convidados ao longo da festa, inclusive com Franz e Rodrigo de M.

Obviamente, Maria Helena era muito solicitada pelos convidados e a todos atendia, entretanto, dedicou maior atenção a Rodrigo de M. Por Franz a moça sentiu uma imediata simpatia. Outros jovens juntaram-se ao trio, e ela não percebeu o distanciamento de Elizabeth durante a festa.

"A sorte está lançada! Que vença o melhor, como sempre", pensou Elizabeth, enquanto se despedia dos anfitriões, agradecendo os elogios sobre sua participação no sucesso do baile.

Fora apenas uma noite, porém, igual a uma pedra que se lança no meio de um lago. As consequências repercutiriam como ondas para muito além daqueles momentos.

CAPÍTULO 11
AS NOVAS RELAÇÕES

O que quer que fizerdes, remontai até a fonte de todas as coisas; nada façais sem que a lembrança de Deus venha purificar e santificar vossos atos.[13]

O tempo passa rápido e faz mudar os calendários. Passam-se os meses, e espera-se que avancemos.

Após o baile, as famílias Alvarezes e de M. estreitaram a convivência e criaram vínculos afetivos

A simpatia de Maria Helena conquistou a amizade dos membros da elegante família. Dom Antônio era benquisto, e reconheciam seu talento comercial e sua grande fortuna, portanto, interessava a todos manter boas relações. Não era segredo para eles que Rodrigo se interessava e cortejava abertamente a jovem herdeira Alvarez. Crentes na sinceridade dos sentimentos do filho e reconhecendo as vantagens de um possível enlace, nenhuma objeção foi posta à relação.

Elizabeth exultava, pois a realização de seus planos fluía maravilhosamente bem. A vida, enfim, lhe sorria!

Já Franz pensava exatamente o oposto. Maria Helena tornara-se não só uma conhecida, mas alguém que, com a convivência forçada por Elizabeth e Rodrigo, ele aprendera a conhecer e apreciar. Era-lhe terrivelmente difícil vê-los manipular com tanta facilidade a situação, conduzindo-a para o fim que almejavam. Sabia que a ninguém era dado o direito de dispor da vida alheia e, mais ainda, de trair a confiança de quem ofertava amizade sincera. E era exatamente isso o que a irmã fazia com todos à sua volta. "Como paralisar o curso disso?", questionava-se Franz, intimamente.

---

13 KARDEC, Allan. **O Evangelho Segundo o Espiritismo**. Araras, SP: IDE. Cap. XVII, item 10.

Ao mesmo tempo, o amor pela irmã impedia-o de agir e lançava-lhe dúvidas. Assim, para acalmar a própria consciência, ele decidiu confiar e esperar que a vida, ou o tempo, ou quem sabe Deus, tomasse uma atitude e impedisse a realização dos desígnios de Elizabeth.

Inegavelmente, Franz sofria, e aqueles meses colocavam em xeque seu caráter frágil.

Georges, sem outras informações sobre Elizabeth e seu estranho interesse na vida dos Alvarezes, continuava intrigado após a tentativa de alertar Maria Helena. No entanto, nada lhe restava fazer. Somente podia conversar e orientar a amiga, quando — e se possível fosse — ela quisesse tratar do assunto com ele. Continuava visitando-a, discutiam suas leituras e passeavam. Parecia que a influência de Elizabeth diminuía lentamente. Após o baile, ela era vista na mansão com menos frequência.

Na primavera de 1848, a presença de Rodrigo de M. era dominante.

Inúmeras vezes, eles encontraram-se na mansão, compartilhando a companhia de Maria Helena em longos passeios pela cidade, e acabaram tornando-se amigos. Rodrigo era cativante, inteligente, interessado por arte, assunto que logo se tornou constante nas conversas do trio. Georges simpatizava sinceramente com o rapaz. Acreditava no interesse que ele manifestava por Maria Helena e via com satisfação o crescimento da relação do casal. Apoiava a ideia de uma aliança que faria a jovem feliz e a manteria em Madri, onde residia a família de M.

Por esses dias, os interesses pessoais do médico afastaram-no um pouco da companhia da jovem. Insólitos fenômenos começavam a tornar-se moda na Europa. Nas reuniões das mais ilustres famílias — até as menos recomendáveis —, o passatempo, a diversão preferida nas reuniões, tornara-se as adivinhações, utilizando-se de objetos banais, como uma mesinha, para responder a perguntas. Elas moviam-se ou produziam pancadas, estabelecendo-se, assim, diálogos. Georges ouvira falar desses entretenimentos, porém achava-os entediantes.

Certa vez, assistira na casa de amigos a uma sessão desse tipo, mas não refletiu sobre os fatos presenciados nem no que o fenômeno ocasionava. Simplesmente, afastou-o de seus interesses. Preferia conversar com as pessoas, refugiar-se em sua casa e entregar-se à leitura ou à análise de seus pacientes especiais.

Um acontecimento, contudo, modificaria sua interpretação sobre aqueles fenômenos.

Era tarde da noite, Georges estava em sua residência e ouviu repetidas e fortes batidas na porta. Diante da hora avançada, não esperou que o empregado fosse atender. Sabia que se recolhiam cedo e apressou-se em atender à porta. Ao abri-la, deparou-se com um homem desesperado.

— Boa noite, senhor. A quem procura?

— Boa noite. Perdoe-me por importuná-lo a essa hora. Recomendaram-me um médico, doutor Georges, e deram-me este endereço. Por favor, se ele se encontra, leve-me até ele. É urgente — pediu aflito, torcendo nervosamente o chapéu que tinha nas mãos.

— Acalme-se, senhor. Eu sou Georges. Por favor, entre e me diga o que o aflige — convidou Georges, afastando-se para dar passagem ao visitante.

— Doutor, não me entenda mal, mas o que me traz aqui é sério. Minha esposa está passando mal em minha casa. Se puder acompanhar-me para socorrê-la, conto-lhe tudo a caminho. Não podemos perder tempo — insistiu o homem parado, encarando Georges.

— Sendo assim, aguarde um momento. Pegarei minha maleta, e iremos à sua residência — respondeu Georges dirigindo-se à sala onde guardava a maleta com seus instrumentos.

— Pronto, vamos. No caminho, o senhor me relata o que se passa com a sua esposa.

— Com certeza, doutor. Minha carruagem está em frente ao portão de seu jardim. Vamos! Relatarei o que ocorre com Joana, minha esposa. Por favor, doutor, ajude-a!

O homem caminhava apressado, e a expressão de seu rosto e seus gestos revelavam aflição e nervosismo. Georges estava habituado a atender maridos em desespero e acompanhou-o sem perder a calma, esperando informações sobre a doente.

A experiência ensinara-o a apaziguar primeiro os familiares, garantindo, assim, o tratamento do doente. Pessoas desesperadas, desatinadas e ansiosas não auxiliavam um enfermo.

— Senhor, farei o melhor ao meu alcance por sua esposa. Acalme-se para conseguir ajudá-la. Vendo-o aflito e doente, ela, por certo, sofre mais. Diga-me seu nome, pois ainda não sei como tratá-lo.

Serenamente, Georges agia com sua habitual maneira terapêutica com os familiares de seus pacientes.

— Desculpe-me, doutor. Estou muito nervoso. Sou Pedro López, proprietário de um comércio próximo à praça de touradas. Recebi ótimas informações a seu respeito e espero que seus conhecimentos sejam capazes de curar Joana. Doutor, temos três filhos pequenos, e não sei o que farei se ela não melhorar — Pedro falava rápido, atropelando as palavras e ideias e, como toda pessoa ansiosa, voltava sempre ao ponto de seu tormento.

Georges deixou que ele falasse e, notando que já estavam próximos ao endereço indicado, indagou:

— Afinal, senhor Pedro, o que houve com sua esposa? O senhor está visivelmente aflito, e deduzo que ela não esteja bem. Não me disse, contudo, o que se passa com dona Joana. Quais são os sintomas? Desde quando estão acontecendo?

Pedro calou-se; não sabia como dizer ao médico o motivo pelo qual fora à sua procura. Fitou a cobertura da carruagem e depois vagou o olhar pela pequena abertura da portinhola. Finalmente, parecendo vazio, ele encarou Georges, e seu olhar refletia uma dor profunda. A expressão de seu rosto era de desalento.

— Não sei como lhe explicar, doutor. Nem ao menos sei se haverá algo a se fazer para salvá-la ou se Deus punirá severamente nossa desobediência. Se não for abusar de sua bondade, gostaria que examinasse Joana primeiro e me desse o diagnóstico. Depois, se necessário, relatarei o que está acontecendo. Está bem, doutor?

— Senhor Pedro, eu gosto de saber o histórico de uma doente antes de examiná-la. Compreenda, nunca vi sua esposa, desconheço sua vida, seus hábitos, sua família. Em resumo, não sei nada sobre ela. Mas reconheço sua seriedade e aflição, então, se prefere dessa forma, por ora, farei como quer — respondeu Georges.

Ele pressentiu que algo bastante estranho acontecia naquela família e não era uma enfermidade física. Inclinava-se a crer que se tratasse de uma crise histérica. Aquele comportamento que era um misto de aflição, retraimento e vergonha era típico de familiares com pacientes perturbados mentalmente.

Georges preparou-se para enfrentar mais um caso de dor sobre a Terra. Considerava a doença mental uma dor moral profunda, que o paciente julga insuportável, e isso o leva ao desespero e a atitudes insanas. Essa era uma forma de fugir desse sofrimento que não conseguia enfrentar. Obviamente, sua posição e as formas como defendia que fossem tratados esses doentes não eram aceitas pela maioria.

Passaram por portões altos. A propriedade era murada e completamente isolada da rua. Era uma casa confortável, mas sem luxos ou exageros. Foram recebidos por uma senhora magra, pequena, trajada de preto, que se apresentou como dona Rosália, a mãe da paciente. Georges notou que o comportamento deles permanecia com aquele típico "ar estranho", então, ele disse:

— Gostaria de ver dona Joana imediatamente.

— Claro, vamos por aqui, doutor Georges. Acompanharei o senhor até o local em que está minha filha. — Dona Rosália virou-se e andou em direção aos fundos da casa, passando longe da escadaria que conduzia ao segundo piso.

Mais e mais, Georges acreditava que sua intuição estivesse correta. A paciente não estava acamada, senão, estaria nos quartos principais da casa. A doença não era bem-vista, por isso a escondiam. Nesses casos, escondiam os pacientes dos olhos do povo e, às vezes, até da luz do dia, literalmente. Era como se assim eles não existissem.

Essas situações geram medo no próprio doente, e o medo contamina. Ele é transmitido entre as pessoas com a velocidade de um raio e alastra-se entre os que cercam o enfermo. Ele sente medo de tudo e de todos, inclusive de si mesmo. Na maioria das vezes, os familiares temem o doente e a reação social à existência dele.

Desceram uma escada de poucos degraus e passaram por uma despensa farta. Ao fim do corredor mal iluminado, havia duas portas. Dona Rosália apontou para a da direita, sob a qual se via uma réstia de luz pelas frestas. Com lágrimas nos olhos, ela disse:

— Doutor, disseram-nos que o senhor é muito bom e não teme a doença da minha filha. Falaram que o senhor estuda problemas difíceis, então, talvez possa ajudá-la. Ela é boa, doutor. Não sei o que ocorre com minha filha, mas veja por si mesmo.

Dona Rosália entregou uma chave a Georges e, voltando-se, retornou pelo caminho que os conduzira, deixando-o só, parado à porta.

— Ah, quanta incompreensão! Quanto a fazer! E tão pouco se sabe! — falou Georges em voz alta para si mesmo. — Mas, se aqui estamos, veremos o que é possível fazer para ajudá-la. — E, inserindo a chave na fechadura, abriu a porta.

Quantas vezes vira cenas como aquela! Seu coração enternecia-se por aquelas pessoas, frequentemente mulheres. Esse era um motivo alegado para estudá-las. Diziam que tinham a mente fraca e enlouqueciam facilmente.

Em um canto do quarto despido de móveis, cortinas e quaisquer utensílios, sentada sobre um colchão estendido no chão, em meio a restos de pão e outros alimentos, estava a paciente. Não era possível distinguir nitidamente os traços do rosto dela, pois estava inchado e vermelho pelo choro convulsivo. Tinha os cabelos desalinhados, que, em algum momento, haviam sido trançados e presos em um coque agora desfeito. Tinha hematomas no rosto e arranhões profundos nos braços, que o vestido rasgado deixava descobertos e visíveis. O olhar brilhava de horror, mas não ela não parecia alienada à realidade.

Georges fechou a porta, guardou calmamente a chave em sua maleta, largou-a no chão e aproximou-se da doente.

Sentou-se ao seu lado e, em silêncio, aguardou que ela falasse primeiro. Agia assim para que o doente falasse o que sentia. Aprendera que, muitas vezes, a tentativa de forçar alguém naquele estado a falar era pior, fazendo retornar à crise. Por isso, esperava. Era como um parto; havia etapas que a natureza precisava cumprir. Após algum tempo, Joana olhou-o atentamente e perguntou:

— Quem é você? O que quer?

Georges sorriu e estendeu-lhe a mão, que ela, relutantemente, segurou, examinou, apertou, como se desejasse se certificar de que era real.

— Quem é o senhor? De onde vem? Não tem medo de mim? — repetiu Joana acuada.

Aparentemente, ela estava bem orientada e parecia ter consciência do que ocorria à sua volta, constatou Georges.

— Dona Joana, é esse seu nome? Foi o que me disse o senhor Pedro. Eu sou o doutor Georges. Sou médico e vim até aqui para tentar ajudá-la, se você permitir — respondeu Georges.

Cada gesto ou expressão era importante, por isso Georges permanecia imóvel, concentrado na paciente ao seu lado.

— Não sei como um médico poderá ajudar-me — falou Joana.

— Confie em mim. Pretendo fazer o melhor pela senhora, se me disser o que está acontecendo. Vejo que chorou muito e machucou-se. Como isso aconteceu?

— Eu caí. Não foi isso que meu marido lhe disse? O senhor não é o primeiro médico que vem me ver. Todos os outros desistiram e disseram que o mal é incurável. Poupe seu tempo e me deixe. Repita o mesmo que os outros disseram ao meu marido.

A resposta agressiva de Joana era carregada de dor.

— Perdão, dona Joana, mas fui chamado para atendê-la. Vejo que alguma coisa aconteceu com a senhora e gostaria de saber o que foi. Quanto à opinião dos meus colegas, prefiro dar meu próprio diagnóstico — respondeu Georges em tom firme, porém conciliador. — Agora, dona Joana, se me permite realizar meu trabalho, diga-me o que se passa. Se eu não fosse médico, ainda assim estaria curioso, pois há algumas horas seu marido me procurou desesperado e o ouvi falar desde a minha casa até aqui, porém ele nada disse a respeito do que se passa com a senhora. Cheguei a essa casa, e a senhora sua mãe, da mesma forma que seu marido, implorou-me para ajudá-la, mas nada me disse. Sou humano e curioso, então, por misericórdia, conte-me e alivie meu padecimento, senhora.

Joana sorriu. Georges fazia caretas ao solicitar a ajuda da paciente. O humor a fez sentir-se próxima dele.

A alegria beneficia o espírito, por mais torturado que ele esteja. Um minuto de sincera alegria tem a capacidade de superar muitas horas de dor. O apóstolo Pedro dizia que "o amor cobre uma multidão de pecados"[14]. A alegria é uma mensageira do amor, por isso atrevo-me a parafraseá-lo, dizendo que um minuto de alegria cobre muitas horas de sofrimento.

O poder da alegria é grande e contagioso, tanto que, passado muito tempo dos momentos alegres, deles guardamos lembrança tão nítida que basta recordá-los para revivermos as sensações, cenas, circunstâncias e, ainda mais, renovam-se as vibrações, os fluidos, as energias que nos envolveram nesses momentos[15].

— Dona Joana, é uma lástima que a humanidade não sorria mais. Por mais feio que alguém seja, já reparou como o sorriso dele não é feio?

— O senhor tem razão. Nunca vi um sorriso feio. Até em uma pessoa desdentada o sorriso é agradável. Mas o senhor deseja mesmo saber o que se passa comigo? — questionou Joana, incrédula.

— Nada me impede de ir embora, dona Joana. Se permaneço aqui, é por curiosidade. Como lhe disse, se minha opinião profissional não interessa, tenha piedade de um homem curioso. Como me faz sofrer essa tal curiosidade! Não queira saber!

---

14 Pedro 1 4:8.

15 Nota do autor: Isso ocorre em função da alteração do conteúdo de nossos pensamentos, que, uma vez modificados, repercutem em nossa psicosfera, aura ou como desejarem chamar a imantação fluídica que cerca o espírito encarnado ou não, dando-lhe características conforme o teor do pensamento emitido. Recordando fatos alegres ou recebendo alegria de alguém, modificamos nossas vibrações, tornando-as suaves e serenas. Eis a importância da alegria.

Georges olhava-a e falava sinceramente sobre sua curiosidade, pois observou que ela não apresentava sintomas físicos, não se queixara de nada, não aparentava sentir dor física, não havia ferimentos graves e, fora os hematomas e arranhões, não via ulcerações. Por isso, atribuía o motivo de ela estar naquelas condições a um desequilíbrio de outra ordem. Joana estava lúcida e respondera adequadamente às perguntas, com lógica e compreensão.

Joana passou as mãos nos cabelos, na tentativa de arrumá-los na trança semidesfeita, ajeitou as vestes rasgadas e secou o rosto com a saia do vestido. Nitidamente, buscava forças interiores para reerguer-se, apresentar-se ao mundo e enfrentá-lo. Julgando-se minimamente apresentável, levantou-se e caminhou pela sala. Sentindo-se mais segura, encarou Georges e começou seu relato.

— Doutor, eu tenho essas crises há muitos anos. Elas aumentaram de intensidade, parece que progrediram nos últimos tempos. Realmente, não sei até quando permanecerei com um pouco de sanidade. Os demais médicos disseram que tenho crises histéricas, que não há tratamento para isso e que um dia não retornarei das crises e ficarei completamente louca. Dizem que tenho alucinações e outras coisas de que não me lembro agora. Não aceito esse diagnóstico, mas também não sei explicar o que acontece comigo. Há períodos muito difíceis, em que elas são frequentes; em outros, espaçam-se, e passo meses sem nenhuma crise. Algumas pequenas coisas nem comento. Ignoro, e elas passam. Há momentos, contudo, em que não sei o que fazer. Eu sofro muito, choro, rezo e rogo pragas, mas nada do que vejo ou sinto desaparece.

Não era a primeira vez que Georges atendia uma paciente com alucinações. A ocorrência desse fenômeno o inquietava. Como podia acontecer uma ilusão dos sentidos tão grande? Isso era uma incógnita para ele. Também sabia que, às vezes, por alucinação se considerava desde visões demoníacas, monstros, animais, vozes, sensações e até conviver com pessoas que já haviam morrido.

— Dona Joana, me relate como foi a crise que me chamaram para socorrer — pediu Georges, atento à paciente.

— Foi muito triste, doutor. Passei horas chorando, não conseguia parar, até a amiga vir me visitar.

Ela estava calma, mas Georges ficou alerta. "Que 'amiga' é essa? Será que estou errado, e ela, de fato, está louca?", pensou, enquanto a ouvia.

CAPÍTULO 12
NOVOS CONHECIMENTOS

Os médiuns são os intérpretes dos Espíritos, suprem os órgãos materiais que faltam a estes para nos transmitirem suas instruções; por isso são dotados de faculdades para esse efeito.[16]

A mediunidade é um fenômeno natural ao ser humano, que se desenvolve, se desvenda, conforme evoluímos.

É causa para alguns serem considerados santos, e para outros serem vistos como emissários de Satã. Ela dá poder e status em algumas sociedades, criando castas distintas; em outras, gera dor e sofrimento, banindo pessoas e jogando-os em clínicas e hospitais psiquiátricos. A incompreensão da mediunidade gera inúmeras causas de padecimento para pessoas que manifestam a faculdade de forma ostensiva. A Doutrina Espírita, em 1857, anos depois dos acontecimentos que narramos, lançou luz sobre essa faculdade até então nebulosa ao entendimento das pessoas. Revelou a existência de um mundo paralelo, a continuidade da vida, rasgou os véus fantasiosos do que nos espera após a morte, e mostrou que a vida é imortal e que as condições em que vivemos são construção nossa, tanto na matéria quanto fora dela.

Explicou situações antes tidas como santidade ou loucura. Como o número de "santos" é limitado e eles são reconhecidos somente após a morte, restava a loucura para justificar a existência de indivíduos que mantêm relação com o mundo espiritual. A sociedade age, às vezes, como uma criança que se nega a admitir o fim de uma fantasia. Assim, para muitos que desconhecem os estudos e as pesquisas sobre a vida espiritual, o passado e as experiências vividas, que ora relatamos, ainda são

---

16 KARDEC, Allan. **O Evangelho Segundo o Espiritismo**. Araras, SP: IDE. Cap. XIX, item 10.

o presente de dor, fruto da incompreensão. O remédio, contudo, está posto ao alcance das mãos.

Perdoe-nos, caro leitor, a interferência na narrativa dos acontecimentos, porém julgamos oportuno alertar sobre a importância de compreendermos as leis que regem a comunicação entre os planos da vida, facilitando a correta identificação da faculdade e, assim, encurtando caminhos pedregosos para alguns. Feita nossa intervenção, voltemos à narrativa.

Prevaleceu em Georges o bom senso do estudioso dedicado. Um bom julgamento requer tempo, e ele decidiu dar tempo e observar com calma o que acontecia com a nova paciente.

— Doutor, dizem que sou louca, porque comigo se passam coisas que não acontecem com os outros. Creia-me, doutor, eu não sei por que isso acontece, nem como. Nem sequer posso prever quando ocorrerão. Já passei por situações ridículas. Meu marido tem muita vergonha de mim, culpa-me. E, há algumas semanas, sim, eu acho que sejam semanas... Entenda-me, aqui neste porão é fácil perder a noção do tempo. Bem, ele me isolou aqui, não permite que eu saia e, eventualmente, permite que eu veja meus filhos. Passo muitos dias sem ver a luz do sol ou andar nos jardins de minha própria casa. Há anos, não posso sair às ruas, comparecer a festas, conversar com as pessoas. Ele não me permite fazer isso.

Georges notou que ela estava calma, serena, e que o equilíbrio conquistado era mantido com esforço e autodomínio, embora fosse perceptível seu sofrimento. Ela continuou:

— Eu precisaria de muitas horas para contar-lhe tudo, mas eu sei que não há tempo para isso em uma consulta. E para que serviria? Como lhe disse, vários colegas seus diagnosticaram que sou louca, e, embora não me entenda assim, não sei oferecer outra explicação. Felizmente, minha família teme muito a Igreja. Todos são fiéis, caso contrário, seria tida como possuída pelo demônio. Aliás, devo lhe dizer que receio que, algum dia, chegue aos ouvidos do pároco o que ocorre nesta casa. Ele não compreenderia e aumentaria minha desgraça. Quando penso nisso, tenho certeza de que a loucura me convém.

Ela falava com lógica e clareza, fazendo Georges manter-se atento e disposto a uma análise mais profunda. O diálogo prosseguiu. Joana precisava falar e confiara no doutor alegre de sotaque estrangeiro, que não a examinara nem lhe prescrevera tratamento à primeira vista.

Contou-lhe que tudo começara com o surgimento de estranhas sensações, do surgimento inesperado e sem causa de diversos sentimentos, que havia dias em que estava alegre e, repentinamente, era invadida por uma tristeza profunda, por raiva, medo e outros sentimentos, sem que houvesse uma causa conhecida. Com o passar do tempo, essas sensações tornaram-se persistentes e mais duradouras. Surgiu, então, a sensação de ser observada, e, por fim, as pessoas começaram a lhe dizer, ante ocorrências banais, que várias coisas que ela via não estavam acontecendo, não existiam. Joana relatou que esses acontecimentos se intensificaram após o nascimento de sua segunda filha, quando ela passou muito mal e viu, entre as pessoas que cuidavam dela, a avó paterna, que havia morrido três anos antes. Joana a viu, várias vezes, velando carinhosamente seu leito tanto durante o dia como durante a noite. Na ocasião, disseram que era delírio ocasionado pela febre e não deram importância ao acontecimento. Joana, contudo, passou a ver frequentemente pessoas conhecidas, que ela sabia que já haviam morrido; em outras ocasiões, viu também pessoas desconhecidas, que ela considerava "vivas" e com quem conversava, mas que a família não via. Aí começaram os problemas, pois Joana não sabia discernir os acontecimentos nem como agir.

Georges tinha experiência em casos semelhantes Inicialmente, com muita simplicidade e segurança, diagnosticara enfermidades mentais, mas, com a experiência, a observação, a convivência com esses estranhos fenômenos, percebera que eles eram diferentes, pois não tiravam a sanidade mental dos portadores — embora fosse inegável o sofrimento de muitos, especialmente por não conseguirem aceitar e explicar os fatos. As crises passavam, e restava o medo de quando e como tornariam a se repetir. Esses casos chamavam tanto a atenção de Georges que ele se dedicava a acompanhar, assiduamente, alguns pacientes, transferindo-os para uma chácara que adquirira na zona rural. A propriedade era apenas frequentada por alguns familiares de seus pacientes, que a descreviam como um local especial para repouso. A verdade, contudo, é que lá eram atendidos indigentes e miseráveis encontrados nas ruas de Madri, que ele recolhia e abrigava. Contabilizava alguns enfermos com significativa melhora, mas nenhum tinha as condições de Joana de expressar-se. Georges notava que ela buscava respostas nesse estranho e desconhecido mundo visto por loucos ou santos e decidiu acompanhar o desenrolar da situação da paciente, descartando, no entanto, a utilização de imediato de qualquer medicamento sedativo ou de outras práticas empregadas para "acalmar" a suposta enferma.

— Dona Joana, estamos há horas neste local bastante desconfortável, que lastimo saber ser seu habitat por ordem do senhor Pedro. Apesar de tudo o que vi e ouvi, não julgo, contudo, ter elementos suficientes para dar-lhe o mesmo diagnóstico que meus colegas. Se me permitir, gostaria de conviver mais com a senhora e acompanhar de perto essas crises, por isso sugiro sua transferência, por alguns meses, para um local de descanso que possuo na zona rural. A senhora concorda, aceita esse tratamento? — indagou Georges.

— Doutor, não gosto de drogas. A maioria que me foi dada acabou fazendo-me passar mal depois. Tive dores de cabeça, sem falar de outros males que me ocasionaram. Os banhos gelados já me colocaram de cama; são horríveis. Contei-lhe tudo, porque o senhor agiu de modo diferente. Confio, então, que seja um bom médico, porém não me iludo. O senhor também não sabe o que acontece comigo e, mais dia, menos dia, dirá que sou louca.

Após o longo desabafo, Joana estava cansada, mas firme em seus posicionamentos.

— Prometo-lhe não lhe ministrar drogas. Também não simpatizo com elas, embora as tenha e faça uso delas com pacientes para os quais elas são úteis e benéficas. Restrinjo, contudo, a utilização de doses elevadas a casos de violência e perigo para a própria vida do paciente. Quanto aos banhos gelados e outras torturas que empregam, digo-lhe que lhes tenho horror a elas — informou — e não vou forçá-la a uma decisão agora. Pense e me responda amanhã, quando virei visitá-la novamente. Como a senhora não fez queixas de dores físicas ou de mal-estar, entendo que se acha fisicamente bem.

Joana concordou com um gesto de cabeça, e Georges prosseguiu:

— Pois bem, vou dizer ao seu marido que a senhora precisa tomar um medicamento que deixarei com ele. É um composto de ervas de chá calmantes; elas lhe garantirão um bom sono. Para tratar os arranhões e hematomas, determinarei que tragam até aqui uma banheira com água quente, roupas limpas e um unguento para passar nos machucados. Está de acordo, dona Joana?

— Seguirei suas orientações, doutor. Obrigada. Vejo que o senhor está preocupado com meu bem-estar e me envergonho da situação. Infelizmente, não tenho como lutar contra ela — confessou Joana.

Georges notou que, ao mencionar os arranhões e hematomas, ela ficara constrangida, levando-o a suspeitar da causa dos ferimentos. Visões, alucinações ou o que fossem não eram acompanhadas de evidências de violência como aquelas. A pobre mulher deveria estar com dores, mas não se queixara; tratava os machucados como uma questão secundária. Percebendo isso, cresceu a determinação de Georges de auxiliar a paciente.

Despedindo-se, Georges saiu, cumprindo o ritual de fechar a porta à chave, e seguiu à sala, onde encontrou Pedro adormecido em uma cadeira. Georges fez ruídos suficientes para acordá-lo, e Pedro levantou-se rapidamente, buscando disfarçar os nítidos sinais do sono ao qual se entregara.

— Então, doutor, como está minha esposa? — perguntou Pedro.

— Bem, senhor Pedro. Ela está calma. Não tenho um diagnóstico a lhe dar, portanto, necessitarei de algum tempo observando as crises para dar-lhe uma opinião. Mas está muito tarde e estamos todos cansados. Eu voltarei amanhã para conversarmos sobre a enferma.

— Por certo, doutor. A que horas devo aguardá-lo e o que deverei fazer com Joana até sua chegada?

— Poderei retornar amanhã na primeira hora da tarde, fica bem para o senhor? — perguntou Georges

Pedro concordou, e Georges, então, passou-lhe a prescrição de tratamento imediato conforme combinara com Joana.

De volta à sua casa, o médico rememorou a noite inusitada e rica de observações e questionamentos.

Na manhã seguinte, Georges atendia seus pacientes em seu consultório, que era contíguo à sua residência. Em um intervalo, observou o movimento da rua, como era seu hábito, e reconheceu a aproximação da carruagem dos Alvarezes. Imediatamente, foi à porta de entrada e, com alegria, viu descer sua jovem amiga.

— Helena, que bons ventos a trazem à minha casa? O privilégio das surpresas é meu! — disse Georges recepcionando-a carinhosamente.

— Ora, não é você quem diz que o que é bom deve ser imitado e se possível melhorado? Pois bem! Suas surpresas para mim são boas, assim resolvi imitá-las, pois creio não ser possível melhorá-las — respondeu Maria Helena retribuindo a gentil recepção.

— Vamos entrar, ou todas as senhoras dos arredores terão o que comentar por muitos dias. Venha! — Tomando-lhe o braço, Georges conduziu a visitante até uma agradável sala — um misto de sala de estar e biblioteca —, de decoração aconchegante, com janelas altas, que iluminavam o ambiente, dando-lhe vida e calor.

Um gato amarelo e grande chamado Napoleão e uma cadela preta, de porte médio, que atendia pelo nome de Antonieta, ambos sem raça definida, estavam deitados sobre o tapete, aquecendo-se ao sol que entrava pela janela. Eram os animais de estimação de Georges, adotados das ruas da cidade.

— Georges, francamente, só você para conviver assim com animais. Olha isso! Eles se portam como se fossem os donos da casa — comentou Maria Helena encantada com o gato, apesar do tom de censura.

— E são, não tenha dúvidas disso. Aqui, nós fazemos o que eles permitem, por isso Napoleão e Antonieta, um casal poderoso. Mas eles gostam de você, portanto, não vão atrapalhar nossa conversa — respondeu Georges sorridente.

— Eu que deveria perguntar se não estou atrapalhando seu trabalho. Não tem pacientes para atender?

— Não, Helena. Somente trabalharei à tarde. Uma paciente nova, que conheci ontem à noite. Caso muito interessante.

Ele e Maria Helena conversaram sobre as impressões dele a respeito da nova paciente, cujo nome não foi revelado. A intenção de Georges de transferir a enferma para a chácara de repouso despertou a curiosidade da jovem.

— O que é essa chácara, Georges? Você nunca me falou dela.

— Para que falar do que faço? Não vejo necessidade. É uma propriedade simples, e peço-lhe que não revele a existência dela para terceiros. É pequena, e eu a adquiri logo que me mudei para a Espanha. Eu a considero bonita e confortável, mas sem luxo. Trato de alguns pacientes lá, contudo, não posso chamá-la de clínica, por isso digo que é para repouso.

Georges era sucinto ao falar da chácara. Era uma atividade muito pessoal a que ele realizava nela. O médico era auxiliado por um casal que cuidava do local, e Jean, seu mais antigo e fiel empregado, que o acompanhava desde a França, sabia da existência, do destino e da localização da propriedade.

Apesar do afeto que tinha pela jovem, Georges não desejava fazer-lhe revelações, por isso mudou estrategicamente os rumos da conversa, abordando os acontecimentos recentes, as leituras e as frequentes viagens de dom Antônio. A mudança não passou despercebida a Maria Helena.

Georges notou que ela fazia frequentes referências a Rodrigo e a Franz, com quem dizia estar apreendendo a se divertir indo a teatros e festas. Animada, relatou as visitas à família de M. e as afinidades descobertas entre eles.

— E sua amiga Elizabeth? Como ela tem passado? — perguntou Georges curioso.

Aquela mulher o intrigava e era prudente acompanhar as ações dela.

— Muitíssimo bem. Tem estado muito ocupada organizando atividades benemerentes. Temos nos encontrado menos, porém mantemos contato. Você sabe que ela tem me ajudado a convencer meu pai a aceitar minhas opiniões sobre a questão do meu casamento.

— E, posso estar errado, mas acredito que esse assunto se encaminha para um final feliz, não é mesmo, minha menina? — indagou Georges.

— Talvez Georges, talvez. Mas aguardemos os acontecimentos — respondeu ela sorridente.

— Rodrigo e Franz me parecem interessados. Qual deles é seu preferido?

A jovem enrubesceu e, constrangida, baixou o olhar. Brincando com o gato que andava à sua volta, não respondeu à pergunta do amigo.

Consultando o relógio de prata que trazia preso ao casaco, Georges convidou Maria Helena a almoçar com ele. Aceito o convite, ele informou a Jean que teria uma convidada para a refeição.

Após o agradável almoço, despediram-se, e Georges foi à residência de Pedro Dias.

Na noite anterior, fizera aquele percurso preocupado em informar-se sobre a paciente. Agora, pensava em como a vida muda os rumos das pessoas e os entrelaça. Quem poderia supor que sua doce amiga atrairia o interesse do filho caçula da influente família de M.? Algo deveria reger os acontecimentos. Seria Deus? Por que algumas pessoas se atraíam e despertavam sentimentos e outras continuavam desconhecidas ou indiferentes? Isso o fez lembrar-se de sua paciente. Por que o procuraram? Havia muitos médicos em Madri, e esperava não ser o último consultado.

Chegando à residência da paciente, Georges priorizou ver como ela estava para depois tratar com o marido dela. Encontrou Joana e o local asseados, bem diferente da noite anterior. Ela disse-lhe que haviam cumprido as prescrições dele e que ela havia dormido bem. Sentia-se tranquila e disposta a aceitar o tratamento sugerido, sem esconder que a oportunidade de estar em contato com a natureza a agradava muito, pois não suportava mais a clausura que era a vida naquele porão.

Pedro Dias, após longa conversa com o médico, concordou com o tratamento da esposa. Ele não sabia mais o que fazer e considerava que seria bom para a família e especialmente para as filhas serem poupadas das crises de Joana. Tinha esperança de que ela melhorasse.

Acertaram, então, que Joana seria levada à chácara por Jean, que manteria a família informada regularmente sobre o estado de saúde da paciente. Caso Georges julgasse conveniente ao tratamento, ela poderia visitá-los.

Assim, na madrugada seguinte, para não despertar atenção dos vizinhos, Jean conduziu a paciente à chácara.

CAPÍTULO 13

1849

Não basta que dos lábios gotejem leite e mel, pois, se o coração nada tem com isso, há hipocrisia.[17]

A vida não para e, nesse movimento, arrasta, fazendo progredir quem se dispõe a aprender e levando de roldão os retardatários e recalcitrantes. Esses vão ao encontro da dor, até que, exauridos, entendam que aprendendo não sofrerão mais.

Raiava o ano de 1849. Havia festas por toda a Madri. São rituais de passagem. As pessoas aguardam mudanças, renovam esperanças, reforçam conquistas. Surgem, então, novos desafios, mas poucas lembram que depende delas as realizações almejadas. Os rituais têm sua utilidade, especialmente para quem tem uma visão limitada da vida. São pessoas que ainda não despertaram para realidades maiores e, especialmente, para a responsabilidade de cumprir os deveres. Os rituais, em geral, ocorrem em data específicas. As comemorações de Ano-Novo são rituais que lembram a passagem do tempo e servem para advertir-nos sobre a necessidade de aproveitar as oportunidades, valorizar os dias, e, por consequência, eles fazem aflorar bons sentimentos.

Naquele ano, grandes mudanças ocorreriam na vida de nossos personagens.

Georges estava cada dia mais dedicado aos estudos sobre o comportamento dos denominados "ensandecidos", e seu tempo dividia-se entre a vida na cidade e a chácara, que absorvia mais seu tempo. Dona Joana revelara-se excelente para observação e de prazerosa convivência. Seus familiares lhe

---

17 KARDEC, Allan. **O Evangelho Segundo o Espiritismo**. Araras, SP: IDE. Cap. IX, item 6.

davam pouca importância, sentiam-se incomodados com suas crises e gratos a Deus. Atribuíam à bondade divina que o doutor Georges cuidasse da pobre mulher. Obviamente, essa situação trazia sofrimento a Joana, pois a saudade das filhas a torturava. Mas a lembrança do tipo de vida que tivera em família amenizava seus sentimentos, e ela passara a dedicar sua natural solicitude maternal auxiliando no cuidado dos outros pacientes. Suas "estranhas" crises espaçaram-se, e ela vivia calma, livre, em contato com a natureza e trabalhando no que fosse necessária. Após anos de reclusão e maus-tratos, Joana bendizia o médico, que se tornara um amigo, pela acolhida naquele lugar.

A Georges não passou despercebida a singular mudança. Tinha visto as crises de Joana. Eram inusitadas, não possuíam — como era comum em outros pacientes — a característica de repetirem-se em situações determinadas ou alucinações idênticas. Ao contrário, as dela tinham "vida própria", como se fossem absolutamente independentes de Joana e uma crise da outra. Ela as descrevia com precisão de detalhes; descrevia fisionomias, vestuário, objetos e emoções dos seres que habitavam suas alucinações.

Dizia não conhecer a maioria deles, apenas a avó e a "amiga", que surgia quando Joana não conseguia mais suportar as crises ou a tristeza que a vida antes de ir para chácara lhe causava. Tinha a aparência de uma mulher, vestia uma túnica branca, usava os cabelos negros soltos e os pés descalços. Era alegre e carinhosa, afagava-lhe os cabelos e o rosto, espalmava a mão direita em sua testa, fazendo Joana adormecer. A "amiga" também surgia nos sonhos da paciente, porém, nada lhe dizia. Esses encontros deixavam uma sensação de bem-estar em Joana. Georges anotava e acompanhava tudo, convencendo-se de que não sabia explicar as crises de Joana. Mas, apesar de elas acontecerem, não duvidava da lucidez da mulher e prosseguia observando-a.

Dom Antônio e Elizabeth continuavam com o relacionamento secreto. Ele, cegamente enamorado, julgava-se o homem mais amado da Terra. Ela olhava o amante e via um tesouro — no significado literal do termo — de fácil apropriação, o que era muito melhor. E, com o passar dos meses, ela começou a pensar: por que deveria se contentar com sobras, se podia ter tudo? A pequena fortuna em joias e a propriedade que amealhara nos meses de relacionamento eram pouco, e Elizabeth prosseguia com seu plano.

Rodrigo esmerara-se tanto para conquistar Maria Helena que estava confuso. Já não sabia se o que fazia era para atender ao compromisso com a amante de longos anos, no intuito de tornar a ambos ricos e independentes, ou para atender ao próprio desejo de estar ao lado da herdeira dos Alvarezes.

Maria Helena revelara-se uma companhia que estimulava o lado puro e bom do caráter dele. Diferente do relacionamento apaixonado e boêmio com Elizabeth, que o satisfazia fisicamente e o divertia, Rodrigo sentia-se calmo, alegre e não se desgastava com Maria Helena. Ao contrário, sentia--se disposto, e a inteligência vivaz e os diversos interesses culturais da moça o impulsionavam a buscar conhecimentos. Ele encontrava bem-estar ao lado dela, e, inegavelmente, a cândida beleza da jovem o encantava e atraía. Não conseguiria viver sem elas, e a situação parecia perfeita aos seus olhos. Tinha uma amante que não lhe recusava prazeres físicos e lhe jurava devoção absoluta e, brevemente, teria uma esposa de quem gostava e que era bela e rica. A vida estava sendo pródiga com ele, pensava embevecido. Por sua mente não passava um único registro de culpa ou remorso. Nem por um segundo, questionava-se por estar mentindo para as duas, afinal, não conseguira evitar de envolver-se emocionalmente com Maria Helena. Embora negasse firmemente para Elizabeth, que se mostrava enciumada com as atenções que ele dispensava à jovem. Por isso, esmerava-se em seduzi-lo e agradá-lo, como se fosse impossível viver sem ele.

Franz assistia aos acontecimentos. Via a irmã feliz com as aquisições materiais, com a vida que levava, sem preocupar-se com o perigoso jogo que fazia, sentindo-se senhora absoluta das decisões. Ele amava a irmã e tentara alertá-la, porém, ela havia percebido que o irmão, que prezava a liberdade e temia as responsabilidades do casamento, estava se envolvendo com Maria Helena para além do que ele costumeiramente se permitia com as mulheres. Franz preferia a pobreza livre a um rico casamento, no qual se sentiria enjaulado e mais devedor do que para com aqueles que lhe emprestavam dinheiro no jogo.

A convivência com a jovem o levaria ao amor, por isso Franz decidiu afastar-se, utilizando considerável soma de dinheiro que não mais faltava a Elizabeth. Viajou ao encontro de amigos na Inglaterra e mantinha regular correspondência com a irmã, mas não mencionava acontecimentos envolvendo o "plano" dela. Vez ou outra retornava a Madri.

Na mansão dos Alvarezes em Madri, durante comemorações do Ano-Novo de 1849, em uma reunião em que estavam presentes a família de M., dona Leonor e o marido, Georges, Elizabeth e mais alguns amigos, dom Antônio, exultante, anunciou o noivado de Maria Helena e Rodrigo de M., antecipando que seria breve e proximamente se realizariam as bodas para satisfação e felicidade dos jovens e de suas famílias.

Se houvesse uma representação humana da alegria, esta seria o rosto de Maria Helena naquele dia; a jovem irradiava felicidade. Ela jamais imaginou que seus mais secretos sonhos se realizariam com tanta facilidade. Estava noiva de um homem jovem, nobre, educado, com quem tinha muitas afinidades e a quem amava apaixonadamente. Sua vida solitária terminava. Construiria uma família com ele, que seria diferente da em que nascera; seus filhos teriam pai e mãe presentes. Ela seria uma mulher feliz, tendo ao lado um marido que a amava e respeitava. Embalada por esses pensamentos nascidos da ingenuidade e da inocência, Maria Helena permanecia na ignorância das tramas que teciam à sua volta.

O noivo empregava o grande talento que possuía para representar. Ao lado de Maria Helena, Rodrigo era só sorrisos e carinhos, convencendo os convidados de que os dias de boêmio pertenciam ao passado. Ele, contudo, não podia eximir-se de observar a amante rodopiando nos salões na companhia de outros homens, esbanjando entusiasmo. Elizabeth sentia-se vitoriosa, afinal, planejara e manipulara cada passo das pessoas envolvidas naquele noivado. Enfim, estava próxima de ser uma mulher muito rica, e isso lhe dava uma energia inebriante.

Rodrigo, que a conhecia bem, não podia deixar de sentir-se enciumado. Em meio a uma troca de pares em uma dança, colocou-se de modo a ter Elizabeth como parceira.

— Eliza, precisamos conversar. Espere-me no jardim, no recanto de Helena. Estarei lá em alguns minutos — sussurrou-lhe ao ouvido enquanto dançavam.

— Por quê? Há algo errado? Isso não é prudente. Podemos conversar amanhã — respondeu Elizabeth, igualmente sussurrando.

— Se não deseja me encontrar no jardim, então vá embora da festa. Não consigo mais fingir que não a vejo flertando com quase todos os homens da festa. Não exija de mim o que não tenho condições de fazer. Somos sócios neste negócio e em outras coisas. Neste momento, quem faz concessões importantes sou eu, então, não exagere — retrucou Rodrigo irritado.

— Rodrigo, o que está acontecendo? Desde o início da noite, você é o mais apaixonado dos homens ao lado de sua "noivinha". Por que espera que eu não sinta nada? Que isso não me afete? Lembre-se, porém, de que não posso fazer um escândalo e dizer que você é meu e não pode se casar. Como você mesmo disse, isso é um negócio. Essa conversa não é agradável. A festa perdeu o brilho; vou me retirar. Espero você amanhã à tarde para conversarmos. Franz estará em casa, portanto, não precisamos nos preocupar com desculpas — falou Elizabeth em tom muito baixo.

Irônica, fez, ao final da dança, uma mesura recatada antes de dar-lhe as costas. E logo procurou o irmão, dizendo-se cansada e convidando-o para deixar a festa.

— Graças a Deus! Não serei obrigado a continuar vendo essa farsa. Vamos logo às despedidas — respondeu Franz aliviado, tomando a irmã pelo braço e conduzindo-a até onde estava a família de M. e dom Antônio, para apresentarem os agradecimentos e as felicitações de praxe.

Rodrigo valsava com a noiva, mas viu quando eles se retiraram e suspirou satisfeito.

— Por que esse suspiro, Rodrigo? Está cansado? Eu gosto de dançar, mas podemos parar. Juro que não ficarei triste — perguntou Maria Helena solícita.

— Não, minha querida. Você me interpretou mal. É bom que aprenda que um homem suspira por diversos motivos. Estou sentindo-me bem. Fazê-la feliz é um prazer e meu maior dever de hoje até o fim de nossas vidas — respondeu Rodrigo, beijando a mão da prometida.

— Ah! Então, você pode se considerar um homem realizado, pois ao seu lado sou muito feliz e continuarei sendo, tenho certeza disso. Sempre acreditei que só os sentimentos verdadeiros são capazes de nos realizar e nos fazer felizes, por isso tenho convicção de nossa felicidade. Seremos como a dona Leonor e o doutor Ângelo; chegaremos à velhice sorridentes, apaixonados e sem ter visto a vida passar.

Sabendo que Elizabeth não estava mais na festa, Rodrigo sentiu-se livre na companhia da noiva. Parecia que a consciência tinha ido embora com a amante e retirado seus aguilhões. Ele não se aborreceria em ver outros homens cortejando Elizabeth, e ela também não o veria com Maria Helena. Assim era bem mais fácil.

As comemorações foram até altas horas. Invariavelmente, os convidados, ao se despedirem, reiteravam votos de felicidades aos noivos e declaravam-se ansiosos para a realização das bodas.

Na tarde seguinte, conforme combinado, Rodrigo foi ao apartamento de Elizabeth. Encontrou-a na sala em acalorada discussão com o irmão.

— Boa tarde! Ei, amigos! Cheguei em hora inoportuna — falou Rodrigo, anunciando-se e tentando interromper a discussão.

Franz encarou-o com a expressão irada e rispidamente respondeu:

— Para outro, talvez a hora fosse imprópria, mas não para você. Afinal, Rodrigo, há muito que você é bem mais que um amigo aqui. Acho até muito própria a sua chegada, pois discutíamos justamente o seu noivado, ou deveria dizer, o seu emprego?

Perplexo com a revolta de Franz, Rodrigo não conseguiu retrucar. Os dois ficaram encarando-se em silêncio até Franz retomar o ataque:

— Como lhe disse, você chegou em boa hora, porque necessito retirar as felicitações hipócritas de ontem. E dizer, como disse para ela — e apontou a irmã —, que o nojo que senti naquela festa não tem precedentes. Então, lhe digo agora o que pensei na mansão dos Alvarezes ao apertar a sua mão: você é um infeliz, um homem desprezível, capaz de vender a alma e a vida por dinheiro. Você não mede as consequências dos próprios atos e pouco se importa com o que sente a jovem que entregou a vida confiante em suas mãos. Estou cheio da hipocrisia de vocês! Não consigo mais assistir a esse golpe sujo. Antes que os sentimentos que tenho por minha irmã e a amizade de longos anos que nos une, Rodrigo, afundem nesse lamaçal que vocês estão irrigando, vou-me embora. Talvez definitivamente para a Inglaterra.

— Sempre a escolha mais fácil, não é, Franz? E as dívidas que temos a saldar? Nisso você não pensa. Vá, criatura escrupulosa! Suma daqui! Da vida você sabe muito pouco. Se não nos ajuda, não venha nos atrapalhar — gritou Elizabeth, rubra de raiva e indignada com o irmão.

— Irmãzinha, é você que pouco sabe da vida, mas está a caminho de aprender. Cuidei da nossa mãe durante toda a doença e antes cuidei de nosso pai. Enquanto isso, você passeava por Londres em companhia da madrinha. Pois, agora, sou eu quem vai passear, e você ficará, sim, com as dívidas. É seu dever também. Além do mais, nossos "problemas financeiros" têm seus dias contados, não é verdade? Ou devo dizer... se é que ainda existem, se não foram saldados por um misterioso benfeitor? — Franz olhava para a irmã e para Rodrigo, enquanto falava sarcasticamente.

Elizabeth empalideceu, mas recobrou-se logo. Chamou o criado e ordenou:

— Arrume o quanto antes as malas do senhor Franz. Ele tem urgência em viajar. Providencie que não lhe falte nada.

E, virando-se para Franz, perguntou em tom de voz gelado:

— Para quando devo mandar comprar a passagem?

Franz, que conhecia o temperamento determinado da irmã, soube que nada a demoveria de continuar aquela loucura e respondeu:

— No primeiro navio para a Inglaterra.

Ele pegou o chapéu e saiu batendo a porta com força.

A farsa continuou. Rodrigo e Elizabeth prosseguiram com o caso amoroso. Ela fazendo-se enciumada das atenções que ele dava à noiva; ele não suportando vê-la nas festas e reuniões sociais em que comparecia com Maria Helena. Por fim, chegaram a um acordo: enquanto durasse aquele noivado, Elizabeth evitaria encontrá-lo tanto na mansão dos Alvarezes como em outros locais. Isso seria para o bem do relacionamento amoroso deles e dos negócios envolvidos na situação.

Esse acerto facilitou as coisas para Elizabeth, que não precisaria mais recorrer à desculpa de viajar para o campo, onde ora pretextava visitar uma prima distante, ora auxiliar uma amiga, e assim surgiam mentiras esfarrapadas com pessoas e lugares que não existiam.

Na verdade, seu destino era encontrar-se com dom Antônio na vila com a qual ele a presenteara e para onde também ia, mas ausentava-se com a desculpa de viajar a negócios. Eles passavam dias juntos. Elizabeth, dia a dia, ganhava espaço e tomava decisões envolvendo a família e a fortuna dos Alvarezes.

Assim, foi rápido o noivado de Rodrigo e Maria Helena. Ao fim do outono de 1849, casaram-se, sob os melhores auspícios dos familiares e da sociedade madrilena. O noivado foi marcado por festas memoráveis, e o casamento também marcou época.

Os noivos partiram em viagem de núpcias para os países escandinavos, presente de dom Antônio, e a escolha do destino fora de Maria Helena, que não imaginava lugar melhor para a lua de mel do que a terra dos grandes poetas e compositores que ela admirava e queria conhecer.

A cartada final fora dada. O que reservaria o futuro?

CAPÍTULO 14
O RETORNO

Oh, mestre! Fazei que eu procure mais consolar que ser consolado, compreender que ser compreendido, amar que ser amado. Pois é dando que se recebe.[18]

O trabalho de Georges com Joana apresentava sensíveis progressos e trazia sérios questionamentos. Ela estava na chácara havia alguns meses, e, cada vez mais, Georges convencia-se da sanidade mental de sua paciente, embora ainda não soubesse oferecer uma explicação científica ou diagnosticar de outra forma as crises que não a insanidade mental.

Ele lia as anotações sobre os instigantes relatos que Joana fazia e, analisando-as, notou que o único fato com constância era a presença da chamada "amiga". Resolveu conversar com a paciente e pedir-lhe para tentar uma abordagem terapêutica, se assim se pudesse chamar o que era a mais pura curiosidade médica. A mente era uma vasta parte do ser humano, mas absolutamente ignorada. Precisava conversar com Joana e saber sua opinião. Abandonou a leitura e saiu a procurá-la. Ela estava no pomar colhendo frutas e cantarolando uma canção folclórica.

— Joana! Boa tarde! Vejo que está bem-disposta. Fico feliz em vê-la corada e alegre — falou Georges com sinceridade.

Era impossível reconhecer nela a mesma mulher que ele socorrera naquela noite meses atrás.

— Doutor Georges, nunca me cansarei de bendizê-lo pela felicidade que desfruto nessa chácara. Estou muito bem. Sinto saudade de minhas filhas, porém, ao pensar na vida que levava antes... É melhor suportar essa dor do que retornar àquele martírio que também as fazia sofrer. Elas receberam uma imagem que nunca sonhei que tivessem de mim. Tenho me

---

18 Prece de São Francisco de Assis.

dedicado ao trabalho e canto para competir com os pássaros. Aconteceu alguma coisa a Guilhermina ou Jean? Por que o senhor está me procurando?

Como os olhos são expressivos! Eles refletem nosso interior. A boca pode mentir, a expressão corporal pode ser modificada, mas os olhos são velados ou revelam o que se passa no íntimo do espírito. Não há fronteiras na vida nem delimitações exatas. A vida é como um arco-íris; os tons variam tão sutilmente que não percebemos o ponto exato da mudança. Onde começa o ser espiritual, psicológico, emocional e o material? Onde estão as fronteiras? Por que pensamos que é possível partir uma existência, dividir um ser? Como julgar, se não podemos conhecê-lo na totalidade?

Georges fitava a paciente, que, imperceptivelmente, havia rompido a barreira da relação médico-paciente; ele já a considerava uma amiga. Os olhos de Joana expressavam a profundidade dos sentimentos confessados. Eles trocavam de expressão rapidamente. Nublavam-se com a dor da saudade, brilhavam de alegria ao falar do trabalho e expressavam preocupação com os empregados que cuidavam da chácara. Jean e Guilhermina tornaram-se sua nova família. A sinceridade de Joana e sua força interior eram admiráveis.

— Está tudo bem com nossos amigos. Eles estão envolvidos nas tarefas cotidianas. Vim realmente à sua procura, pois precisamos conversar sobre algumas ideias que tive estudando seus relatos sobre as crises — respondeu Georges.

— É urgente? Se não for, eu gostaria de terminar a colheita das frutas. Prometi a Guilhermina que faria um doce para nossos doentes. E faltam poucas árvores para terminar a tarefa.

— Pois bem! Se faltam poucas, com duas mãos a mais, o trabalho será mais rápido. E vou lhe contar: além de curioso, eu não resisto a doces — confessou Georges sorrindo.

Inegavelmente, ele estava orgulhoso da melhora de sua paciente. Joana cativara os moradores da chácara. Com sua calma e força de vontade férrea, decidira superar as dificuldades e experimentava a alegria nas pequenas coisas.

Colheram as frutas, colocando-as no cesto que Georges tomara das mãos de Joana.

— Cara senhora, eu sei que estamos em uma propriedade rural, cercados por pessoas doentes, e que este é um local fora do comum, sem muitas regras. Não posso, contudo, permitir que carregue esse cesto pesado. É meu dever — disse Georges, oferecendo o braço a Joana para que retornassem com toda a cerimônia.

Joana olhou-o e riu às gargalhadas para espanto do médico. "Lidar com pessoas mentalmente perturbadas tem riscos, reações inusitadas. Mas parece que ela está rindo de mim", pensou Georges.

— O que houve? Não sou digno de agir como um cavalheiro? — perguntou Georges, rendendo-se ao riso.

Joana conteve-se.

— Por favor, doutor, não me interprete mal. Mas se o senhor pudesse se ver agora, ou pior, se seus ricos pacientes de Madri o vissem, acredito que não lhe confiariam mais suas vidas. Há galhos e folhas por toda a sua roupa. Quando o olhei, pareceu-me um espantalho vivo. E essa cesta esfarrapada, então, completou o quadro. Perdoe-me, mas foi muito engraçado.

Georges fez seus costumeiros trejeitos, limpou a roupa e, com bom humor, prosseguiu:

— Alegra-me ser o espantalho que a faz rir. A beleza deste momento e o brilho em seu olhar compensam minha vaidade ferida.

Georges notara as modificações graduais de sua paciente. Ela não possuía uma beleza clássica ou sensual, seus traços eram comuns e harmônicos, porém Joana irradiava sentimentos. As dores da alma sem explicações, que ela enfrentava sem se vitimizar, e as estranhas crises desenvolviam sua empatia. Tudo isso, aliado à força moral, criava um halo. Algo atraía as pessoas, conquistando naturalmente o afeto daqueles com quem convivia.

— Sendo assim, espantalho doutor, o que me resta senão acompanhá-lo?

Sorridente, Joana segurou as saias e, tomando o braço de Georges, seguiu em direção ao jardim que cercava a casa.

— Obrigada por sua ajuda, doutor. Deixarei as frutas com Guilhermina. Onde o encontro para nossa conversa? — perguntou Joana quando chegaram à porta dos fundos da casa.

— Encontre-me na saleta azul, Joana. Enquanto você entrega as frutas, me tornarei apresentável. Até breve!

Despedindo-se, Georges entrou na casa e foi para a ala reservada para seu uso.

A casa da chácara era grande, retangular, e havia dois andares na parte da frente. No térreo, havia um *hall* de entrada; à direita ficava uma sala de música, e à esquerda, a chamada saleta azul, o consultório de Georges. Era também sua sala de estudos, onde havia duas paredes cobertas de estantes com obras diversificadas. O mobiliário era modesto e de bom gosto, com uma pesada escrivaninha e cadeiras ao estilo Luís XV, um recamier estofado com veludo azul e cortinas estampadas com predomínio das cores verde e azul, que davam um toque alegre ao ambiente. As outras paredes eram revestidas de madeira da base até o meio e depois forradas com tecido azul. Essa sala era contígua a uma outra bem menor, onde Georges armazenava medicamentos, poções, unguentos e outros produtos em altos armários com portas envidraçadas. Ali ficavam todos os equipamentos e medicamentos necessários ao trabalho médico e às atividades de boticário que ele se obrigava a realizar em prol dos enfermos atendidos na chácara, em razão da distância até Madri.

Ao fundo do *hall* de entrada, uma porta de folha dupla dava para uma ampla sala de estar com lareira, iluminada por altas janelas com vista para o pátio interno. Ao lado, uma escadaria de madeira levava ao piso superior, onde ficavam os aposentos de Georges, que, refletindo sua personalidade, eram muito simples, mas confortáveis. Aliás, essa era a característica de todos os dormitórios da chácara. A dignidade do paciente contribuía para a recuperação; era um de seus princípios.

Na ala direita, somente térrea, situavam-se os quartos dos pacientes, em sua grande maioria recolhidos das ruas de Madri ou abandonados por famílias pobres, que deixavam os doentes na estrada principal próxima à propriedade. Cada paciente tinha um dormitório individual. Na ala esquerda da construção, igualmente térrea, residiam os dois criados. Localizavam-se ali as dependências de serviço como cozinha, despensa, sala de refeições e quartos de banhos.

No centro da construção, havia um jardim interno com canteiros de rosas e, ao fundo, unindo as duas alas, era fechado com grossos e altos portões de ferro torneado.

A pedido de Guilhermina, Joana passara a ocupar um dormitório na ala ocupada pelo casal. Ela não acreditava que Joana fosse louca; haviam se tornado amigas, e a paciente transformara-se em uma valorosa ajudante. Poderia se dizer que Joana tornara-se um membro da família. O casal não havia tido filhos e vivia na companhia dos pacientes do patrão, que os visitava semanalmente. Apegaram-se a Joana. Ela dividia com eles as tarefas da casa e o cuidado com os doentes, trabalho que realizava com carinho e paciência.

Nada como viver a mesma experiência para saber colocar-se no lugar do próximo e fazer o que gostaria que lhe fosse feito.

Recomposto, Georges aguardava-a lendo uma obra que lhe fora indicada por doutor Ângelo. A obra era assinada por um jovem americano de pouca cultura, entretanto, os textos traziam muitos conhecimentos e eram bem escritos, alguns deles inovadores e até proféticos. Abordava a possibilidade de o homem ter várias existências físicas e de existir não só uma réplica espiritual do corpo humano, mas um outro mundo além da matéria que ele dizia ver.

Georges era um tanto cético, mas mantinha-se aberto e com boa vontade a conhecer novas teorias. Absorto na leitura, não percebeu a chegada de Joana.

Ela batera na porta e, sem ter resposta, a abrira para certificar-se da presença do médico. Ficara alguns minutos observando-o. Admirava-o muito e reconhecia que Georges era dedicado ao estudo, íntegro, desinteressado e extremamente atento ao bem-estar de seus pacientes. Joana sabia que lhe devia a vida e, mais do que isso, a vida feliz que desfrutava na chácara. Era muito grata ao médico.

— Doutor, estou à disposição — falou Joana, tirando-o da concentração na leitura.

— Sente-se, Joana — convidou Georges, indicando-lhe uma cadeira próxima à sua mesa.

— Eu estava tão envolvido com a leitura que não notei sua chegada. Livro interessante. Surpreendeu-me — comentou ele marcando a página e fechando o livro.

— Do que se trata? — perguntou Joana olhando o livro.

— Do trabalho desenvolvido com um jovem na América do Norte. O caso é espantoso. Li artigos a respeito. Ele é sonâmbulo e trabalha sob a influência de um magnetizador. Tem uma faculdade de clarividência excepcional, descreve os órgãos internos dos doentes levados à sua presença e identifica com precisão as lesões, segundo diz, por uma diferença de luminosidade no órgão doente. Ele tem passado por várias etapas de desenvolvimento. Tornou-se independente da ação do magnetizador, atingindo sozinho os estados sonambúlicos. Publicou algumas obras sob o título de *Filosofia Harmônica*. O doutor Ângelo, sabendo de meu interesse pelo tema, fez a gentileza de me ofertar os livros. Apenas iniciei a leitura, mas é impressionante. Se realmente tiver comprovação, será uma revolução. São muitas implicações, vejamos como prosseguirá — informou Georges.

Notando o interesse de Joana, perguntou:

— Joana, você sabe ler em inglês?

Ela respondeu com um gesto afirmativo, e ele indagou:

— E você gosta de ler?

— Confesso-lhe, doutor, que não tenho lido muito nos últimos anos, mas, acompanhando seu trabalho, seu empenho em buscar conhecimento, sempre lendo, creio que deva ser um hábito muito bom.

— Sim, é, minha cara Joana. Você gostaria de desenvolver esse hábito?

Novamente, ela concordou com um gesto.

— E o que a interessa? Alguma literatura em especial? — perguntou Georges.

Joana pensou, parecendo medir as palavras. Correu os olhos pelas estantes repletas de livros e pouso-os sobre a mesa onde estava a obra e o artigos a respeito do jovem Davis. Notando a atitude e a dificuldade de expressar em palavras as próprias vontades, Georges, surpreso, indagou:

— Você quer ler essa obra?! Por quê?

— Talvez aí exista uma resposta para minha vida, para minhas crises. Se esse homem vê um universo diferente do aceito como normal e encontra pessoas que acreditam em suas obras e palavras e fazem com ele trabalhos e experimentos, talvez realmente exista algo em nós, nossa alma, como ensina a Igreja, que sobrevive à morte. Se ela renasce, a vida é muito diferente do que nos é ensinado. E é possível que, após a morte, a vida continue e a alma se mantenha ativa. Que não fique presa em um lugar ou adormecida à espera do juízo final.

Georges ia de surpresa em surpresa naquele dia. Conhecia a busca de Joana por explicações, mas não imaginara que ela desejasse pesquisá-las. Assim, aproveitou o assunto e foi direto ao tema.

— É justamente sobre suas crises que desejo conversar. Hoje, analisando os apontamentos que tenho sobre elas, ocorreu-me uma ideia. Eu gostaria de acompanhar suas crises sem interrompê-las, como temos feito.

Georges deixara instruções com Guilhermina para que, quando Joana manifestasse uma alteração de conduta, ela fizesse qualquer coisa para desviar-lhe a atenção da crise e depois a tratasse com normalidade.

— Não seria temerário trocarmos o tratamento? — questionou Joana.

— Não vou mentir dizendo que tenho respostas para essa pergunta. A verdade é que gostaria de fazer uma experiência. Dissecar esse momento de crise junto com você, para ver se descobrimos o que lhe dá causa e aí tentarmos outro tratamento, talvez definitivo. Isso é o que posso responder e por essa razão lhe pedi para conversarmos. Não farei nada sem sua concordância. Pense nisso e me responda mais tarde.

Joana olhou-o enquanto recordava sua própria existência e as inúmeras e dolorosas experiências vividas. Não precisaria pensar muito para responder. Havia entendido a proposta de Georges e confiava nele. Por isso, respondeu segura:

— Doutor, não preciso pensar mais. Eu concordo com sua proposta. Na próxima crise, se o senhor estiver na chácara, será avisado.

Georges não cabia em si de contentamento e compreendia a enorme confiança depositada por Joana em seu trabalho. Mensurava isso pela extensão dos sofrimentos que ela suportara e, agradecido, disse:

— Joana, eu posso mandar vir da cidade outro exemplar desse livro. Se você quiser, pode ficar com esse para sua leitura. Assim, será melhor para trocarmos ideias sobre a obra.

Ela, com a típica percepção feminina, compreendeu o gesto do médico, mas não se fez de rogada. Desejava conhecer as ideias do autor e suas experiências. Para Georges, talvez fossem apenas teorias, no entanto, para ela, poderiam ser uma explicação para sua vida.

— Meu conhecimento da língua inglesa não é muito profundo, mas, com um pouco de esforço, conseguirei ler. Obrigada — agradeceu Joana, pegando o livro e saindo da sala abraçada à obra.

A leitura do livro abriu novos horizontes ao pensamento de Joana. Leu-o na mesma noite e, com dificuldade, continha a vontade de contar a todos as suas descobertas e o bem que estas lhe fizeram. Sentia-se aliviada. Encontrara faces da divindade inimaginadas, explicações para os revezes da existência, e começou a redimensionar toda a compreensão que tinha de si mesma. Entendera que somos espíritos imortais transitoriamente ligados a um corpo material e como tal sobrevivemos diversas vezes ao fenômenos da morte física, armazenando vivências que podem carregar necessidades para o futuro.

Não fora vítima de alucinações; ela realmente vira a avó morta havia alguns anos. Então, assim como ela, os demais também poderiam ser espíritos. A morte não era o fim, mas o início de uma nova vida, com sentimentos, atividades e toda uma organização social. Ansiava por conversar com Georges. Terminara as últimas páginas ao raiar da madrugada.

Joana era uma alma faminta de esclarecimento e compreensão. Apreendera com Georges a arte da serenidade e da aceitação para manter-se em equilíbrio, mas ansiava compreender-se para que sua pacificação íntima fosse completa. O dia a encontrou insone, com a expressão ansiosa e feliz. Estava tão ansiosa para encontrar o médico que nem ao menos se preocupou com a higiene matinal.

Quando entrou na cozinha, Guilhermina estranhou em vê-la agitada tão cedo.

— Querida, você passou bem à noite? Teve algum problema?

— Não, Guilhermina. Ao contrário. Essa foi possivelmente a noite mais proveitosa dos últimos anos. E o doutor está acordado? — perguntou Joana, sorrindo para despreocupar a velha senhora.

— Algo aconteceu, Joana. Você tem um brilho diferente no olhar. Parece-me alegre, mas ansiosa. Teve alguma crise? Por isso está procurando o doutor tão cedo? Ah, querida, eu estava tão feliz que havia dias que elas não aconteciam — comentou Guilhermina consternada, preocupada com a ansiedade de Joana e sem pensar em outra causa para isso.

Joana comoveu-se ao constatar o quanto a amiga queria seu bem-estar. Como o afeto sincero faz bem! Ainda que outros sofrimentos a atingissem no futuro, Joana lembraria que tinha almas amigas lutando com ela. Então, gentilmente, aproximou-se e abraçou Guilhermina. Por longos minutos, as palavras foram supérfluas. Joana afastou-se e, fitando a amiga, explicou:

— Estou muito bem, Guilhermina. Ainda melhor agora ao ver o quanto você se preocupa e gosta de mim. Obrigada, minha amiga, mas não há motivos para se afligir; há motivos para festejarmos! Essa noite, li um livro que o doutor me emprestou. Acredito que encontrei respostas para muitas perguntas que me torturam. Descobri que, talvez, eu seja uma pessoa normal. Talvez seja um pouco diferente da maioria, mas não sou louca nem tenho alucinações. Há muitas pessoas que passam por fenômenos estranhos também. O autor do livro pesquisa essas pessoas e descobriu coisas muito interessantes. Eu não vejo a hora de contar tudo isso a Georges. Agora que você já sabe, diga-me: Georges já acordou? — insistiu Joana.

A excitação a fizera nem perceber a falta de formalidade ao dirigir-se ao médico.

— Joana, ele acordou cedo para atender o filho de um camponês e retornou faz pouco. Estava preparando uma bandeja com o desjejum dele. Doutor Georges está preparando remédios para o rapaz.

— Se está pronta, deixe-me levar a bandeja — pediu Joana.

Atendendo ao pedido da amiga, Guilhermina voltou-se para a mesa e, terminando de organizar a louça e os alimentos na bandeja, fez um gesto autorizando Joana a levá-la.

Carregando a bandeja, Joana seguiu às dependências de Georges. Atravessando o pátio, impulsivamente, colheu uma rosa branca e colocou-a na bandeja. A alegria precisava ser compartilhada. Chegando à sala azul, bateu na porta e, após a autorização, entrou. Encontrou Georges na botica elaborando medicamentos, e ele nem ao menos ergueu a cabeça, limitando-se a cumprimentar maquinalmente a quem lhe servia o desjejum. Somente ao ouvir a voz de Joana parou o que fazia.

— Joana! O que faz aqui? — questionou Georges surpreso.

Ela nunca fora à sala de Georges sem ter sido chamada.

— Vim trazer-lhe a refeição. Pedi a Guilhermina para fazer isso, porque precisava conversar.

Depositando a bandeja sobre a mesa, Joana foi até a entrada da botica e, tirando o livro do bolso do avental, mostrou-o ao médico. Com a aproximação dela, Georges notou as olheiras e os sinais de cansaço em seu rosto. Joana estava com as mesmas roupas do dia anterior e o penteado estava bastante desfeito, mas tinha os olhos brilhantes e um grande sorriso no rosto.

— Agradeço-lhe a atenção, Joana, mas o que deseja tão cedo? Pensei que você acordasse mais tarde.

— Li o livro que me emprestou e não conseguia esperar mais tempo para devolvê-lo e lhe pedir que o leia com muita atenção. Quero lê-lo novamente, mas não poderia esperar que fosse até a cidade para conseguir outro. Prefiro que leia esse exemplar. Encontrei muitas respostas nele e gostaria de ouvir sua opinião — falou Joana apressadamente.

— Claro, Joana. Assim que eu enviar o remédio ao nosso vizinho, começarei a leitura. Vejo que ficou impressionada com o livro. Você leu a noite toda?

"Como não percebi que Joana é apaixonada por leitura?", pensou Georges e logo se justificou, recordando-se de que aquele livro fora ofertado pelo doutor Ângelo, que gostava de polêmicas científicas ou experimentais.

— Sim. E foi a melhor noite que tive nos últimos anos. Por favor, doutor Georges, leia-o assim que puder e mande me chamar para discutirmos as teorias que ele apresenta.

— Por que está tão ansiosa para saber minha opinião? — perguntou Georges.

— Para ver se compreendi corretamente as ideias do autor. Se você, desculpe-me, se o senhor concluir o mesmo que eu, creio que teremos uma hipótese para o que acontece comigo e que seu diagnóstico de que eu não sou louca esteja correto. Há outras explicações.

— É mesmo, Joana?! Deixe o livro ao lado da bandeja. Assim que terminar essa fórmula, farei a refeição e começarei a leitura. Agora, vá descansar. Não é bom que tenha ficado a noite acordada, mesmo por uma causa nobre. Peça a Jean que venha até aqui. Ele levará o medicamento ao rapaz.

— Que indelicadeza a minha, doutor. Pensei somente em meus problemas. O que houve com o rapaz que o senhor atendeu essa madrugada? Ele está bem?

— O rapaz sofreu uma queda do cavalo. Felizmente, foi próxima da casa do pai, que viu e o socorreu imediatamente. Logo me chamaram. Ele fraturou algumas costelas, está com escoriações e hematomas, mas, aparentemente, está bem.

Joana fez seu costumeiro gesto de aquiescência, despediu-se e saiu da sala. Pouco depois, Georges entregou o frasco com medicamento ao empregado para ser encaminhado, com urgência, à propriedade vizinha. Retornando à sala azul, Georges sentou-se e viu na bandeja o livro e sobre ele a rosa branca.

Pegou a rosa e pensou: "Que atitude estranha. Joana é uma mulher intrigante. O que contém este livro para produzir a euforia desta manhã?".

Aparentemente, amarras tinham se rompido nela. Era a primeira demonstração de afeto que Georges via a paciente ofertar a alguém. Joana era atenciosa, amiga, confiava nele, mas mantinha uma distância, uma reserva, afetiva. Como prometera, ele fez a refeição e iniciou a leitura.

Em Madri, dom Antônio e Elizabeth viviam uma temporada nupcial. Com a viagem de Maria Helena e Rodrigo, estavam sozinhos. Franz partira para a Inglaterra e ainda não retornara, sendo assim, não havia necessidade de desculpas. Dias após o casamento de Maria Helena, eles partiram para a propriedade rural e entregaram-se aos dias mais venturosos de sua vida — e Elizabeth aos mais rentáveis, pois bastava dizer que desejava ou admirava uma joia, uma peça de arte ou um animal, para recebê-lo alguns dias depois de presente. A fortuna de Elizabeth tornava-se considerável. Sentia falta de Rodrigo, que era um homem jovem e belo, mas aguardava pacientemente, confiando na compensação que usufruiria no retorno da viagem do amante. Enquanto isso, amealhava fortuna, sua garantia.

A lua de mel dos recém-casados estava próxima do final, e muitos amigos organizavam-se para recepcioná-los no desembarque no porto. As dependências de Maria Helena, na mansão dos Alvarezes, haviam sido redecoradas e ampliadas para atender às necessidades do casal, que residiria com dom Antônio.

Dom Antônio estava satisfeito com o casamento e em ter Rodrigo de M. como seu genro e sucessor. Confiava no jovem, que era inteligente e ambicioso. Sabia que ele apreciava a vida na cidade, mas, como ele não conhecia a realidade do trabalho que o aguardava na ilha e, uma vez ciente do fluxo do dinheiro, confiava que o rapaz aceitaria bem a vida simples e árdua na ilha, compensando-a com as viagens a negócios a Madri e a outras cidades com as quais a família Alvarez comercializava.

Planejava pouco o final da estadia na capital espanhola, pois isso lhe causava certa dor. Lá também estava Elizabeth, e poderia ser o fim do caso deles ou um longo afastamento. Dom Antônio ainda não falara com ela a respeito, mas o faria antes do retorno da filha.

Elizabeth, porém, não abandonara a mesa de jogo. Enquanto os outros pensavam estar vivendo um momento de trégua, ela continuava a arquitetar a continuidade do seu plano. Obtivera êxito total no casamento arranjado para apropriar-se da fortuna dos Alvarezes, mas admitia a si mesma sentir-se insegura com o retorno de Rodrigo após os dois meses de viagem. Temia o afastamento prolongado, pois não havia pensado na viagem de núpcias. Tinha, portanto, de planejar a continuidade do casamento de Rodrigo e de sua relação com Antônio Alvarez. Precisava descobrir as intenções dele para o genro e a filha e, a partir daí, traçaria suas ações.

A oportunidade surgiu uma semana antes da chegada do casal. Elizabeth estava na mansão dos Alvarezes, acompanhando os últimos detalhes da arrumação das dependências de Maria Helena e Rodrigo com dona Eleonora, que fizera questão de auxiliá-la em nome de sua velha amizade e parentesco com dona Maria. Ajeitavam as cortinas e conversavam sobre amenidades, quando, para surpresa de ambas, dom Antônio chegou alegremente.

— Bom dia, senhoras! Vejo que estão muito ocupadas. Estão fazendo um excelente trabalho! A decoração está de muito bom gosto, muito agradável — elogiou dom Antônio enquanto olhava o local.

— Que bom que gostou da aplicação do seu dinheiro, dom Antônio. Espero que nossa menina também aprove. Lembro-me de Maria e das coisas que conversávamos antes do casamento de vocês — falou dona Eleonora. — Maria ficaria tão feliz em fazer a arrumação do quarto de casada da filha, mas, como ela não está aqui, procuro substituí-la. Aliás, dom Antônio, agora que sua filha se casou com um jovem tão bem colocado de nossa sociedade, não pensa em transferir residência definitivamente para Madri? Ficaria feliz com a companhia da minha prima.

Ao lembrar-se da esposa, dom Antônio, imediatamente, ficou sério e com a expressão pesada.

— Dona Eleonora, entendo suas saudades de Maria, porém, como sabe, ela odeia viagens marítimas, e não há outra forma de se deixar a ilha. Mas será uma honra recebê-la e ao doutor Ângelo. A ilha é linda! Maria está muito bem na companhia do padre, seu amigo e confessor, portanto, não se preocupe. Tenho recebido notícias frequentes dela. Quanto a transferirmos residência para cá, não pensei no assunto, mas é difícil! Vou deixá-las e tratar de alguns negócios que precisam de minha atenção. Por favor, continuem! Eu não as atrapalharei mais — respondeu dom Antônio.

Ele preparava-se para deixar o local, quando olhou para Elizabeth, que sorriu e disse:

— Agradecemos sua visita e os elogios, dom Antônio. Se não for atrapalhar seu trabalho, gostaria de conversar com o senhor sobre os preparativos para a recepção de chegada dos noivos, é possível?

— Por certo, senhorita Elizabeth. Sei o quanto é amiga de minha filha e deve estar ansiosa por revê-la. Afinal, muito desse enlace se deve à senhorita. Por favor, mande uma das criadas me avisar quando terminar seu trabalho, e com prazer conversaremos. Até mais tarde!

No olhar de dom Antônio voltou a brilhar a alegria.

Algumas horas depois, elas encerraram, naquele dia, a organização das dependências do jovem casal. Aguardariam que a família de M. remetesse os pertences e objetos pessoais de Rodrigo.

Numa saleta íntima da mansão, Elizabeth ordenou a criada que preparasse o chá e avisasse dom Antônio que ela e dona Eleonora o aguardavam para a refeição da tarde.

Ao ouvir a ordem, dona Eleonora aproximou-se, pegou as mãos de Elizabeth e, sorrindo, desculpou-se:

— Querida, não poderei ficar por mais tempo. Meu marido e eu temos um compromisso à noite e devo me apressar. Perdoe-me por não poder aguardar para fazer-lhe companhia no chá com dom Antônio, mas, como somos apenas nós, isso não chegará ao conhecimento das faladeiras e sua reputação não sofrerá ataques injustos.

— Por favor, dona Eleonora, eu ficaria triste se por minha causa a senhora se atrasasse ao seu compromisso. Creia-me, com todas as dificuldades que minha família vem enfrentando nos últimos anos, não me preocupo mais com a língua dos desocupados. Não tenho expectativa de me casar. Sei que minha idade casadoira já passou. Vá em paz! — falou Elizabeth, beijando o rosto da companheira.

Acompanhou-a à saída, e combinaram o novo encontro no dia da entrega dos objetos de Rodrigo.

Voltando à sala, Elizabeth deparou-se com dom Antônio, que avançou rapidamente e a abraçou.

— Fiquei feliz em saber que não pensa em se casar. Será que tenho alguma influência nessa decisão? — perguntou dom Antônio.

— Por favor, Antônio, não é prudente o que está fazendo. Os criados comentam e, em breve, não estaremos mais sozinhos. Quer que sua filha saiba do que existe entre nós? — questionou Elizabeth, desvencilhando-se do abraço.

— Pensei tê-la ouvido dizer que não se preocupa com as línguas desocupadas — retrucou dom Antônio, bem-humorado, insistindo em acariciá-la.

Para fugir das investidas dele, Elizabeth sentou-se ao piano, dessa forma só restava a dom Antônio ficar ao lado dela.

— Precisamos conversar. Preocupa-me o futuro. Não sei o que você pretende fazer após o regresso de Maria Helena e Rodrigo — Elizabeth falou em tom de tristeza, com a cabeça baixa e o olhar perdido no teclado.

— Minha amada, o que posso fazer? Sempre soubemos que este dia chegaria. Devo voltar à ilha em breve, se é isso o que está preocupando essa cabeça linda.

— Antônio, não haverá uma maneira de continuarmos juntos? Sei que você não é feliz em seu casamento e que me ama, assim como eu o amo. Não é justo nos separarmos! Faz dois anos que vivo contando os dias para vê-lo. O que farei quando você partir? Não o verei novamente? — insistiu Elizabeth, ciente de que o amante cedia com facilidade a esses argumentos e, para consolá-la, falaria quais eram seus planos.

— Você gostaria de continuar a me ver? — questionou dom Antônio, que, apesar da aparente tristeza de Elizabeth, sorria feliz. A confissão dela era a prova definitiva de que correspondia aos seus sentimentos.

— Sim! E você sabe disso. Não deveria me fazer confessar. Não fica bem para uma dama falar disso a um homem. — Elizabeth dava à voz e à expressão um misto de zanga e tristeza.

Um rápido olhar à porta fechada deu a dom Antônio a permissão para acerca-se de Elizabeth e abraçá-la pelas costas, acariciando-a com lascívia. Dessa vez, ela nada fez para afastá-lo. Ao contrário, pressionou, sedutoramente, o corpo contra o dele, encostando a cabeça em seu peito, fechando os olhos, expondo o pescoço.

— Perdoe-me. Não resisti à oportunidade de ouvi-la dizer que sentirá minha falta e que precisa de mim. Sentirei demais sua ausência, mas serão somente poucos meses que ficarei longe. Preciso voltar à ilha, verificar as plantações e os outros negócios. Há coisas que preciso fazer lá, e meu genro ainda não conhece a ilha e os negócios. Preciso treiná-lo. Tão logo tudo isso esteja encaminhado, virei o mais rápido que puder para cá. E aqui será nossa casa, o que acha?

— Não entendi, Antônio. O que você quis dizer com "nossa casa"? — Elizabeth estava confusa. Teria ele lhe oferecido como residência a mansão? Era mais do que ela esperava.

— Elizabeth, você sabe que não podemos nos casar. Minha mulher ainda vive. E, como ela vive mais com os santos do que com os vivos, tem boa saúde; somente não prestou para me dar filhos. Ela, contudo, não sairá daquela ilha. Minha filha e o marido deverão morar lá. Como meu sucessor, Rodrigo precisa aprender a gerir os negócios, e é meu dever ensiná-lo. Depois, estarei mais livre e poderei me dedicar somente à comercialização dos nossos produtos e a você. Isso demorará um pouco mais de um ano. Se você concordar em esperar este tempo, assim que partirmos, você deverá mudar-se para a mansão. Não pretendia dizer-lhe isso agora, mas eu a comprei. Sei que você a aprecia bem mais do que o apartamento onde mora. Obviamente, cuidarei para que nada lhe falte e darei ordens no banco para o pagamento de suas despesas e da mansão. Então, o que você me diz?

A surpresa estampou-se no rosto de Elizabeth. Não contava que Rodrigo tivesse de transferir-se para a ilha e trabalhar na administração das propriedades dos Alvarezes. Ele, com certeza, não iria gostar da novidade. Ela, por sua vez, gostara da proposta de dom Antônio: uma belíssima e luxuosa residência com todas as despesas pagas em troca de esperar por ele. Era uma excelente proposta. Elizabeth abriu os olhos, levantou-se ainda entre os braços de dom Antônio, contornou a cadeira do piano, entregando-se ao abraço do amante e sussurrando-lhe ao ouvido:

— Eu aceito, meu querido. Faço qualquer sacrifício para ter você comigo.

"Quando Rodrigo voltar, lhe darei a notícia. Decidiremos o que fazer. Por ora, a proposta de dom Antônio dá-me a sonhada tranquilidade", pensou Elizabeth.

Rodrigo e a jovem esposa, alheios a todos os acontecimentos que envolviam seus parentes e amigos, descobriram, ao longo daqueles dois meses de privacidade de viagem de núpcias, interesses e gostos que os uniam cada dia mais. Conheciam-se. De ambas as partes, houve concessões para a construção de um relacionamento harmônico. Seguro da fortuna da mulher, Rodrigo esquecera-se do pacto com Elizabeth. Aliás, pouco pensou nela. Apenas recordou-se da amante em algumas ocasiões quando se deparou com mulheres fisicamente semelhantes a ela. Porém, foram episódios furtivos. Logo depois, Maria Helena solicitou-lhe a presença ou a opinião, e ele rapidamente se envolvia com ela, esquecendo-se, assim, da outra.

Em seu íntimo, protelava o retorno a Madri e a fatídica necessidade de rever a amante. Sabia que lá, próximo de Elizabeth, o pacto lhe seria cobrado. Agora, compreendia que a segurança dela estava no fato de serem amantes, e esse segredo jamais poderia ser revelado a Maria Helena. Enfim, ele compreendeu por que Franz dissera que ele era um homem vendido. Elizabeth o comprara, e o preço fora pago com a fortuna da família Alvarez, que ela lhe colocara nas mãos. Por isso, sentia-se constrangido. Aprendera a respeitar Maria Helena, a reconhecer seus dons de caráter, sua ingenuidade e ternura.

Aqueles dias de alegria estavam sendo balsâmicos para Rodrigo, antes tão acostumado às seduções frívolas que o desgastavam emocionalmente, pois o deixavam vazio, e não ultrapassavam os limites do prazer físico. Ao final delas, continuava sozinho e empobrecido. Acreditava ser quem usava, contudo, começava a compreender que também era usado.

Esses são relacionamentos de uso, em que há somente prazeres efêmeros e talvez comprometimento pessoal por abuso da energia sexual, que é a força propulsora da criatividade, da interação e da união mais profunda entre seres. Pelo intercâmbio que estabelece, envolve o físico, o mental, o emocional e o espiritual. Quando nos envolvemos apenas em relações estéreis, pode ocorrer um desequilíbrio dessas energias, desestruturando-nos energeticamente.

A lei de harmonia regula a vida, seja micro ou macrocósmica. Excessos ou carências são fatos que desestabilizam, rompem a harmonia. A situação de Rodrigo, antes do envolvimento com Maria Helena, é idêntica à de milhões de espíritos encarnados em todos os tempos. Seu comportamento emocional e sexual acarretavam-lhe empobrecimento, enfraquecimento, e endureciam seus sentimentos, pois ele buscava apenas a satisfação das paixões carnais, sem nada dar ou receber. As mulheres com as quais compartilhava o ato sexual eram parceiras no desequilíbrio, e nenhum dos envolvidos aprendia a respeitar o outro. Somente usavam um ao outro. Era a degradação do espírito imortal em favor do corpo perecível. Rodrigo conduzia-se como um animal, e, assim, mais se aguçavam seus instintos, protelando o desabrochar dos sentimentos. No íntimo, ele era egoísta e endurecido, e essa desarmonia por ele mesmo gerada e alimentada cobraria seu preço.

Rodrigo não sabia como enfrentar a situação doravante. Tinha um conflito íntimo: esquivar-se da amante de tantos anos, residindo na mesma cidade, seria impossível. Além disso, apesar da felicidade que tinha ao lado da mulher, não sabia se seria forte o bastante para resistir à antiga paixão e às loucuras que viviam juntos. Temia que o encantamento com o casamento não sobrevivesse à cidade e queria prolongá-lo, dar uma chance real de aquele mundo fantasioso criado para envolver Maria Helena se tornasse verdadeiro e duradouro.

No penúltimo dia da viagem, enquanto passeavam de mãos dadas no convés do navio e apreciavam a imensidão do mar, onde se refletiam os raios do sol e o mergulho dos pássaros em busca do alimento, enchendo-se de coragem, Rodrigo decidiu conversar sobre algumas dúvidas sobre o futuro de ambos.

— Senhora de M. — chamou Rodrigo.

Após o casamento, ele frequentemente chamava Maria Helena dessa forma e justificava-se dizendo-se tão orgulhoso em tê-la como esposa que gostaria de contar a todos, por isso se alguém passasse por eles e os ouvisse saberia que ela era sua esposa.

— Eu estou preocupado com nosso retorno. Temos sido tão felizes que não desejo a companhia de outras pessoas. Sei, contudo, que isso será impossível em Madri, onde temos muitos amigos e familiares — confessou Rodrigo, sério.

Maria Helena, surpresa, voltou-se para encarar o marido. Os longos cabelos soltos, como ele gostava, bateram-lhe no rosto corado e sorridente.

— Meu marido, por que pensa que não poderemos continuar felizes estando com nossos amigos? Eu, apesar da maravilhosa viagem, sinto alegria em saber que, em breve, poderemos revê-los. Especialmente Georges e nossa amiga Elizabeth. É uma pena Franz permanecer na Inglaterra. Gosto muito da companhia dele, é tão alegre. Não se preocupe com o futuro. Vamos nos ocupar com um dia de cada vez. Viver na ilha me ensinou isso. Lá, precisamos de paciência e não pensar no futuro. As oportunidades são limitadas, e a monotonia pode nos entristecer se pensarmos no amanhã, por isso mantemos atenção no dia que passa. Assim, as coisas tornam-se mais simples.

A resposta serena da esposa não o acalmou; ao contrário, afligiu-se com a menção do nome de Elizabeth.

— Helena, você quase não fala da ilha. Eu gostaria de conhecê-la — desconversou Rodrigo, perdendo a coragem de questionar o futuro e buscando evitar o tema "amigos de Madri".

— Não pensei que você se interessasse por ela. O que gostaria de saber? Talvez seja bom fazermos isso, já que, provavelmente, meu pai deseje regressar em breve. Nossa estada na Espanha se prolongou além do previsto — respondeu Maria Helena com naturalidade.

— Como assim? Está insinuando que dom Antônio espera que o acompanhemos no retorno à ilha? — indagou Rodrigo.

"Seria muito bom, para ser verdade", pensou ele. Obviamente, na ilha estaria afastado das pessoas do seu passado.

— Rodrigo, creio que precisamos conversar sobre esse assunto. Georges me diz que não sei mentir e muito menos enganar. Ele diz que meus olhos revelam meus pensamentos. Como reconheço a sabedoria dele, é hora de eu lhe contar os planos de dom Antônio.

Rodrigo, sério, em silêncio e fingindo nada saber, ouviu o relato fiel e completo da esposa, que nada omitiu, nem mesmo a participação de Elizabeth e a forma como ela a havia ajudado.

Maria Helena confiava cegamente nos sentimentos que Rodrigo demonstrava por ela e decidiu que era o momento ideal para fazê-lo conhecer mais o caráter e a obstinação paterna, bem como o que ele esperava de ambos. Rodrigo tornara-se herdeiro e sucessor de dom Antônio Alvarez. Ela não guardava ilusões de que o pai cumpriria integralmente seus planos, o que significava retornarem todos à ilha. Dom Antônio, inegavelmente, transformara-se em uma pessoa de mais fácil convivência nos últimos dois anos, contudo, ela sabia que isso não mudava o objetivo da permanência deles em Madri.

— Preciso dizer-lhe que somente aceitei nosso casamento pelos sentimentos que nutrimos um pelo outro e porque os planos de meu pai não interferiram na minha decisão. Desde criança, aprendi como fazer valer minha vontade com as amas que cuidavam de mim, sendo assim, não seria diferente em uma decisão tão importante quanto unir minha vida à de um homem. Por favor, não permita que tudo o que lhe contei interfira em nosso casamento — pediu Maria Helena, encerrando a narrativa.

O tom de apreensão e a súplica na voz dela fizeram Rodrigo bendizer a ingenuidade da esposa. Ele desconhecia pouco do que ela lhe confessara. Apenas a decisão de dom Antônio em retornar à ilha era novidade para ele.

"Mas não me oporei ao meu sogro. Com todo o dinheiro que ele tem, quando me cansar da vida isolada e pacata, lhe proporei uma temporada fora. Se Maria Helena não quiser ou eu tiver enjoado dela, então, viajarei sozinho", pensou Rodrigo, sentindo-se mais alegre.

— Minha doce esposa, não se aflija por tão pouco. Não colocarei obstáculos ao desejo de dom Antônio. Serei feliz na ilha, e ele tem muito a nos ensinar sobre os negócios da família. O comércio me atrai, e estaremos juntos. Isso me basta — tranquilizou-a Rodrigo.

No dia seguinte, foram recepcionados na chegada a Madri pelos amigos, mas o primeiro encontro com Elizabeth foi no cais do porto, onde somente ela e Georges aguardavam o casal. Afetuosamente, ela cumprimentou Maria Helena, porém, disfarçadamente, ao cumprimentar Rodrigo, colocou no bolso de seu casaco um bilhete, convidando-o a encontrá-la em seu apartamento, onde o aguardaria todas as tardes daquela semana.

Georges, feliz em reencontrar Maria Helena, não notou o visível constrangimento de Rodrigo. Abraçou-o e, colocando-se entre o casal, entre risadas, deu o braço a um de cada lado, conduzindo-os até sua carruagem e alegando que fora buscá-los para colocarem a conversa em dia, pois, na mansão Alvarez, dom Antônio e outros amigos os aguardavam.

Elizabeth, que seguia ao lado, informou, quando se aproximaram das carruagens, que não iria acompanhá-los, alegando problemas domésticos que requeriam sua atenção. Mas, a pedido de Maria Helena, comprometeu-se a visitá-la brevemente e despediu-se.

Poucos dias depois do alegre retorno do casal, dom Antônio comunicou ao genro seus planos de retorno à ilha, que, obedientemente, Rodrigo acatou.

Elizabeth estranhou muitíssimo a atitude passiva de Rodrigo; esperava protestos veementes para abandonar a vida urbana e cogitava o motivo da mudança.

CAPÍTULO 15
A DESCOBERTA DE GEORGES

Ninguém imaginou os Espíritos como um meio de explicar os fenômenos; foi o próprio fenômeno que revelou a palavra.[19]

Dois meses se passaram, e a família Alvarez ainda estava em Madri. Dom Antônio relutava. Rodrigo mantinha-se obediente à determinação do sogro e ansiava por afastar-se de Elizabeth, pois temia o domínio dela. Mal tinha chegado da viagem de núpcias, e os velhos laços apertavam-se em torno dele, que reconhecia a fragilidade de sua posição e via como única forma de fortalecê-la recusar a companhia de Elizabeth. Entretanto, não era fácil, pois ela era exímia na arte da sedução e conhecia o caráter de Rodrigo, utilizando tudo o que aprendera ao longo dos anos de convivência para dominá-lo e mantê-lo a seu dispor.

A rigor, o caráter de Rodrigo não se distinguia pela perseverança, em especial se fosse em uma atitude contrária à satisfação de seus desejos ou do seu orgulho. Bastava despertá-los e aguardar que ele sucumbisse. E não demorou para que ele não resistisse, porém Rodrigo não conseguia conviver com o choque íntimo que vivenciava. Arrependimento e vergonha eram sentimentos desconhecidos e com os quais ele não sabia conviver. Experimentava-os pela primeira vez e atribuía-os à ingenuidade e ao carinho de sua jovem esposa, que despertavam nele o conflito. Sonhava com o dia da viagem à ilha, pois, em seu íntimo, reconhecia que deveria renunciar ao jogo com Elizabeth. Tinha consciência de que não conseguiria manter o casamento com Maria Helena e o relacionamento com Elizabeth. Sentia-se dividido e infeliz.

---

19 KARDEC, Allan. **O Livro dos Espíritos**. Araras, SP: IDE. Introdução, item IV.

Experimentava o êxtase e a saturação dos sentidos com a amante; a paz, a satisfação e o afeto com a esposa; a perda da liberdade e da decência suportava sozinho, bem como as cobranças de ambos os lados. Elizabeth cobrava o acordo e a garantia de divisão da fortuna conquistada por ela; os Alvarezes, a obediência ao plano de vida traçado por dom Antônio.

Maria Helena, alheia à situação íntima do marido, organizava a partida para a ilha, comprava presentes para a mãe e percebia o quanto lamentava a triste vida dela. A jovem perguntava-se se algum dia ela teria sentido a felicidade semelhante à que desfrutava ao lado de Rodrigo. Acreditava que não.

Considerava que o pai e o marido eram homens extremamente diferentes. Maria Helena idealizava o caráter de Rodrigo, enxergava-o como desejava que ele fosse, no que fora levada a acreditar durante o namoro e o noivado, mas que não era verdadeiro. Georges voltara a ser uma companhia frequente. Ele sentia antecipadamente o afastamento da menina que vira tornar-se mulher, mas, em seu coração, Maria Helena era como uma filha meiga e ingênua, um alívio para seus dias tumultuados. Elizabeth poucas vezes fora visitá-la; dizia estar muita atarefada, e ela não insistiu. Afinal, a companhia de Georges era suficiente e de quem mais sentiria falta quando regressasse à ilha. Portanto, todos os momentos que podia, sozinha ou acompanhada pelo marido, visitava-o ou recebia-o como visita.

Certa noite, jantavam na residência de Georges, quando veio à discussão o caso da paciente Joana.

— Georges, lembro-me de um caso muito especial aos seus estudos antes do meu casamento. Como está a paciente? Concretizaram-se as suas expectativas? — perguntou Maria Helena estendendo a mão para tocar a mão de Rodrigo sobre a mesa.

Georges sorriu lembrando-se de Joana e, sentindo o interesse sincero da amiga, respondeu:

— Ela está me surpreendendo. Tenho realmente aprendido muito com o caso dela. Joana é uma mulher excepcional, forte, determinada, que não se abateu com todos os horrores e todas as incompreensões do quais foi vítima. Admiro-a muito! Tanto quanto eu, ela empenha-se em investigar as crises, e, juntos, temos crescido muito. Embora seja cedo para divulgar resultados, posso lhes dizer que são verdadeiras as revelações e que houve um grande avanço para compreender uma série de ocorrências até agora entendidas como manifestações patológicas e incuráveis. Gostaria muito, Helena, que você a conhecesse. Não tenho dúvidas de que seriam grandes amigas.

Maria Helena, com expressão de cumplicidade, olhou para Georges e questionou:

— Meu velho, eu creio que não o ouvi falar com tanto entusiasmo sobre uma senhora antes...

E, encarando Rodrigo, sorriu e completou em tom provocativo:

— Rodrigo, será que o amor tem idade para acontecer?

— Não, minha querida. Eu creio que o amor possa ocorrer em todas as etapas da vida — respondeu Rodrigo.

E, alegremente, Rodrigo indagou a Georges:

— Você não concorda?

Em que pese à experiência de Georges, naquele momento, ele sentiu-se encabulado como um adolescente em reunião de homens. Expressara sua opinião sobre Joana sem pensar, pois, quando conversava com Maria Helena, costumava não censurar suas expressões. Confiava nela, portanto, simplesmente falava em voz alta os pensamentos mais secretos e, após todos os meses em que haviam ficado afastados, não falara com mais ninguém sobre Joana. Percebeu a surpresa dos jovens e a sua própria, pois nunca elogiara uma mulher com tanta ênfase, ainda mais uma com reputação de louca. Então, desconversou:

— Helena, vou fazer de conta que não entendi suas insinuações. Somente porque vocês estão casados, não precisam desejar casar a todos os que encontram. Vivo muito bem sozinho. Não confunda as coisas. Meu interesse por Joana é científico.

— Claro, meu velho, não me ocorreu outra ideia — retrucou Maria Helena com ar de amistoso deboche e prosseguiu:

— Então, falemos de suas descobertas.

Ela olhou Georges e viu que ele estava confuso, algo raro. Levantou-se, foi à cabeceira da mesa onde ele estava sentado e abraçou-o com carinho, declarando:

— Ah, Georges, como vou sentir sua falta! Por que não vai conosco para a ilha? Lembra-se de quando falávamos sobre meus filhos e do quanto eu gostaria que você estivesse comigo para ajudar-me a educá-los?

— Menina abusada! — ralhou Georges. — Seu comportamento seria inadmissível na França. Minha mãe a julgaria a mais deseducada das criaturas por abraçar alguém enquanto faz a refeição. E o seu marido, como ele permite isto?

— Georges, o coração de Maria Helena é inocente. Ela jamais agiria contrariando seus sentimentos. E, enquanto ela abraçar um homem na minha frente, nada tenho a temer. Seria pior sabê-la capaz de abraçar outro às minhas costas, não é mesmo? — respondeu Rodrigo sorrindo para a mulher. Dissera o que de fato pensava sobre ela.

Admirava a amizade deles e compreendia os sentimentos da esposa e do médico. Além do mais, tinha experiência de sobra com mulheres para julgar corretamente o que presenciava.

— Folgo em saber que não me convidará para um duelo por causa do comportamento dessa menina — respondeu Georges encarando Rodrigo e percebendo nuances do conflito íntimo no olhar dele.

Abandonando o tom de brincadeira, tocou na mão de Maria Helena, que estava pousada em seu ombro, e, fitando Rodrigo, falou sério:

— Verdade, Rodrigo. Você tem em suas mãos um coração inocente e passional. Cuide dela com sabedoria e sinceridade, pois você é o mais experiente. Não macule esta flor que a vida lhe entregou para cuidar.

Rodrigo estremeceu ante o olhar e as palavras do médico e não pôde se furtar ao pensamento de que estava sendo advertido. "Será que Georges sabe de meu envolvimento com Elizabeth?", questionou-se.

Como martiriza a dúvida! A consciência culpada pensa encontrar a todo momento a denúncia e a condenação que sabe merecer. É o aguilhão que fere, e, ainda que não aconteça a execração, o culpado, no íntimo, já a sofreu. A paz depende de um interior que nada tenha a temer.

Maria Helena, percebendo o desconforto do marido, que não soube a que atribuir, julgou tê-lo envergonhado com sua espontaneidade e ousadia em demonstrar afeto por um homem estranho à família. Assim, decidiu retornar ao seu lugar à mesa. Notando o embaraço do casal, Georges descontraiu o ambiente reconduzindo a conversa para trivialidades. Sabia que Rodrigo não costumava desenvolver diálogos minimamente profundos. O restante do jantar, então, foi sereno.

Após a partida do casal, Georges foi para sua biblioteca tomar um licor. Napoleão enrolou-se em seu colo, ronronando satisfeito com os carinhos que recebia. Georges rememorou aqueles últimos meses, sua convivência com Joana e as descobertas que faziam. Recordou-se também da tarde da primeira crise que acompanhara.

Estava na chácara, e caía a tarde. Fora um dia calmo, e nada indicava os acontecimentos que viria a presenciar. Seus pacientes estavam bem, eram dias de calmaria.

Georges dedicava-se à leitura da obra de Davis, que lhe despertara o interesse. Joana compartilhava o interesse com ele e detinha-se em cogitações sobre as consequências que aquelas experiências poderiam gerar. Ele era mais reticente e criterioso; não se convencia apenas com uma leitura, mas estudava atentamente a teoria, procurando reconhecer os vícios e as virtudes dela.

Abria-se em sua mente um "quebra-cabeça", e, entre uma página e outra, buscava o pensamento filosófico de Platão, que, na Antiguidade, defendia ideias a respeito da vida espiritual e reencarnação. Meditava sobre os ensinamentos cristãos, despido dos preconceitos inseridos pela Igreja. Deslumbrava-se com a simplicidade de Jesus, com a coragem de Paulo de Tarso e com o fato de que aqueles iluminados falavam sobre as ideias que agora ele encontrava na obra do jovem norte-americano, que dizia escrever sob a orientação dos espíritos de Emanuel Swedenborg e Galeno.

Nesses voos da mente, Joana não o acompanhava, mas era ela que, com simplicidade, lhe chamava atenção para fatos comezinhos da vida, que passavam a ser analisados sob novo prisma.

E passavam-se os dias até que, no fim daquela tarde, enquanto dedicava-se em silêncio ao estudo, Georges ouviu o chamado veemente de Joana e a encontrou à porta do quarto de um paciente.

Era um homem idoso, que havia muitos anos vivia sob o amparo do abnegado médico, que o encontrara em estado lastimável nas ruas da cidade. Ele acreditava ser um soldado em batalha, clamava pelos companheiros e erguia a mão buscando ferir pessoas invisíveis. Um caso típico de loucura. Ele estava alienado da personalidade atual, não sabia o próprio nome, endereço ou sua profissão. Vagava sem noção de tempo e espaço. Jogava-se ao chão e contra as paredes, machucando-se seriamente às vezes. Após ser levado para a chácara, começou a apresentar melhoras, mas acreditava estar servindo como enfermeiro em um hospital de guerra.

Não recuperou a lembrança de sua identidade pessoal. Mandado, obedecia e desta forma convivia e se relacionava com os que o cercavam. Com o tempo, todos se acostumaram ao seu jeito e, aceitando-o como era, desenvolveram carinho por ele. Chamavam-no de "Combatente", e ele se orgulhava. Em seus frequentes discursos, exaltava com fanatismo o patriotismo, a família e a honra de um homem.

Chegando à porta do quarto do Combatente, Georges encontrou Joana extática, olhos muito abertos, expressão de pânico no rosto e tremendo. Ela não despregava o olhar do leito do idoso, que dormia alheio ao que se passava.

— Joana, mantenha a calma. Estou aqui. Tudo está bem. Confie, vamos superar juntos o que quer que esteja acontecendo. Sente-se e relate o que está acontecendo com você — pediu Georges, acomodando-a em uma cadeira, ajoelhando-se ao seu lado e segurando-lhe a mão.

— Georges, não sei como lhe dizer, mas o Combatente não está dormindo. Ele está cercado por vários soldados com uniformes que desconheço. Creio que sejam uniformes antigos. São saiotes vermelhos, azuis e dourados. Eles estão feridos, sujos, e cobram atitudes do Combatente. Eles são agressivos. O Combatente quer fugir, mas não consegue. Eles falam coisas sem nexo. Falam de guerras, batalhas e traições de oficiais com o exército inimigo. Vejo que o pobre homem está aflito.

Georges olhou para o corpo adormecido do paciente e percebeu alterações na respiração e uma certa agitação nos olhos, o que denotava um sono agitado. Voltou a atenção para Joana, que continuava assustada.

— Joana, esses soldados conseguem vê-la?

— Não, eles nem percebem nossa presença.

— Tente ver se consegue descobrir de onde eles são.

— Eles estão indo embora e arrastam com ele o Combatente. O pobre grita muito e diz que não tem culpa de nada, que foi o general quem os traiu, que todos vão morrer nas mãos dos ingleses, que não adianta fugir, pois há muito gelo nas montanhas. Nada faz sentido, mas eles dominaram o Combatente. Que horror! Para onde irão? O que vai acontecer com o velho? Eles não veem que é um doente? — Joana começava a desesperar-se, chorava, estava nervosa. As lágrimas corriam copiosas por seu rosto, e ela falava sem parar.

— Calma, Joana. Está tudo bem. Lembre-se de sua amiga — orientava Georges, abraçando-a carinhosamente.

Em seus estudos, Georges notara que a dita "amiga" era uma presença constante e equilibrada nas crises de Joana. A cena que ela descrevera o pegara totalmente desprevenido. Não esperava aquilo: violência, dominação, palavras desconexas referindo-se a um passado distante e a outro local. Além do mais, Joana, em crise, vira Combatente acordado, interagindo com suas visões. Ele, porém, permanecia adormecido. Agitado, mas adormecido. Era muito estranho. A esperança que guardava era de poder explorar a figura da "amiga", por isso insistiu:

— Joana, chame sua amiga. Vamos, sei que gosta dela. Confie. Relate o que está vendo agora.

Mais calma, ela retomou a narrativa:

— Eles foram embora. Foi horrível ver como tratavam o Combatente, Georges. São maus e brutos. Agora está tudo calmo. Há uma luz suave vindo em nossa direção. É minha "amiga". Ela está sorrindo e passando a mão em sua cabeça.

— Joana, ouça com calma e me responda: você, alguma vez, tentou conversar com essa "amiga"?

— Não, ela sempre se aproxima quando tenho essas crises, você lembra. Eu passava mal vários dias, e, quando a via, ela me fazia adormecer. Mas agora ela ainda não pôs a mão sobre minha testa. Você não sente sono, Georges? Ela passou a mão sobre sua cabeça.

— Joana, fique tranquila. Depois, responderei às suas perguntas, mas, agora, sou quem as faz. Pergunte à sua "amiga" quem ela é.

— Como eu faço isso, Georges?

A experiência estava sendo mais difícil do que Georges avaliara. Não pensara que Joana estivesse tão lúcida. Olhava-a e percebia claramente que o choque emocional passara. Agora, não sabia exatamente como responder à pergunta objetiva que ela lhe fizera. Enquanto pensava, viu, contudo, distender-se um largo sorriso no rosto de Joana e um inegável brilho de contentamento em seu olhar.

— Georges, você está ouvindo? Ela falou conosco.

— Joana, acredito no que me diz, mas não ouvi nada. Por favor, me diga o que ela falou.

— Ela falou assim: "Deus lhes dê a paz! Sou realmente uma amiga e terei grande prazer em conversar com o médico, mas não agora. Ainda é preciso mais tempo. Tenham calma e creiam na minha amizade". Ela desapareceu, Georges. Por meio do mesmo foco de luz em que veio, ela foi embora.

Georges, notando que ainda abraçava Joana, afastou-se e, observando-a, perguntou:

— Como está se sentindo, Joana?

— Bem, muito bem. Passou o medo. Não vejo mais nada. E o Combatente, como ele está? Já voltou?

— Joana, o Combatente está dormindo. Ele não acordou em nenhum momento.

— Ah! Meu Deus! Georges, o que se passa comigo? Por que essas estranhas alucinações voltaram? Quando terei uma explicação para isso? Sou mesmo um tipo diferente de louca?!

A voz de Joana trazia um grande sofrimento moral. Toda a carga de dúvidas voltava a surgir. Ela manifestava uma tristeza profunda. A rápida sucessão de sentimentos confundia o médico, mas urgia que ela não regredisse. Restaurar-lhe a confiança era prioridade.

— Hei! Onde está a mulher corajosa que todos admiram nesta chácara? Não a estou vendo nem a reconhecendo nessa voz triste e desesperançada. Estamos investigando e não podemos esperar que encontremos todas as respostas em uma única vez, Joana. Você foi muito bem! — E, intimamente, acrescentou: "Bem melhor do que eu", já que fora pego de surpresa para o fato e o inusitado da ocorrência. Para as próximas, já contaria com alguma preparação.[20]

Aquela ocorrência instigou ainda mais seu interesse. Reconhecia isso naquele momento de recordação e reflexão a que se entregava. Outras duas "crises" haviam ocorrido quase sequencialmente, porém de muito menor relevo. Eram simples aparições, que não conseguiram acrescentar muita coisa às suas observações; apenas confirmaram que o fenômeno não apresentava realmente características rotineiras. Eram sempre inusitadas as situações que os envolviam.

Um fato marcante, contudo, ocorrera ao longo daqueles meses, que ajudou Georges a progredir muito rapidamente nos estudos. Certa tarde, apresentara-se na chácara um homem absolutamente estranho, bem vestido e muito educado, que, ao ser atendido por Jean à entrada da chácara, solicitou uma entrevista com o proprietário.

---

20 Nota do autor espiritual: a situação revela um típico caso obsessivo, agravante das doenças mentais expiatórias. Combatente fora um feroz soldado irlandês, que matara com crueldade e defendera com fanatismo os ideais patrióticos e religiosos da Irlanda. Ele sofria a ação de companheiros desencarnados que conduzira à barbárie. Joana não entendia o fenômeno da emancipação da alma durante o sono e, ao presenciar a situação, não compreendia suas faculdades mediúnicas. Somado o desconhecimento à natural perturbação nervosa, daí o surgimento do momento de desequilíbrio. Sobre o tema, recomenda-se a leitura do capítulo VIII de *O Livro dos Espíritos* e os capítulos VI e XIX de *O Livro dos Médiuns*, ambos de Allan Kardec.

— Vossa senhoria deseja falar com doutor Georges? Por gentileza, me acompanhe. Vou verificar se ele poderá recebê-lo. — Jean, solicitamente, fê-lo entrar e acomodar-se na sala de estar.

— Enquanto vou avisar o doutor Georges, o senhor aceitaria algo para beber? Um chá ou café?

— Não se incomode, apenas um pouco de água está bem. Este local é bem mais distante da cidade do que me fizeram acreditar. E imaginei que da estrada principal até a casa fosse um caminho curto, mas me enganei. Fiz esse percurso a pé e achei melhor deixar a carruagem de aluguel aguardando-me na estrada.

— Por certo, o informaram muito mal.

Jean observava o homem com atenção. Não era o primeiro estranho que deixava a carruagem na estrada para chegar até a chácara. Alguns familiares de pacientes tomavam o mesmo procedimento, temendo o que poderiam ver na chácara. A vergonha de dirigir-se a um local que abrigava aquele tipo de doentes era grande, porém aquele homem nunca estivera lá. Quem seria?

— Providenciarei que lhe seja trazida água fresca. Mas, se possível, me diga quem devo anunciar — indagou Jean.

— Bem, o doutor não me conhece, mas diga-lhe que sou familiar de um de seus pacientes. Meu nome é Francisco Colavida. Venho de Cádiz.

Assentido com a cabeça, Jean retirou-se para tomar as providências necessárias. Dirigiu-se aos fundos do casarão, à procura de Guilhermina.

— Guilhermina, onde está o doutor?

— A última vez que o vi, ele estava lendo no jardim.

— Muito bem. Há um senhor que deseja falar com o doutor. Veio de longe, está na sala e me pediu um pouco de água. Providencie isso para o visitante, enquanto vou à procura do doutor Georges.

— Sim, Jean. Vou atender o visitante. É pessoa conhecida dele? — perguntou Guilhermina com curiosidade.

— Não que eu saiba. Disse ser familiar de um paciente. Mas vamos lá atender o homem.

— Claro! E você procure o doutor.

Seguiram ambos a atender às suas atribuições, porém envolvidos pela mesma curiosidade sobre quem seria aquele estranho. Jean logo encontrou o médico e, falante como era, relatou toda a ocorrência, até mesmo a conversa e a curiosidade da companheira. Georges sorriu, lembrando-se do pensamento da ocasião. Confiava muito em Jean, justamente por ele falar muito. Georges sabia que o colaborador jamais seria capaz de uma traição, pois dizia sempre o que pensava e não se prendia a convenções. Obviamente, era muito eficiente em suas funções e sabia portar-se diante de estranhos, mas, no convívio diário, esquecia seu papel socialmente menor, como todos naquela chácara. Lá, vigoravam outras regras; eram amigos e falavam francamente. E Jean era tão curioso quanto uma criança e, como elas, era tagarela. Expressava em palavras tudo o que sentia ou pensava, por isso Georges aprendera a confiar nele. Jean não escondia nada.

— Muito bem, Jean, você também já me deixou curioso! Aliás, esse seu mal é contagioso! Vamos lá receber esse senhor Francisco Colavida. — Georges, bem-humorado, levantou-se e, abraçando o empregado, riu da pressa com que ele caminhava. — Vamos devagar, Jean. Assim, o visitante pode recobrar-se, e nós pensamos: você se lembra de algum de nossos pacientes com esse nome de família?

— Não, doutor. Isso foi a primeira coisa que pensei quando ele se apresentou. A bem da verdade, o fiz se apresentar. Ele não estava disposto a dizer quem era. Misterioso. Mas, de fato, não me lembro de nenhum doente com esse sobrenome desde que estamos em Espanha. Ah! Ele disse que vinha da cidade de Cádiz, isso ajuda?

Georges ria. Podia imaginar Jean desconversando até que obtivesse do visitante as informações que queria.

— Tanto pior, Jean. Nunca estive em tal cidade. Vou lá! Nada nos resta fazer senão atendê-lo. — Apressou o passo para acompanhar a rápida marcha do outro.

Chegando ao interior da casa, Georges arrumou os trajes, lavou as mãos e o rosto.

— Estou bem, Jean? — Georges gostava de brincar com a aflição que a curiosidade causava no empregado, por isso demorava propositadamente.

— Sim, doutor. Posso dizer ao visitante que irá recebê-lo agora?

— Faça isso, Jean. Acomode-o em meu consultório. Vou tomar um chá com Guilhermina e sigo para falar com o senhor Francisco.

Jean desapareceu nos corredores em direção à sala, pronto para cumprir as determinações do médico.

Passados alguns minutos, Georges dirigiu-se ao encontro do visitante. Chegando à sala que indicara, encontrou o estranho visitante. Sua fisionomia lembrava-o alguém, não era completamente desconhecida, porém tinha certeza de não haver sido apresentado a ele. Lembrava alguém, mas, naquele momento, não conseguia identificar quem.

— Senhor Francisco Colavida? — perguntou Georges dando início à entrevista.

— Sim, sou eu mesmo. Estou na presença do doutor Georges de S.?

— Exatamente. É sempre um prazer conhecer novos amigos — disse Georges, estendendo a mão para cumprimentar Francisco. Sentiu no aperto de mão e no olhar do visitante um gesto de sinceridade e boa disposição. Era sempre bom pressentir essas reações em um estranho. — Por favor, sente-se, senhor Colavida. Jean, meu empregado, me informou que o senhor é familiar de um de meus pacientes. Creio que seja esse o motivo de sua visita.

— De fato. Doutor de S., sou um homem bastante ocupado e raramente viajo, por isso acabei por afastar-me em demasia de minha família. Tenho apenas uma irmã e mãe já idosa. Minha irmã casou-se muito cedo com um comerciante aqui da cidade, em um arranjo ainda dos tempos de meu pai. Logo após o casamento, ela mudou-se para cá, e em seguida nosso pai morreu. Tivemos nosso último contato há muitos anos por ocasião dos funerais, quando, então, ela trouxe minha mãe para residir com ela e o marido, pois estavam esperando o primeiro filho e assim seria bom para todos. Após isso, não tive mais notícias delas.

Georges notava que Francisco queria desculpar-se por seu distanciamento da família. Por isso, nada disse, aguardando que ele prosseguisse a narrativa e dissesse por que tinha ido procurá-lo.

— Doutor, o senhor sabe como o trabalho muitas vezes nos ocupa todos os momentos da vida. Foi o que aconteceu comigo. Entreguei-me ao trabalho. Meu pai estava arruinado quando morreu, deixou muitas dívidas, e eu desejava muito reconquistar a posição da família. Venci, consegui à custa de muito empenho realizar meu objetivo, mas, então, contraí núpcias e dediquei-me a construir minha família. Perdoe-me por lhe dizer tudo isso. — A este ponto, notava-se que havia lágrimas nos olhos do interlocutor de Georges.

— Por favor, não se constranja. Tenho o resto do dia para atendê-lo, se necessário for. Continue sua história. Se julgar necessário contá-la, estarei ouvindo-o — incentivou Georges.

— Fui muito feliz com minha esposa e por isso minha irmã e minha mãe não me preocupavam. De outra sorte, elas nunca me deram notícias também. Mas, há três anos, minha esposa faleceu no parto junto com nosso filho. A solidão tem me ensinado muito, e, após meditar longamente, resolvi empreender esta viagem para reencontrá-las.

Francisco interrompeu a narrativa, e Georges, que o ouvira com atenção, comentou:

— A vida tem estranhos métodos de ensino. No seu caso, foi um método bastante doloroso, porém válido, pois seus sentimentos ressurgiram. E o senhor veio a Madri em busca de sua família e recordou-se de que não está só. Apesar de compreender a dor que ainda deve sentir, felicito-o pela iniciativa de buscar reatar afetos esquecidos. Muitos no seu lugar se entregam ao desânimo, à descrença e até mesmo a vícios que os destroem. Ainda não entendi, contudo, o que tudo quanto relatou tem a ver com meus pacientes. Desde que Jean anunciou sua visita, tento me recordar de algum paciente com esse nome, mas minhas tentativas foram frustradas.

— Obrigado por suas palavras de ânimo, contudo, devo lhe confessar que atravessei momentos muito difíceis, de irresignação e descrença nos dias que sucederam ao falecimento de minha Alice. Mas, graças ao bom Deus, um grupo de amigos me resgatou do que seria um naufrágio moral, e é também em função disso que estou aqui. Vou ser direto, pois, realmente, o doutor não teria como identificar pelo meu nome a pessoa a quem procuro. Somos irmãos, e ela foi entregue aos seus cuidados sob o nome do marido. Doutor Georges, eu procuro por Joana Colavida López. Pedro, meu cunhado, disse-me que há alguns meses ela está sob seus cuidados.

Georges estava surpreso. O marido de Joana pedira notícias da mulher apenas nos primeiros dias do tratamento. Passado o primeiro mês, nem sequer mandou mais alguém perguntar por ela ou remeteu alguma notícia das filhas e da mãe. Praticamente, ele a abandonara inteiramente aos seus cuidados, inclusive no aspecto econômico. Como já estava habituado a essa atitude dos familiares dos pacientes que conduzia à chácara, não procurara por Pedro López, assim como não procurou por nenhum outro. Quando ocorria a morte de algum desses pacientes, ele simplesmente enviava uma carta informando a ocorrência. Georges providenciava até mesmo os sepultamentos. Era inusitado alguém se abalar de Cádiz a Madri em busca de familiares dos quais havia se distanciado e, mais ainda, chegando ao destino, ser informado de que a irmã estava enferma e ainda assim prosseguir. Francisco era uma grata surpresa.

— Veio ao local certo, senhor Colavida. Sua irmã é minha paciente. Fui chamado pelo senhor López para atendê-la, e, verificando a situação, propus seu tratamento nesta chácara. Portanto, ela está aqui. Passa bastante bem, em se comparando ao início — esclareceu Georges.

— Folgo em saber que ela esteja bem. Muito me preocupou seu estado, quando Pedro me contou o que acontecia com ela. Poderei visitá-la?

— Antes de autorizar a visita, poderia me dizer o que senhor Pedro lhe informou acerca da doença de dona Joana?

— Doutor Georges, já deve ter percebido que costumo ser muito franco. Pedro me disse que minha irmã está louca. Quando indaguei com base em que ele fazia essa afirmação, narrou o diagnóstico de vários médicos e as crises e alucinações que ela tinha. Depois de tudo que a vida tem me ensinado, como o doutor mesmo disse, usando estranhos métodos por vezes, preciso ver com meus olhos. Se for verdade, quero saber que tipo de tratamento o senhor está lhe dando e em que posso auxiliar.

Georges exultou ouvindo essas palavras, afinal, eram tão raros os familiares interessados em seus doentes mentais. A regra geral era: queriam a cura. Não sendo esta possível, nada mais lhes importavam. Tratavam a situação como se a pessoa já houvesse morrido e somente não fora enterrada, por isso o corpo vagava a esmo, indigno de maior consideração, pois julgavam-nos desprovidos de sentimentos e insensíveis ao sofrimento, o que ele sabia ser uma grande mentira.

— Logicamente, o senhor poderá visitá-la. Inclusive, se aceitar, será para mim um imenso prazer hospedá-lo por quanto tempo desejar ficar com sua irmã. A convivência com a família, reatar este vínculo, será muito benéfico a Joana — declarou Georges.

A conversa fora longa, e já caía a tarde. Francisco não tinha local onde se hospedar em Madri. Após a visita ao cunhado e as péssimas notícias que dele recebera, ficara bastante claro que não era bem-vindo à casa e que deveria procurar uma hospedaria. O convite do doutor era tentador e vinha ao encontro dos interesses de Francisco.

— Doutor Georges, vejo que tem uma alma generosa. Aceito seu convite de bom grado. Realmente, não tinha destino em Madri. Minha bagagem está na carruagem alugada à entrada de sua chácara.

— Não se preocupe. Pedirei a Jean que providencie buscar sua bagagem. Guilhermina virá para conduzi-lo a um dos quartos. Enquanto descansa um pouco, falarei com Joana a seu respeito. Assim, antes do jantar, já poderá vê-la.

— Doutor, não tenho palavras para agradecer sua gentileza e atenção para comigo.

Minutos depois, Georges dava as orientações a Jean para acomodar o senhor Francisco, que seria hóspede pelo tempo que desejasse permanecer na chácara, e seguiu em busca de Joana. Encontrou-a na cozinha, ajudando Guilhermina na preparação do jantar.

— Joana, preciso urgentemente lhe falar.

Sem maiores explicações, Georges tomou-lhe a mão e a conduziu ao pátio, onde estivera antes da entrevista. Jean e Guilhermina entreolharam-se, pois a movimentação na chácara não era habitual. Pela primeira vez, tinham um hóspede e ainda não sabiam o motivo oficial daquela visita. Teria Joana algo a ver com tudo o que se passava? O que seria? O cérebro fervia com perguntas.

A situação também causava estranheza a Joana. Estivera no quintal a maior parte do dia e, quando retornou para auxiliar na elaboração da refeição, teve a notícia da estranha visita que ocupava Georges havia algumas horas.

— Calma, Georges. Por que tanta pressa? Não podemos conversar após o jantar como sempre? Guilhermina está só, e, como sabe, temos mais pacientes a alimentar.

Joana ponderava, enquanto era literalmente puxada pelo médico. Chegando ao banco onde estivera anteriormente, sentaram-se lado a lado, enquanto ela observava que havia uma alegria incontida em Georges.

— Muito bem. Já que tudo o que eu disse não foi ouvido, pode me dizer qual é a urgência em conversarmos? — Joana fazia-se de indignada, pois, na verdade, a simples felicidade no olhar do homem, a quem profundamente admirava, era motivo suficiente para alegrá-la.

— Joana, estou muito feliz por você. Não mereço essa reprimenda. Não podia esperar até o jantar para contar-lhe as novidades — conciliou Georges.

— Eu sou a causa de sua felicidade!? Como?

— Vou contar-lhe tudo! Promete-me ser paciente e manter sua serenidade?

— Se está feliz, devo supor que as notícias que você tem a meu respeito sejam boas, e então, não vejo motivos para temer por minha "serenidade".

— Joana sabia que Georges não gostava de usar com ela qualquer expressão que pudesse lembrar doença e adotara a expressão serenidade como sinônimo de saudável, normal. — Portanto, fale.

Georges passou a relatar toda a longa entrevista que tivera com Francisco, omitindo-lhe o nome, e, somente ao fim da narrativa de todas as desditas do pobre visitante e de sua busca pela família, declinou o nome. Joana, porém, já quando tomava conhecimento dos problemas que afligiam o desconhecido, seu afastamento após o sepultamento do pai, a entrega sem restrições ao trabalho para recuperar o nome da família, começou a encontrar muitos elementos que se identificavam com a própria situação de sua família e que sabia ser desconhecida do médico, desconfiando, assim, de que o visitante fosse seu irmão. Quando declarado o nome do forasteiro, somente houve a confirmação de uma certeza íntima. A felicidade explodia em seu peito. Apesar de todo o carinho que recebia na chácara, doía e muito o abandono da família, a exclusão social, a não aceitação de conviverem com sua "doença", se assim a quisessem chamar. Então, saber que o irmão, que não via havia mais de uma década, estava à sua procura era um alento profundo. Um copo d´água servido a um sedento no deserto.

— Georges, onde está Francisco? — indagou ansiosa.

— Ele está em um dos quartos preparados por Jean. Convidei-o a ficar no sítio, e ele aceitou ser nosso hóspede, por isso não se aflija. Terá muito tempo para conviver com seu irmão. — Georges acariciava calmamente a mão de Joana, analisando todas as emoções que transpareciam em seu rosto enquanto ele falava.

Em seu conceito, Joana era uma mulher de força invejável. Ele temera lhe dar a notícia, pois não sabia como ela reagiria. Por fim, acabou deixando seus sentimentos agirem e sentia-se gratificado agora. Joana não guardara qualquer mágoa do afastamento do irmão e recebia-o com o coração em paz, satisfeita com o interesse que ele demonstrava.

Joana levantou-se e, sem dizer uma palavra, dirigiu-se aos poucos dormitórios ainda disponíveis. Sabia que em um deles encontraria o irmão. Somente quando ela já entrava na residência, Georges percebeu o que ela estava fazendo e compreendeu que aquele momento era de intimidade familiar. Deixou, então, que ela se fosse e, silenciosamente em contato com as primeiras estrelas que surgiam no céu, agradeceu a Deus a dádiva daquele dia.

— Como é lindo presenciar o amor entre os homens!

Francisco permaneceu na chácara por uma semana, ao longo da qual conversaram sobre diversos assuntos, conheceram-se, estreitaram laços de amizade. Inteirou-se do tratamento de Joana, inclusive das novas ideias de Georges, as quais julgou muito oportunas. Comungava da ideia de que Joana não era portadora de uma enfermidade mental.

Antonieta espreguiçou-se e movimentou-se no colo do médico, trazendo-o de volta às suas divagações. O relógio assinalava meia-noite. Era preciso descansar, pois, no dia seguinte, deveria retornar à chácara e continuar seu estudo e trabalho.

Francisco deixara-lhe abertas indagações, apreciara seu interesse pela irmã e, inclusive, dissera conhecer outras pessoas com as quais ocorriam fenômenos idênticos e que também tinham alguma forma de contato sensorial com um mundo paralelo. Tinha amigos que havia algum tempo se dedicavam a pesquisar esse universo novo e não somente com jogos de salão, modismo em toda a Europa, inclusive nas cidades do interior, mas em sessões sérias, nas quais se obtinham resultados extraordinários.

Afirmara que somente conseguira forças para prosseguir a existência e vencer a tristeza da perda da esposa, quando um amigo, que frequentava esse grupo, foi visitá-lo e, vendo seu abatimento, resolveu lhe falar sobre as pesquisas que se desenvolviam na cidade, sobre a grande confirmação de que a vida prosseguia após a morte e a descoberta de que ela não sofria mudanças drásticas; era apenas uma continuidade do que vivemos. Após a morte física, continuamos a ser os mesmos indivíduos e por isso era possível comunicar-se com eles através de pessoas como Joana, capazes de perceber esse mundo sutil.

Francisco recomendou ao médico que analisasse mais detidamente esses fenômenos e estava convencido de que a irmã não era louca como dizia seu cunhado, mas, sim, uma sensitiva. Desde então, Georges vinha analisando ainda mais as "crises" da paciente. A ocorrência com Combatente chamara-lhe atenção ainda mais quando, dialogando com ele, este relatara um pesadelo com soldados irlandeses, que o acusavam de traição e queriam julgá-lo. Como ela teria visto o pesadelo do outro paciente? Isto era ainda mais difícil de explicar. Aceitar a teoria de Francisco de que eram os espíritos de homens que já haviam vivido na Terra e de que Joana os via e ouvia era viável, especialmente quando este lhe oferecera provas. Tudo isso resultara no convite para ele e Joana irem a Cádiz conhecer os amigos de Colavida, que pertenciam ao grupo de pesquisa.

Por fim, recolheu-se encerrando as recordações daqueles últimos tempos, que, em sua avaliação, foram muito agradáveis.

Retardaria a viagem a Cádiz somente para poder despedir-se de Maria Helena, que em breve retornaria à ilha. Como isso ocorreria em três dias, eles também logo partiriam ao encontro de Francisco, pensava Georges ao deitar-se.

Dias depois, partiram os Alvarezes e Rodrigo de M.

Georges e Maria Helena despediram-se emocionados, prometendo manter contato por correspondência até que um pudesse empreender a viagem para visitar o outro. Elizabeth não compareceu às despedidas. Como tinha com cada viajante um interesse distinto, encontrou-os em separado. Rodrigo, durante o período em que estivera em Madri após o casamento, voltara a sucumbir à tentação dos prazeres que vivia com a amante e assim se despediram em sua alcova como era esperado. Ali, combinaram remessas de dinheiro em favor dela. Ele partia buscando tranquilidade e um novo começo para sua vida. Dom Antônio passara com ela o último fim de semana na propriedade rural que lhe dera de presente entre muitas juras de amores e saudades, regiamente remuneradas. Maria Helena não mais lhe trazia interesse, mas, somente por questões sociais, foi visitá-la, sempre com a alegação de cuidar da mãe idosa e doente rapidamente deu por encerrada a tarefa.

Assistiram à partida Georges e a família de M.

CAPÍTULO 16
O SEGREDO REVELADO

Porque não há coisa oculta que não haja de manifestar-se, nem escondida que não haja de saber-se e vir à luz.[21]

Após a longa viagem, dom Antônio e o jovem casal finalmente aportaram de regresso à ilha, novo lar de Rodrigo de M. A longa estada no mar já fora para ele período benéfico, pois lhe devolvera a paz íntima.

A beleza natural era estonteante para quem vinha de uma vida urbana tumultuada. As praias tranquilas e a vegetação luxuriantemente verde em contraste com o azul intenso do céu sem nuvens, cortado por grandes bandos de aves marinhas erguendo-se do mar, compunham uma visão do paraíso. E daquele paraíso jorrava ouro em abundância, que atraía para aquelas terras inúmeras serpentes. Rodrigo, em breve, descobriria a real natureza do sogro e entenderia que aquela visão magnífica tinha suas máculas.

Aguardando os viajantes, um homem negro, elemento humano muito utilizado por dom Antônio no cultivo das lavouras e no preparo dos vinhos, conduzia a charrete. Ex-escravizados fugitivos ou libertos aportavam em embarcações comerciais, acabavam ficando naquelas terras e sua condição pouco diferia da escravidão. Recebiam casa e comida em troca de trabalho e não eram submetidos a maus-tratos. Uma das tradições da família Alvarez era jamais empregar violência, fossem quais fossem as circunstâncias. Além disso, a população negra da ilha lá se encontrava livremente, tendo se organizado em uma pequena aldeia ao norte da vila dos Alvarezes. Dificilmente essa aldeia era visitada.

21 Lucas 8:17.

— *Buenas tardes* [Boa tarde], dom Antônio — cumprimentou o trabalhador, levantando o chapéu. Dirigindo-se ao casal, estendeu o cumprimento, abaixando a cabeça descoberta. — Senhores.

— *Buenas tardes* [Boa tarde], Joaquim. Como estão as lavouras? — indagou dom Antônio continuando a conversa com o homem ao seu lado e ignorando completamente a filha e o genro. Dom Antônio já reassumia sua real personalidade. Ali não era local de diversão para ele e, sim, de trabalho, por isso nada o demovia desse interesse maior.

Rodrigo, estranhando a atitude do sogro, demonstrou tal surpresa na expressão do rosto que fez a esposa, atenta, sorrir.

— Rodrigo, meu pai era um homem que só existia para trabalhar antes de viajarmos para a Espanha. Produzir e comercializar eram o centro de seu mundo. Ele pouca atenção dava às pessoas, especialmente a mim e à mamãe. O tempo em que estivemos fora me fez conhecer outro homem, e eu espero que ele continue gentil e alegre como era lá. — Maria Helena desejava que o marido compreendesse a advertência embutida em suas palavras sobre o que esperar de dom Antônio em seus domínios produtivos.

— A cidade oferece ideias novas a todo o momento. Talvez, seu pai tenha ficado tempo demais aqui, por isso a mudança verificada na estadia em Madri. Esperemos que ela seja permanente, pois, pelo que disse, deduzo que tenha sido para melhor — gracejou Rodrigo, sem dar maior importância ao episódio.

Seria necessário aprender rapidamente o funcionamento daquilo tudo. O trajeto até a sede da vila Alvarez ofereceu-lhe a apreciação de alguns cultivos, e a quantidade de trabalhadores chamou-lhe a atenção. Maria Helena falou-lhe sobre a aldeia de trabalhadores negros localizada ao norte da ilha, sobre as diversas culturas cultivadas, sendo algumas para a subsistência da ilha e outras para o comércio. Impressionou-lhe muitíssimo a sede da vila, pois Rodrigo não contava encontrar uma construção tão luxuosa e confortável. À porta, dona Maria os esperava ao lado do padre e de algumas empregadas.

O traje severo da matriarca conferia-lhe idade muito maior do que ela realmente tinha. A vida de sacrifícios e privações a que a senhora Alvarez se submetia rapidamente haviam dado fim à beleza que um dia ela ostentara. Seus cabelos, precocemente grisalhos, estavam presos em um coque com um pente, donde se desprendia uma renda negra que lhe cobria a cabeça e parte das costas, e a pele pálida chegava a ter uma cor macilenta em decorrência dos jejuns e dos longos dias trancada em retiros piedosos, que também eram responsáveis pela extrema magreza de sua compleição física. Restavam-lhe ainda os belos olhos semelhantes aos da filha, mas mesmo estes eram tristes. Era quase um fantasma habitando a vila, e muito pouco falava.

Dom Antônio cumprimentou a todos e apresentou o genro, nomeando-o seu novo auxiliar. Ao aproximar-se da mulher, não conseguiu dominar um pensamento de repulsa e, ao vê-la, recordou-se da graça e da vivacidade de Elizabeth. As saudades da amante já começariam a atormentá-lo, pois viver com dona Maria na condição de marido era algo que abandonara havia muitos anos e sabia que ela se sentia bem mais satisfeita assim. "De que lhe valera aquela mulher", pensava, e seu olhar transmitia toda a dureza de seus sentimentos.

Maria Helena acostumara-se a conviver com a estranha personalidade da mãe. Reconhecia que Maria lhe dedicava afeto. Lembrava-se da felicidade e do orgulho da mãe, quando ela fizera os sacramentos e a acompanhava às missas. De resto, contudo, pouco se falavam. Por isso, quando cresceu, Maria Helena jurou não deixar que sua vida se transformasse em algo semelhante à de dona Maria.

A jovem acreditava que tivera êxito. Estava casada com um homem belo e jovem, de seu agrado, e havia amor unindo-os. A piedade que Maria Helena sentia da mãe aumentara conforme amadurecia e, desde o casamento, a jovem lembrou-se várias vezes da mãe e da lastimável vida que ela levava. Nem para dona Eleonora tivera coragem de falar a verdade; preferira ouvi-la sobre a juventude que usufruíra ao lado da prima.

Agora, vendo a mulher envelhecida e triste à sua frente, Maria Helena, profundamente comovida, abraçou a mãe, enquanto lágrimas escorriam silenciosas de seus olhos. Dona Maria, pouco afeita a demonstrações de carinho, ficou constrangida com o gesto da filha e afastou-a, dizendo:

— Minha filha, seu pai informou-me de seu casamento. Onde se realizou a cerimônia religiosa? Espero que tenha sido bela. Preste muita atenção aos sagrados votos que professou. O casamento é um importante sacramento, e, agora, você está indissoluvelmente ligada ao seu marido. Obedeça-o para a glória de Deus! Dê-lhe herdeiros. Para isso é permitido o casamento. Para que os filhos de Deus possam crescer e multiplicar-se. Construa sua família sobre os fortes pilares da Igreja e lembre-se de confessar seus pecados para continuar tão pura aos olhos de Deus como o era antes de casar-se. Isso lhe dará o paraíso celeste e a companhia de anjos amorosos.

Praticamente mais de dois anos haviam se passado, entretanto, dona Maria em nada mudara. Como sentiria saudades de Georges e das longas e carinhosas tardes que passara em passeios e diálogos com ele, constatava Maria Helena, pois o marido, por certo, teria ocupações com dom Antônio, que o manteriam afastado dela boa parte dos dias futuros. As semanas, sem dúvida, seriam longas e lentas, a menos que seus filhos viessem logo, pois, assim, teria a quem se dedicar.

Rodrigo espantara-se com a sogra. Comparando-a com a própria mãe — que deveriam ter a mesma idade —, não entendeu como ocorria aquele estranho fenômeno. Aquela ilha era uma caixinha de surpresas, mas admitia que ver a sogra à mesa de refeições todos os dias seria deprimente. Disfarçando seus sentimentos, beijou-lhe a mão quando foi a ela apresentado formalmente por dom Antônio e recebeu-lhe somente a bênção, sem qualquer outra palavra.

A rotina de trabalho que a vida na ilha exigia impôs-se a todos. Rodrigo aprendia rápido e fascinava-se com o comércio. Na sequência dos dias, porém, dom Antônio retomou acentuadamente as características conhecidas de sua personalidade, afastando-se drasticamente do homem que se apresentara em Madri. Apesar da boa adaptação do genro aos labores que desenvolvia, dom Antônio exigia sempre mais, e o jovem, que nunca fora dado ao trabalho, sentiu nascer, ao cabo de algum tempo, um sentimento de revolta em seu íntimo, pois tinha conhecimento das vultosas quantias gerenciadas junto ao sogro e das quais nada recebia.

Decidido a abordar o assunto durante as intermináveis tardes em que trabalhavam no escritório da sede da vila, Rodrigo pensou muito em como fazê-lo, e aquele lhe pareceu ser o momento ideal. Sentado à sua mesa de trabalho, onde mandara instalar em frente uma menor para seu auxiliar, dom Antônio, concentrado na análise das contas, nem ao menos lhe dirigira a palavra. Assim, ao fim de algumas horas, Rodrigo levantou-se e, dirigindo-se à porta, solicitou a um dos criados que mandasse trazer um bule de café até a sala onde trabalhavam.

A movimentação do rapaz atraiu a atenção de dom Antônio.

— Bem lembrado, meu filho. Uma pausa nos fará bem. As alterações que sugeriu em nossas despesas com as lavouras acabaram mostrando-se positivas. Houve um aumento de produtividade, o que significa mais lucro, e isso é muito bom.

— Ótimo! — respondeu Rodrigo secamente.

— Você tem talento para os negócios. Fizemos uma excelente aliança, não acha?

— Não estou arrependido, se é isso o que deseja saber, dom Antônio, porém, se me perguntar se estou plenamente satisfeito, também lhe responderei que não.

— Como, meu filho? Não compreendo sua atitude. Minha filha não o tem feito feliz? Maria Helena não tem sido uma boa esposa?

— Ela nada tem a ver com os sentimentos que expressei, dom Antônio. Estamos muito bem. Referia-me à minha insatisfação com os negócios. Há quase seis meses, estamos trabalhando juntos, e o senhor acabou de reconhecer que minha colaboração tem dado bons resultados. Eu, contudo, nada aproveito disso. Até o presente, não recebi nada e gostaria de discutir isso, pois não considero justo continuar dessa forma.

— Mas como não recebeu nada?! Você sabe muito bem que é meu herdeiro universal, Rodrigo, portanto, tudo o que tenho será seu um dia, lhe pertence. Está trabalhando em seus próprios negócios.

Dom Antônio enfureceu-se visivelmente e a custo manteve o controle. Dinheiro e poder eram, em seu ponto de vista, inseparáveis e, principalmente, inseparáveis de seu legítimo proprietário, que, no caso, era ele. A conversa era desagradável. Após bater na porta e receber a devida autorização, a criada ingressou na sala com o café, serviu a bebida em clima de absoluto silêncio e retirou-se. Enquanto a mulher executava suas tarefas, os homens mediram forças com o olhar. Nenhum dos dois recuou. Haviam aprendido a se conhecer, se respeitar, e haviam desenvolvido uma amistosa camaradagem. Aquele era o primeiro confronto.

— Sou seu herdeiro universal desde o dia em que me casei com Maria Helena, dom Antônio. A união conferiu-me esse título por extensão, mas não faz de mim seu empregado, ou melhor, "trabalhador", como denomina os negros que trabalham nas plantações. Em troca de meu trabalho, recebi até agora apenas casa e comida, tal qual eles, e isso não me satisfaz.

— De que mais precisa, rapaz? Nesta ilha não há onde gastar dinheiro com diversões. Se desejar comprar alguma coisa, bem sabe que temos de encomendar, e nunca proibi qualquer um de seus pedidos.

Nada escapava ao rigoroso controle de dom Antônio. Sabia exatamente das exigências do genro quanto a bebidas, comidas, perfumarias e roupas, que passaram a ser incluídas nas encomendas de compras dos Alvarezes. Mas como Rodrigo ainda estava se adaptando à nova rotina, dom Antônio julgou que não era o momento de lhe ensinar os benefícios da economia. Entendendo a indireta, Rodrigo percebeu até que ponto chegava a avareza do homem à sua frente.

— De fato, nada me faltou até o presente, dom Antônio, mas fiz por merecer cada uma das coisas que foram encomendadas, e o senhor apreciou as mudanças. Com a situação de dona Maria, minha esposa assumiu a direção da vila e está lhe dando outras características bem mais agradáveis. Procurei auxiliá-la quanto possível e insisto que meu trabalho já lhe rendeu muito mais dinheiro do que o pouco acréscimo que representam essas exigências na contabilidade da família Alvarez.

— Seja claro, Rodrigo. O que lhe falta?

— Gostaria que fosse fixada uma renda mensal calculada, se achar conveniente, sobre o faturamento das lavouras e dos negócios que estou gerenciando. Isso me permitiria investir em outros interesses, criar algo exclusivamente meu, assim como o senhor criou este pequeno império. Acredito que um homem deve orgulhar-se de construir seu patrimônio e não somente de recebê-lo por herança.

Observando o sogro, Rodrigo percebeu que a melhor estratégia para atingir seu fim seria afagar-lhe o ego. Homem orgulhoso e vaidoso da fortuna que possuía, dom Antônio não resistiria ser guindado à condição de ser exemplo para alguém.

— Muito bem, meu filho, você disse sábias palavras. De fato, é um grande mérito construir uma fortuna como a que tem a casa Alvarez. É preciso muito trabalho, esforço, dedicação, economia, e essa última somente se aprende quando se reconhece o sacrifício que gera o dinheiro. Pensarei em seu pedido e mais tarde lhe darei a resposta.

Rodrigo sorriu intimamente satisfeito. O velho poderia ser esperto, mas não conhecia a malícia do genro. Rodrigo interessava-se pelos negócios e trabalhava, mas não por amor ao trabalho e pela vontade de ser útil, mas, sim, porque precisava saber exatamente a extensão do que julgava ter adquirido com o casamento. Além disso, seu enfrentamento com o sogro fora antecipado em razão da carta que recebera de Elizabeth. Nela, a amante cobrava-lhe a parte do acordo, em meio a demonstrações de afeto e saudades, que o atormentaram, tirando-lhe a alegria da convivência com a esposa e lembrando-o dos prazeres e das diversões que abandonara.

À noite, durante o jantar, dom Antônio comunicou sua concordância com o pedido do genro, bem como o quanto lhe seria concedido a título da renda pleiteada, não admitindo mais qualquer outra argumentação. Considerando a opinião que tinha a respeito de dinheiro e de poder, somente aquiescera por considerar que seria educativo o genro gerir os próprios recursos e esperava acompanhar essa gestão muito de perto, verificando sua real aptidão para os negócios.

Em Madri, muitas mudanças aconteceram na vida de nossos personagens.

Franz, premido pelo agravamento do estado de saúde da mãe, retornara da Inglaterra e custara-lhe grande esforço crer que Rodrigo, seu parceiro de boemia e jogos, transferira residência para a longínqua ilha de domínio da família Alvarez. A irmã, ao dar-lhe a notícia por carta, fora sucinta e dramática dizendo-se só entre estranhos, pois todos os conhecidos haviam deixado a cidade e, dado o grande período em que vivera longe da Espanha, lá realmente não possuía amigos com os quais contar em hora difícil e com a mãe às portas da morte. Elizabeth dizia temer não ser capaz de suportar as dificuldades e rogava-lhe que esquecesse os desentendimentos entre ambos e voltasse o mais breve possível, também em atenção à enferma, que solicitava a presença do filho.

Ao tomar ciência das notícias, Franz providenciou seu retorno e, já em Madri, não conseguiu se convencer de que Rodrigo e Maria Helena estavam agora casados e vivendo em companhia de dom Antônio. De alguma sorte, os malfadados planos da irmã não se realizaram a inteiro contento. Franz notou que Elizabeth progredira muitíssimo financeiramente e surpreendeu-se ainda mais quando, ao chegar ao apartamento da família, encontrou lá somente os criados e uma enfermeira tratando da doente e fora por eles informado do novo endereço da irmã, que ele reconheceu de imediato como sendo a Mansão Alvarez.

Franz passou o primeiro dia após a chegada ao lado do leito da mãe, que, em meio ao delírio, o reconheceu, e puderam trocar algumas palavras. Por meio destas, ficou claro que a doente não mensurava o tempo de afastamento do filho e não desejava mais viver. A matriarca buscara e entregava-se à morte feliz, esperando que fosse a porta de reencontro com o amado marido.

Ao cair da noite, como Elizabeth não fora visitar a mãe, Franz foi à Mansão Alvarez a fim de informar-se e obter explicações acerca dos acontecimentos sucedidos desde que deixou o país.

Ao chegar à mansão, fez-se anunciar e foi conduzido até a sala onde estava a irmã. Elizabeth estava vestida primorosamente e ostentava belíssimas joias. Recebeu-o afetuosamente porém um tanto temerosa de enfrentá-lo, pois lembrava ainda a última conversa antes da partida de Franz.

— Meu irmão, vê-lo aqui me diz que não há ressentimentos entre nós, e isso me dá muita alegria. Obrigada por ter atendido ao meu pedido.

— Elizabeth, embora não tenha concordado com seus "planos" e os de Rodrigo, nada tenho a ver com a vida de ambos. Você é minha única irmã e, apesar de nossa família nada ter de convencional, a forte união entre papai e mamãe nos tornou bem mais próximos. Não poderia permanecer na Inglaterra sabendo das dificuldades que enfrentava aqui. Mas, afora a gravidade da doença de mamãe, pude constatar que de resto você progrediu rapidamente.

Franz observava a mansão, que, antes já luxuosa, agora se revestia de obras de arte, pinturas, esculturas, tapeçarias, cristais e prataria, que adornavam ricamente os ambientes pelos quais passara antes em bem menor quantidade. Até mesmo o uniforme dos criados fora substituído e assemelhava-se aos usados em Londres.

— Explicarei tudo isso com calma. Os "planos" sofreram modificações, e foi necessária uma adaptação de última hora, porém nada que tenha comprometido o resultado almejado. Entretanto, é de certa forma um exílio tanto para mim quanto para Rodrigo. Ele foi obrigado por dom Antônio a partir, acompanhando-os, para a ilha, fato com o qual não contávamos. Pensamos que bastaria apenas a garantia de uma boa aliança matrimonial, mas, pelo que tenho sido informada, ele tem exigido que o genro trabalhe em igualdade de condições com ele. Não creio que Rodrigo, se bem o conhece, suportará tal estilo de vida. Da mulher ele nada fala. Por certo, a tolera. Mas tem sido fiel à nossa sociedade, e eu, por minha vez, aqui fiquei só todos esses meses. Não conto com amigo na sociedade madrilena. Não me atrevo a ir mais às casas de jogos, especialmente sem você. Como vê, sou quase uma eremita em uma grande cidade.

Elizabeth sorria candidamente para o irmão. Talvez ele fosse seu real e único afeto, em que pesem todas as desavenças de opiniões existentes. A explicação era incompleta, e Franz insistiu:

— Uma eremita diferente, não, irmãzinha? Que não vá a festas e a clubes noturnos eu compreendo, mas como explica este novo endereço e o luxo que vejo?

— Bem, Franz, dom Antônio foi, ou melhor, é extremamente generoso comigo. A amizade que o une a mim é significativa. Apesar de sua oposição ao casamento de Maria Helena, a família Alvarez é muito grata à minha interferência na realização da aliança com os de M., que rendeu bons resultados, não só sociais e familiares, mas também financeiros para os negócios dele. Assim, com justiça, me deu alguns presentes e, além da parte de Rodrigo, recebo de dom Antônio uma renda mensal para manutenção das despesas.

Franz sentiu certo nojo ao ouvir a explicação da irmã, porém silenciou, lembrando-se das próprias palavras que dissera minutos atrás. Nada tinha com a vida da irmã. Assim, passado o impacto inicial, aceitou a nova situação e somente não se instalou de imediato na mansão, conforme sugerira Elizabeth, por uma questão de consciência. Estivera tantos meses afastado da mãe agora moribunda que desejava permanecer no apartamento ao lado dela até o dia de sua morte.

A agonia da enferma arrastou-se por um mês, e, durante esse período, os irmãos visitaram-se diariamente, trocando impressões sobre o estado da mãe. Franz, por sua vez, inteirava-se da fortuna que sua irmã já tinha em mãos e da qual usufruía por extensão.

Os negócios da família agora estavam sanados. Elizabeth contratara um eficiente guarda-livros, que também fazia as vezes de gerente. Homem honrado e competente, em pouco tempo solucionara a situação das hipotecas sobre o pequeno patrimônio que haviam herdado e administrava a propriedade rural, extraindo bom rendimento da terra.

Rapidamente Franz tomou gosto pelo dinheiro da irmã, esquecendo-se, assim, de sua origem duvidosa. A morte da mãe não foi surpresa, apesar de ser sentida pelos filhos, em bem maior expressão por Franz. Mas, passados alguns dias, ambos estavam recuperados e empreendendo os preparativos para viajarem à Inglaterra em visita à madrinha de Elizabeth e a outros amigos comuns. E para lá rumaram, sendo que Elizabeth tomou o cuidado de deixar com uma empregada de sua confiança o endereço em que estava, para que esta remetesse as cartas que chegassem da ilha.

A temporada em Cádiz revelou-se um marco na existência de Georges e Joana.

Os dois viajaram ao encontro de Francisco logo após a partida de Maria Helena. Joana apresentava melhoras inacreditáveis naqueles dias. As "crises" prosseguiam, contudo, ela, confiante nos recentes conhecimentos adquiridos e nas experiências que mantinha com o médico, passara a lidar de forma equilibrada com o fenômeno. As "crises" não mais abalavam seu sistema nervoso, e a aceitação e a compreensão foram medicamentos poderosos nesse processo, tanto por representarem a pacificação de seu íntimo, quanto por representarem a aceitação do meio social em que vivia. Joana deixara de temer maus-tratos e agressões de toda sorte, pois o carinho do médico, dos empregados e dos demais pacientes a recuperaram para lidar com as relações sociais. Essa era a comprovação do ensino de Pedro de que "o amor cobre uma imensidão de pecados"[22]. O afeto que Joana recebia transmitia-lhe tamanho bem-estar que a fazia apagar da memória recente os traumas vividos anteriormente.

A necessidade de amor e atenção são intrínsecas ao ser humano. Por meio destes, nós nos distinguimos de um bom número dos chamados seres irracionais, constituímos família e, há muitos séculos, somos definidos pela filosofia como sendo animais sociais. O poder do amor é tão grande e sua aplicação é tão extensa que Jesus o proclamou como o resumo de toda uma era da humanidade e como divisa para um destino imortal, quando disse que toda lei e os profetas se resumiam ao ensinamento do amar a Deus sobre todas as coisas e ao próximo como a si mesmo.

A paciente de Georges era um exemplo vivo do poder do carinho. Era uma flor que desabrochava ao calor do sol. Joana redescobrira a alegria de viver e aprendera a valorizar as coisas mais simples, que, muitas vezes, nos passam despercebidas e que consideramos baldas de encanto. Para ela, nada era desprovido de encantamento, desde as mudanças climáticas, o canto dos pássaros, as cores, os indivíduos feios ou bonitos, sãos ou doentes. Em tudo havia motivos para alegrar-se. Joana estivera morta e revivera.

A viagem fora para ela motivo de júbilo redobrado. Sua experiência como viajante resumia-se à sua mudança de Cádiz para Madri, quando se casou com Pedro Lopez, e ao acompanhamento do funeral do pai. Georges cercara a jornada com paradas estratégicas ao longo do caminho em pequenas cidades para descanso e adaptação de Joana, afinal, ela estava reclusa de um meio social chamado "normal" havia muito tempo.

Após um dia exaustivo, descansavam em uma simpática hospedaria num vilarejo pequenino, mas muito alegre e ruidoso, próximo a um acampamento cigano. Os olhos escuros de Joana brilhavam cheios de

22 1 Pedro 4:8.

vivacidade. Ela tinha sede de voltar a viver em contato com outras pessoas, o que não passou despercebida à observação de Georges.

— Joana, noto em seu olhar uma inquietação. Quer me revelar algo?

— Ah, Georges! — As formalidades entre eles haviam perdido sentido e, naturalmente, cedido lugar a uma maior intimidade. — Será que, algum dia, terei segredos aos seus olhos? Realmente, sinto-me inquieta, se assim quer denominar meus sentimentos. É, contudo, uma inquietude alegre! A agitação desse povo na rua me contagia. Veja o colorido dos trajes! Eles têm a expressão de excitação e pressa, mas me transmitem bons sentimentos. Parece haver preparativo para uma festa, mas verifiquei o calendário, e não há festa alguma por estes dias. Sinto vontade de me misturar a eles e ver para onde seguem. Vai dizer que, agora sim, estou louca, não é, meu doutor? — brincou Joana, como ultimamente fazia com o longo período em que vivera sob o estigma da loucura.

Georges sorriu benevolente. Apreciava a companhia daquela mulher, por isso perdoava-lhe a chacota amistosa.

— Você não é louca, e acredito que já tenha se convencido disso. Mas, por outro lado — Georges entrava no clima da brincadeira proposto pela companheira —, há quem diga que viver é uma grande loucura! Sendo assim, todos nós somos de alguma forma loucos, e, consequentemente, ninguém pode nos censurar. Como eu, um médico interessado em loucos, poderei censurá-la, então?

— O que quer dizer com isso, Georges?

Joana não acreditava na possibilidade que vislumbrava nas palavras do amigo. Após anos vivendo em péssimas condições e sob forte humilhação, ela julgara ter encontrado o paraíso na chácara, e a oportunidade de viajar lhe era valiosa, ainda que somente pudesse apreciar a vista e as pessoas pela janela da carruagem.

— Ora, Joana! Eu a considero uma mulher corajosa como poucas. Não vá me decepcionar e recusar o convite para comparecer a um casamento cigano! — provocou George.

— É para lá que segue o povo do vilarejo? Deus! Uma festa cigana?! Nunca imaginei me aproximar de um acampamento, quanto mais assistir a uma festa! — Joana falava perplexa.

— Basta! Eu lhe fiz um convite. Diga apenas se o aceita ou não! — insistiu Georges fingindo-se de bravo.

Joana ria, pois lhe custava acreditar na proposta de Georges. Lembrava-se da educação recebida, em que os ciganos eram alvo de preconceito e medo, por isso eles a fascinavam e tinham um charme de coisa proibida. Contendo o riso, Joana forçou uma expressão grave e respondeu:

— Claro, senhor, mil desculpas. Não foi a atitude apropriada a uma dama em face de tão gentil convite para festividade dessa importância. Por favor, aguarde apenas um minuto. Vou buscar um chalé para acompanhá-lo. — Fazendo uma mesura, continuou: — Será um imenso prazer aceitar seu convite cavalheiro.

A festa cigana foi apenas o primeiro de muitos passeios até a chegada ao destino, e, em função deles, houve atrasos e acréscimo de bagagem. Mas, no entender de Georges, tudo era válido se resultasse no bem.

A Joana que chegou a Cádiz era uma mulher equilibrada, feliz e capaz de conviver em sociedade.

A residência de Francisco localizava-se em uma região bastante movimentada da cidade. A chegada de estranhos logo foi noticiada, e os amigos do anfitrião, que já sabiam da importância da visita, não tardaram a apresentar as boas-vindas.

Reunidos na sala de visitas, Francisco e vários amigos — todos com o interesse comum nos fenômenos propiciados pelos espíritos — conversavam animadamente, aguardando a presença do médico de Madri, cuja boa fama fora espalhada pelo irmão de Joana. Dialogar com alguém além dos integrantes do grupo era uma alegria, embora fosse sempre cercada de muita prudência, pois a intolerância do clero espanhol era temida. Se as ameaças se restringissem à excomunhão do seio da Igreja, isso não os afetaria, pois de livre vontade havia muito já evitavam comparecer às obrigações religiosas. Estas, contudo, ultrapassavam os muros do bispado, por isso o resguardo não era desaconselhável.

Mas ali, na casa de um amigo, a reunião poderia ser vista como mera atividade social, e ninguém relataria as atividades ou os assuntos que a cercaram.

Homens bem-postos, social e culturalmente, convencidos das descobertas que faziam e da felicidade que lhes advinha dos novos conhecimentos, unidos e ardorosos, essa foi a primeira impressão de Georges ao chegar à sala da reunião. Francisco, notando-lhe a presença, foi ao encontro do médico e iniciou as apresentações.

— Georges, não cultivamos formalidades. Aqui, somos todos amigos, portanto, você será chamado pelo seu primeiro nome e assim se dirigirá aos demais.

E passou a apresentar os que ali estavam. Manoel Oliva, homem baixo, moreno, de olhos perspicazes, era o membro mais idoso; João e Felipe Gonzáles eram irmãos, jovens, louros e altos, muito extrovertidos, e logo cativaram a simpatia de Georges; Marcos também era médico, tinha aproximadamente quarenta anos, e, junto com Manoel, interessara-se em desvendar o que ocorria nas famosas brincadeiras de salão que envolviam as mesas dançantes.

— Como vê, não somos muitos. Hoje, inclusive, estão ausentes duas senhoras que contribuem com nosso grupo: dona Teresa, esposa de Manoel, e Cândida, irmã de Marcos. — E, com um gesto, convidou a tomarem assento e ofereceu-lhes vinho.

— Então, Georges, você também, segundo nos relatou Francisco, está às voltas com experiências que apontam a existência de um mundo espiritual! Conte-nos a história — pediu Manoel.

Sentindo-se muito à vontade e percebendo a sinceridade do interesse dos presentes em suas vivências com Joana, Georges relatou-lhes, pormenorizadamente, a situação da paciente, destacou as últimas experiências realizadas, quando resolveu interagir nas "crises", e os resultados que obtivera. Foi ouvido com atenção e sem sofrer qualquer interrupção pelos demais.

— Assim é que, hoje, nos deparamos com essa realidade bastante viável, no nosso entender, de que as ocorrências com Joana sejam motivadas por espíritos. As provas disso são irrefutáveis para mim, que convivo com ela. As pessoas que ela vê são personalidades distintas, que apresentam situações muito diversas. Ora vagam alheias a tudo, ora estão próximas de pessoas, dando a entender que mantêm com elas uma ligação, como é o caso de meu paciente "Combatente", de quem lhes falei. Ora são familiares, como a situação da avó de Joana. Ela foi vista num período de doença de minha paciente e, mais recentemente, lá na chácara, transmitiu palavras de incentivo a Joana, nos dizendo que, claramente, a vida não termina após a morte, mas que é muito diferente da concepção que as pessoas fazem na Terra. Temos ainda a moça descalça, a "amiga", como a chamamos, que nos parece um ser de grande bondade. Poucas palavras ela nos trouxe até agora, mas reconheço que sua presença sempre facilitou meu trabalho e traz grande bem-estar a Joana. Temos lido muito e nos deparamos com vários pensadores que admitem a existência de um mundo espiritual, da reencarnação, e há registros de relações de espíritos com os homens desde os tempos mais antigos.

"Devo lhes dizer que não me considero mais um católico, pois, desde que saí de Paris, não frequentei mais nenhuma igreja. Somente há alguns meses compareci à celebração de um casamento, mas entendo que isso não me faz menos cristão. Além do mais, sou sincero admirador do pensamento de Paulo de Tarso, e nas suas epístolas e mesmo nos Evangelhos encontramos referências a esses fenômenos. Em que pese tudo isso, encontrei poucas orientações de como lidar com esses fenômenos. Tenho me servido da II Carta de Paulo aos Coríntios, porém careço de mais elementos e, especialmente, de experiências. Isso eu espero encontrar neste grupo. Francisco foi nosso intermediário. Falou de mim para vocês e vice-versa, portanto, sei que há algum tempo realizam pesquisas sobre esses fenômenos e acredito que o intercâmbio será valioso."

Com essas palavras, Georges expressou seus anseios que nem mesmo a Joana ele confessara.

— Partilho de seus dilemas de consciência em diagnosticar e tratar a loucura, Georges. E, como colega, permita-me expressar meu respeito e minha admiração pelo trabalho que você realiza na chácara de repouso. Realmente, a convivência será valiosa, pois diviso com você que esses conhecimentos projetaram luz e solução sobre uma grande variedade de situações, em que pessoas como dona Joana eram encarceradas e tratadas como dementes, mas não o são. Vimos hoje quão bem ela está. Felicitações, Georges! Belo trabalho! — As palavras de Marcos eram cheias de admiração e simpatia pelo trabalho do colega francês.

— Agradeço-lhe a gentil opinião sobre nosso trabalho. Nem sempre encontrei colegas tão compreensivos e saiba que amarguei maus dias na França devido às minhas formas de tratamento e ideias sobre a saúde mental. Não é somente para pessoas como Joana que vejo uma explicação e um "tratamento". Desde a ocorrência com o Combatente, tenho pensado se não haverá uma ação de espíritos infelizes sobre as pessoas. A cena que Joana narrou para mim descrevia uma atitude de perseguição e violência, uma constrição à vontade dele. Em caso positivo, temos mais uma explicação, no entanto, como tratar essa situação, se a origem está no mundo espiritual?

— Muito acertada sua colocação, Georges. Imagine a que belos outros resultados como o de dona Joana poderemos chegar no futuro.

Proponho-lhe que participe de nossa reunião com os espíritos que auxiliam nosso grupo e submeta suas perguntas à apreciação deles — interveio Manoel.

— Por certo, terei imenso prazer em participar da reunião. Permitam-me dizer que se esse convite não fosse feito, ainda assim, eu iria, pois vim de Madri para esse fim. Lá, assisti a algumas dessas reuniões realizadas em saraus, contudo, nem sequer me interessei na ocasião em desvendar o móvel dos fenômenos das mesas dançantes. Julguei o fenômeno obra de prestidigitação, e as perguntas eram tão frívolas que as respostas não poderiam diferir destas.

— Como já temos algum material acumulado, seria conveniente que o amigo tomasse ciência do teor do que já obtivemos em nossas reuniões, especialmente das orientações do espírito, que, com muita benevolência, nos tem auxiliado. Marcos tem todo esse material já ordenado, sendo assim, vocês poderão encontrar-se para que se inteire dos assuntos — propôs Manoel.

— Como? Vocês têm feito apontamentos sobre essas reuniões? — Georges estava encantado com o grupo e a proposta séria de investigação que os motivava. Era uma experimentação quase científica.

— Caro Georges, crê que somente a você ocorreu a ideia de tomar apontamentos acerca dos fatos? Nós estamos estudando o mundo dos espíritos, e são fascinantes as observações que temos tido a oportunidade de realizar. À medida que estabelecemos um canal de diálogo com os espíritos que vêm até nós, as ideias que tínhamos acerca da vida, do futuro, e tantas dúvidas sobre as aparentes injustiças da vida nos têm sido explicadas de forma tão lógica e clara que o mínimo que fazemos é nos conduzir com interesse e recolher esse valioso material para aprofundarmos seu estudo em discussões posteriores. Varamos horas discutindo as opiniões e as experiências que o mundo espiritual nos traz e anotamos a participação dos espíritos e nossas conclusões sobre o assunto. Assim, vamos acompanhando o progresso, confrontamos opiniões e catalogamos as diversas situações dos espíritos que vêm às nossas reuniões. Há algum tempo, surgiu um espírito que se identificou com o nome de Odiuz. Ao final de nossas reuniões, apresentava-se e às vezes trazia algum assunto para refletirmos. Outras vezes, esclarecia nossas dúvidas. Por suas palavras sempre coerentes, lúcidas e bondosas, vê-se que deseja nos auxiliar. Aliás, ele mesmo nos ensinou que os propósitos dos integrantes de uma reunião de evocação aos espíritos é o que determina a companhia espiritual que terão. Como desejamos estudar seriamente o tema, ele e outros espíritos sérios se predispuseram a cooperar conosco — esclareceu Marcos.

— Quando poderei começar a ler essas anotações? Antes e independente de lê-las, desejo lhes dizer que sou já um admirador de todos pelo espírito de pesquisa e livre pensamento que me provam e demonstram com esse trabalho — respondeu Georges, e a conversa prosseguiu até que o cansaço cobrasse dos participantes o recolhimento necessário ao descanso noturno, ficando combinado que, na tarde seguinte, Marcos retornaria à residência de Francisco com os apontamentos das reuniões, para que, assim, discutissem o trabalho até então realizado.

A reunião dos membros de Cádiz ocorreria dois dias depois na residência de Manoel. Georges decidiu que conheceria a atividade primeiro e depois, julgando se seria conveniente ou não, permitiria a presença de Joana. Expusera a ela e a Francisco sua intenção e contou com o apoio do irmão da paciente. Joana, contudo, discordou, dizendo que, tanto quanto Georges, ela também viajara para conhecer as experiências do grupo do irmão e, após participar das tardes anteriores em companhia de Marcos discutindo os temas estudados, Joana vibrava com as novas revelações e com a perspectiva de realmente ter encontrado respostas para o grande dilema dos últimos anos de sua existência. Entretanto, acabou submetendo-se à decisão do médico.

À hora combinada, todos estavam presentes na reunião, e Georges conheceu Cândida e dona Tereza.

A jovem e pequena Cândida condizia em tudo com o nome que seus pais lhe haviam dado. A candura exprimia-se em seu olhar, em seus gestos e em suas palavras. De tipo físico delicado, pálida e franzina, sobressaíam nela os longos e lisos cabelos negros trançados, que alcançavam a altura de sua cintura. Dona Tereza, mulher decidida e dinâmica, beirava os cinquenta anos. Tinha temperamento alegre e conservava na expressão do rosto a jovialidade tranquila, típica daqueles que possuem uma fé segura.

O grupo caracterizava-se por uma sincera amizade e um forte laço de identificação de propósitos sérios. Todos, indistintamente, haviam tido um primeiro contato com os fenômenos espirituais nas brincadeiras de salões, porém, sendo eles espíritos libertos dos preconceitos religiosos da época, divisaram algo além da simples novidade. Amigos que eram discutiram e amadureceram ideias acerca daquelas insólitas ocorrências, divisando o limiar de um mundo novo, quiçá de explicações a questionamentos sobre o que espera o ser humano além das portas do túmulo. Com esse intuito, as reuniões organizadas pelo grupo pautaram-se pela seriedade, e somente participavam delas pessoas imbuídas do mesmo ideal. Jamais as realizavam por mera curiosidade. Aliás, o desejo de divisarem esse mundo novo que os chamava era tanto que não mediam esforços e dedicavam não menos do que cinco noites da semana ao estudo de tais fenômenos.

Reuniam-se em torno de uma pequena mesa de três pés, e sob ela dispunham um alfabeto divido em três séries, correspondendo cada série a um pé da mesa. Todos participavam fazendo perguntas, que eram dirigidas aos espíritos pelo senhor Manoel. As respostas eram obtidas montando-se as palavras letra a letra, conforme indicasse o pé da mesinha, e a Marcos cabia fazer essas anotações. O processo era lento e, para que se obtivesse resposta a algumas perguntas, às vezes demandava a utilização de mais de hora e meia. Em face de tais dificuldades, as respostas também eram breves. Por orientação do espírito de Odiuz, as reuniões iniciavam-se e encerravam-se com uma prece dirigida ao Criador.

As semanas passadas em Cádiz marcaram Georges profundamente. Nas reuniões noturnas na casa do senhor Manoel, o médico viu espíritos em sofrimento narrarem suas experiências na matéria e falarem do estado em que se encontravam no além. Foi fácil ao grupo perceber que a morte não traz surpresa e que as condições boas ou más de existência no além tinham ligação direta com a vivência, as crenças, os pensamentos e as atitudes que os espíritos manifestaram enquanto estavam no corpo carnal. Georges também descobrira que a distância que separa os chamados mortos dos vivos é meramente uma ilusão e que esses mundos não são paralelos, muito ao contrário; estão inteiramente permeados um ao outro, interagindo entre si, o que explicava uma grande gama de fenômenos.

Após assistir à primeira semana de reuniões, Georges julgou conveniente a participação de Joana, ainda que isso o cercasse de aflição, pois tinha consciência de que os fenômenos que ocorriam com ela iam além do que ele presenciara no grupo. Inteirada dos procedimentos que adotavam naquelas reuniões, Joana passou a assisti-las regularmente, e as apreensões de Georges tinham por um lado uma razão de ser. Desde a primeira reunião, Joana narrou aos participantes que via com exatidão os espíritos que se comunicavam e lhes disse que, ao contrário do que pensavam até então, eles não tomavam a mesa nas mãos e a movimentavam. Não sabia explicar o que ocorria, mas os espíritos não executavam a tarefa de mover os objetos como imaginavam.

Joana também descreveu a fisionomia de cada um deles, e para todos isso foi uma novidade recebida com grande júbilo, pois, com base nas informações que ela lhes fornecia, despertavam outras questões que os auxiliavam a progredir na compreensão do mundo espiritual que nos envolve. Para Joana, aquelas reuniões eram o coroamento de uma descoberta que se iniciara com a leitura da obra de Davis. Agora, a mulher encontrava nas respostas dos espíritos a explicação e uma utilidade para suas visões.

Manoel soube compreender o quanto Joana poderia contribuir para o andamento das pesquisas e a estimulou, com muito carinho e atenção, a narrar-lhes tudo quanto presenciasse. As anotações de Marcos cresceram em detalhes, e os temas aprofundaram-se, ainda mais com as perguntas de Georges, que sempre questionava os motivos do comportamento humano e que desvendara, por fim, que, de fato, os espíritos menos felizes eram muitas vezes os causadores de transtornos na vida das pessoas, como o caso de seu paciente Combatente e de muitos outros.

Apesar das ricas instruções que tivera em Cádiz e da amizade que o unia ao grupo de pesquisa espiritual, Georges tinha ciência dos deveres que o aguardavam em Madri e que deveria retornar para lá em breve. Ao mesmo tempo, o médico sabia que o melhor para Joana seria permanecer com Francisco e prosseguir com as atividades junto aos demais. As reuniões haviam consolidado todo o processo que se iniciara na chácara, e hoje ele se sentia confiante em considerá-la curada de seus males — posto que os compreendera — e apta a viver socialmente. E, a bem da verdade, Georges precisava admitir que seria egoísmo de sua parte querer levá-la de volta ao sítio. Além do mais, nenhum direito possuía para tanto, senão os que o coração conferisse, e estes também lhe estavam negados. Quando Joana era considerada louca e a sociedade a execrava, a ele tudo era permitido, já que o marido a abandonara aos seus cuidados, nunca mais retornando para pedir-lhe notícias dela. A situação, contudo, mudara, e esses pensamentos deixavam-no preocupado e triste, um tanto quanto diferente de sua habitual personalidade.

Georges estava passeando com Joana pelas ruas, buscando sufocar as emoções que o consumiam nos últimos dias, e por isso pouco falava. Joana, inteligentemente, notara a transformação do amigo tão querido e convidara-o ao passeio, na intenção de, a sós, fazê-lo confessar o mal que o afligia. Ela conduziu-o a um café, e lá se assentaram a uma mesa bem afastada e reservada. Após fazerem os pedidos, começaram a saborear um café forte com biscoitos.

— Georges, eu menti para você hoje e desejo confessar-lhe meu erro — disse Joana.

Ele levantou o olhar e fitou-a sem entender em que ela poderia ter-lhe faltado com a verdade.

— Joana, em que terá faltado com a verdade para comigo justo no dia de hoje? Não me recordo de nenhum fato que justificasse uma atitude assim. — E, tentando brincar, acrescentou: — Será que foi a promessa de que no jantar teríamos meu prato preferido? Você mentiu dizendo que havia orientado a cozinheira de Francisco sobre como fazê-lo?

Joana sorriu, mas o sorriso não brilhou em seu olhar, em que também se notava uma expressão de tristeza.

— Não, Georges, eu cumpri o que havia lhe prometido. O jantar de hoje será especial, e, em sua homenagem, nada de cozinha espanhola! Dei a Inácia as receitas francesas que Guilhermina me ensinou.

— Sinto-me aliviado, Joana. Você bem sabe que tenho adorado esses dias na casa de seu irmão, porém sinto saudade dos pratos franceses de Guilhermina.

— Será somente essa saudade que o tem feito triste nos últimos dias, Georges?

Ele pousou na mesa a xícara que levava aos lábios e entendeu que Joana pressentira o que lhe ia à alma.

— Não. Tenho que ser honesto e lhe dizer que é bem mais do que isso o que realmente me faz triste. — Georges estendeu a mão e tomou entre as suas as mãos de Joana, beijando-as, enquanto a fitava nos olhos — e neles brilhavam e falavam de um amor sem esperança e de uma saudade de alguém presente. — Conviver com você foi a mais doce alegria que tive, Joana. Desde quando a vi a primeira vez em tão mal estado até a mulher que tenho à minha frente agora, eu apreciei em cada momento a força e a ternura do seu caráter. Aprendi muito com você e tenho muito a lhe agradecer. Como amigo e médico, sinto-me orgulhoso de vê-la bem integrada à sociedade, com outros amigos e novos interesses, mas sou obrigado a lhe confessar meu egoísmo como homem, que aprendeu a amar uma mulher que o mundo desprezava, que dependeu de mim, que, enquanto "louca", ninguém questionou sua relação e sua presença em minha casa... e perdoe a dureza de minhas palavras, Joana, mas que também não tinha família. E por isso eu talvez tenha, inconscientemente, sonhado que você ficaria comigo na chácara, que continuaríamos nossas vidas sem alterações e, quem sabe, que pudéssemos vir a ser bem mais que amigos.

Os dois continuaram com as mãos unidas, e uma lágrima escorreu e caiu sobre elas. Georges percebeu que Joana chorava silenciosamente, mas a expressão de seu olhar dizia que aguardaria para ouvir tudo o que ele tinha a dizer. E ele prosseguiu:

— Mas tudo mudou. Seu irmão apareceu e deseja lhe dar um lar. Além de tudo, Francisco compreende sua sensibilidade, e aqui ela é extremamente útil. Você foi aceita e é querida por todos, e não poderia ser de outra forma. Você, no entanto, tem marido e filhas, que, mesmo agindo de forma abominável, têm direitos sobre sua pessoa que eu não tenho. O que eu tenho são poucos amigos, meus pacientes, o trabalho na chácara e as novas revelações para estudar. O que eu sinto por você não me permite desejar que viva uma vida escondida na chácara junto aos meus pacientes, ainda que meu coração se satisfizesse por algum tempo com essa felicidade. Por isso vou partir... Tenho falado muito com Francisco a seu respeito e sei que ele espera que você permaneça em Cádiz na companhia dele e auxiliando as pesquisas do grupo. Acredito que ele tenha percebido o que se passa comigo, mas, como bom amigo, nada comentou. Pensei muito e cheguei à conclusão de que isso é o melhor a se fazer, mas não poderia viver sem ter tido a coragem de dizer que amei cada momento que vivi ao seu lado e que esses momentos permanecerão sempre comigo. Daqui para frente, me lembrarei de você a cada paciente que eu tratar e darei uma parte do afeto que tenho por ti a eles.

As lágrimas de Joana continuavam a cair uma após outra, banhando as mãos de Georges. Imitando-lhe o gesto, Joana tomou-lhe as mãos, beijo-lhe as palmas, demorando-as de encontro ao rosto.

— Com você eu aprendi que gestos falam de amor muito mais que palavras. Também não percebi quando deixei de considerá-lo um médico estranho, que havia me salvado de uma vida de cárcere e maus-tratos e que me oferecia minha dignidade de volta como remédio para uma doença diagnosticada como loucura, para considerá-lo um grande amigo, que estava curando as feridas do meu corpo e da minha mente... e, por fim, para considerá-lo o homem que, se eu pudesse, escolheria para viver comigo todos os meus dias. Gratidão, amizade, amor, essas palavras exprimem pouco do que eu gostaria de fazer em gestos a cada dia ao seu lado, Georges, mas compreendo a lógica do que disse. Este não é o momento para vivermos juntos esses sentimentos, porém, assim como você vai dedicar o afeto que tem por mim aos seus pacientes, eu vou dedicar o afeto que tenho por você aos seres infelizes que vão às reuniões do grupo. Muitos deles sofrem, e eu sei que o amor tem poder curativo.

— Joana, a vida, por vezes, escolhe estranhos caminhos para nos despertar. Ela nos uniu, nos fez descobrir uma força muito grande e exige que prossigamos separados. Se, apesar do lhe disse, você concordar em manter contato comigo, creio que será bem mais fácil partir. — Georges estendeu a mão e secou as lágrimas que ainda escorriam pelas faces de antiga paciente. Ante o gesto carinhoso, ela voltou a sorrir.

— Concordo, mas só se me fizer uma promessa.

— Mulheres! Nunca podemos admitir que elas têm algum poder sobre nós, caso contrário, já começam as imposições e os pedidos — Georges falou primeiro em francês e depois em espanhol, esclarecendo. — Meu pai já havia me ensinado isso, mas hoje eu esqueci essa lição. Portanto, estou sujeito ao seu jugo, querida dama. Faça sua imposição!

— Ah! Georges como vou sentir sua falta! Ninguém conseguirá me fazer rir como você. Minha "imposição", contudo, é muito simples. Quero que me conte tudo sobre seus pacientes, destinatários do afeto que queria para mim. É justo, então, que eu os conheça. Portanto, você deverá me escrever semanalmente para contar-me todas as ocorrências e pedirá o mesmo a Jean e Guilhermina.

— Farei, então, um diário! Todos os dias escreverei nele, sempre ao fim do dia, como se estivesse conversando com você como fazíamos lá na chácara após o jantar. E, ao fim de cada semana, lhe enviarei todas as anotações. E, sim, transmitirei seu pedido a Jean e Guilhermina.

— Eu farei o mesmo. Relatarei todos os meus dias, as nossas reuniões, e remeterei minhas anotações para você. Lerei uma carta a cada dia, sempre após o jantar, como se você estivesse comigo.

O café esfriara e os biscoitos haviam perdido completamente o sabor. O motivo daquele passeio chegara ao fim. Ambos compreenderam isso sem que fossem necessárias palavras. Já entardecia e os últimos raios de sol lançavam uma luz fraca nas ruas, quando eles se encaminharam à residência de Francisco.

Dias depois, Georges empreendia, solitário, a viagem de retorno a Madri. Na bagagem, carregava conhecimentos novos sobre o mundo espiritual que nos cerca. Era fascinante matéria de estudo e alento para sua vida, bem como o conhecimento de uma nova dimensão de si mesmo.

Apesar da idade madura, Georges vivia pela primeira vez a experiência do amor, de sentir paixão por outro ser humano. Descobrira, assim, alegrias e amarguras, a mágoa de não realizar um sonho que, inconscientemente, acalentara. Sua índole, porém, sempre alegre e dedicada às causas humanas, logo o fez reagir e retomar o trabalho e os interesses com o mesmo vigor de antes.

Georges passou a dedicava suas noites às longas conversas mentais com Joana, e, assim, seus espíritos mantinham-se em contato intelectual e sentimental por meio da união de pensamentos. A leitura das cartas com os relatos do dia a dia em Cádiz e dos avanços do grupo dos dedicados espiritualistas enchiam o médico de ânimo, fazendo-o aguardar para breve um tempo em que inúmeras mazelas, que, desde então, ele identificava como de procedência espiritual, pudessem, enfim, encontrar tratamento e solução. Mantinha também correspondência com os outros membros do grupo e, assim, sentia-se parte atuante das novas descobertas, pois contribuía com perguntas e comentários, que eram submetidos à apreciação nas reuniões mediúnicas na casa de Manoel, e depois recebia as respostas com o restante do material.

Georges também recebera uma longa e carinhosa carta de Maria Helena, em que a amiga relatava a felicidade que encontrara na vida de casada, a adaptação de Rodrigo à ilha e o interesse do marido pelos negócios da família, o que o tornavam companhia quase inseparável de dom Antônio, que recobrara a personalidade anterior da estada em Madri, com algumas nuances acentuadas de mau humor e certa dose de amargura. Como gostavam de debater o comportamento humano, expunha questionamentos ao amigo, concluindo não ter encontrado respostas satisfatórias ao que se passava com o pai.

Maria Helena também falava da imensa saudade que sentia das tardes e dos passeios que faziam, aguardando para breve a oportunidade de receber Georges na ilha, bem como de poder noticiar que seria mãe. Encerrava a missiva dizendo ser essa a alegria que lhe faltava para declarar-se uma mulher absolutamente realizada.

De regresso a Madri, Elizabeth e Franz usufruíam uma vida digna de nobres ricos e haviam recuperado as antigas amizades que deles haviam se afastado pela ruína financeira do pai. A fama e a moral duvidosa da bela mulher eram publicamente ignoradas, pela sociedade, sendo comentadas nos bastidores das festas e dos salões. As reuniões sociais multiplicavam-se na Mansão Alvarez, e os gastos seguiam a mesma proporção, fazendo

Elizabeth enviar frequentes mensagens a Rodrigo, lembrando-o do pacto, em meio a palavras que tinham o propósito de não o deixar esquecer o tórrido passado em comum.

As secretas e estranhas mensagens recebidas por Rodrigo começaram a despertar a desconfiança de dom Antônio, que havia notado que o rapaz aguardava com certa ansiedade a chegada da correspondência e buscava sempre ser quem a recebia primeiro. Mais de uma vez, dom Antônio o viu guardar apressadamente aquelas que lhe eram dirigidas, pretextando ser de familiares. Ele, contudo, descobrira que isso não era verdadeiro, pois Maria Helena recebera as cartas dos sogros dirigidas ao casal.

Dom Antônio começou a suspeitar que Rodrigo mantinha negócios secretos em Madri, talvez com algum comerciante concorrente, e pediu ao seu agente bancário que lhe informasse todas as operações realizadas pelo genro envolvendo valores. Não tardou a descobrir constantes remessas de dinheiro feitas a Franz.

Na primeira oportunidade, quando estavam, como de costume, no escritório que dividiam na sede da Vila, dom Antônio, em meio à análise das contas das transações comerciais, indagou:

— Rodrigo, por que há frequentes e consideráveis somas repassadas por você a seu amigo Franz em Madri?

O rapaz empalideceu ante o inusitado da pergunta e encontrou dificuldade para dar-lhe uma resposta satisfatória. Nunca pensara que dom Antônio acompanhasse suas operações financeiras, julgava-as sigilosas, e isso o incomodou. No entanto, disfarçou e retrucou:

— De onde o senhor tirou tal ideia, meu sogro?

Rodrigo tentava ganhar tempo para analisar as melhores respostas.

— Você ainda tem muito a aprender comigo, Rodrigo. Seu pai pode ser um nobre conceituado na corte, mas não lhe ensinou como são as coisas na realidade, no cotidiano. Eu não criei nenhuma ideia; apenas sei que você tem feito esses repasses e quero saber o motivo. Você pode me contar ou fazer-me aguardar mais alguns dias para que eu saiba por meus meios a razão — replicou dom Antônio, demonstrando na expressão carregada que falava com muita seriedade sobre seus propósitos.

Urgia criar uma história aceitável, e Rodrigo sempre fora bom em convencer e encantar as pessoas. Sem alternativa, lançou mão desse velho recurso. A vaidade do sogro era uma fraqueza conhecida e, obviamente, um bom caminho. Encarando dom Antônio, respondeu:

— Sou apenas um iniciante, um aprendiz perto do senhor, dom Antônio. Reconheço a verdade e a oportunidade de suas críticas à educação que meu pai me ofereceu. Ele primou por minha formação cultural, mas pouco me transmitiu de útil à vida prática. E, sobre os meandros dos negócios, o senhor é um dos melhores mestres que tive a honra de conhecer. Espero um dia poder igualá-lo.

Rodrigo notou que dom Antônio começava a relaxar e ceder, tornando-se receptivo a aceitar a explicação que ele lhe daria. Então, continuou:

— Não somente fui vítima dessa má orientação, como também meu grande amigo Franz, irmão de dona Elizabeth, de quem deve estar lembrado, pois frequentava a mansão em Madri. Sofremos do mesmo mal, dom Antônio. Na verdade, Franz teve pior sorte. O pai dele arruinou os negócios da família, como o senhor bem sabe, e morreu em seguida. Deixou como herança aos filhos a falência e a mãe deles definhando após a viuvez. Enfim, deixou-os em péssima situação. Pois bem, como também deve lembrar-se, Franz, na ocasião do meu casamento, estava tentando reorganizar a vida na Inglaterra, onde tem alguns parentes, mas a tentativa não obteve êxito no tempo esperado e o agravamento da doença materna o fez regressar a Madri. Aliás, na última carta que me escreveu, ele noticiou o falecimento da matriarca. Ciente das dificuldades do meu amigo, tenho remetido algum auxílio em troca de serviços que ele nos tem prestado em Madri. Franz conhece muita gente e vem atuando, a meu pedido, na colocação de nossos produtos em diversos mercados.

A mentira do trabalho desenvolvido por Franz não poderia ser mais deslavada, porém Rodrigo era convincente na arte de seduzir as pessoas e notou o interesse do sogro.

Dom Antônio recebera poucas informações de Elizabeth desde o retorno à ilha. As lembranças e a saudade dos tempos compartilhados com a amante começavam a perturbá-lo, assim, ele interessou-se de imediato pela ligação do genro com Franz, por motivo diverso do comercial.

— Não me diga! Então estão órfãos os jovens amigos de Maria Helena? Conte-me mais sobre o trabalho de Franz, Rodrigo.

Rodrigo, sem alternativa e escrúpulos, atribuiu a Franz a abertura de alguns mercados que devia, na verdade, a familiares e à influência do nome da família de M. Fingindo-se impressionado e interessadíssimo, mas, em verdade, vislumbrando uma oportunidade de atrair para a ilha a amante distante, dom Antônio propôs a Rodrigo o envio imediato de um convite aos irmãos para que passassem uma temporada na ilha. Assim, poderiam discutir a ampliação dos negócios e a participação de Franz, acrescentando ainda que uma dama como dona Elizabeth, culta e preparada, seria de grande utilidade na comunidade local, além de ser excelente companhia a Maria Helena, pois dona Maria retirava-se a olhos vistos do mundo dos ditos normais, dado o fanatismo a que se entregava em busca das glórias do paraíso na vida futura.

Naquela noite, durante o jantar, dom Antônio, a quem a ideia encantava mais a cada momento, informou a filha da possibilidade de receberem Franz e Elizabeth na ilha. Maria Helena recebeu a notícia com alegria, enquanto Rodrigo se esforçava para participar das conversas na expectativa de dissuadir o sogro daquela ideia.

A atitude do genro em temer a vinda de Franz para a ilha reforçou as suspeitas de dom Antônio de que havia um envolvimento comercial escuso entre eles, portanto, nada melhor que tê-los sob suas vistas. Além disso, se com Franz viesse a sedutora irmã, o arranjo seria ainda melhor.

— Rodrigo, entendo suas ponderações de que Franz pode ser um contato útil na Europa, porém, como você admitiu à tarde, você ainda tem muito a aprender comigo. Eu, portanto, lhe afianço que quanto mais ele souber da produção, tanto mais bem poderá argumentar e mais facilmente abrirá mercados. Só temos a ganhar trazendo-os para a ilha: Maria Helena terá boa companhia, nossos negócios serão beneficiados e os pobres jovens, agora órfãos, poderão recuperar-se da longa doença e morte da mãe. Está decidido: amanhã remeterei o convite e as orientações para que Franz e sua irmã venham à ilha. Não falemos mais disso.

Dom Antônio lançou a pá de cal sobre o assunto, a Rodrigo restava esperar que Franz e Elizabeth recusassem o convite. Ele, contudo, sabia que isso seria impossível, então, tomou providências para informar Elizabeth das suspeitas do sogro e da fabulosa mentira que inventara envolvendo Franz.

Embora não interessasse a Elizabeth viajar àquela ilha distante, ela compreendeu a delicadeza da situação e os riscos envolvidos. A jovem sabia que tinha poder sobre dom Antônio para restabelecer a normalidade. Com dificuldade, convenceu Franz a partir, pois sabia que ele mantinha reserva e desaprovava o que ela tinha feito, porém a vida que desfrutavam após o casamento de Maria Helena e Rodrigo desfizera boa parte da intransigência de outrora.

Sob o pretexto de ampliação dos negócios dos Alvarezes e da necessidade do auxílio de Franz em novos empreendimentos, os irmãos deixaram Madri com destino à ilha.

CAPÍTULO 17
A FUGA

Dai delicadamente, acrescentai ao benefício o mais precioso de todos benefícios: uma palavra, uma carícia, um sorriso amigo; evitai esse ar de proteção que fere de novo o coração que sangra, e pensai que fazendo o bem trabalhais para vós e para os vossos.[23]

Odiosa. Essa era a expressão para definir a viagem marítima à ilha na opinião de Franz e Elizabeth. Os navios que faziam aquela rota eram comerciais e proporcionavam pouco conforto aos eventuais passageiros. Inegavelmente, um corte drástico nos hábitos deles. De uma hora para outra, cessara a glamourosa vida social a que se dedicavam, para verem-se cercados por mar, vento e marujos grosseiros.

Nada de divertimentos, tédio absoluto, cenário perfeito para logo surgirem os desentendimentos. Uma tarde, eles estavam confinados na pequena cabine, em decorrência de ventos que faziam a embarcação balançar fortemente, provocando náuseas nos passageiros e impedindo a ida ao convés. Esquecido dos gozos que usufruíra anteriormente graças ao dinheiro de origem duvidosa da irmã, Franz recordou-se, incomodado, do motivo daquele martírio e queixou-se:

— Quanto tempo mais suportarei essas loucuras? Veja bem, onde fomos parar graças ao seu mirabolante plano para enriquecer? Rumamos para o fim do mundo! Não estranharia se encontrasse Darwin por estas águas. Há dias deixamos o último porto. E o que era aquilo? Por Deus, uma imundície! Algumas construções horríveis! E a alimentação? Não suporto mais peixe. O vinho, se é que assim posso chamar o que nos servem, me causa náuseas. Somente consigo ingeri-lo porque a outra opção é água salobra. Por certo, o nobre Rodrigo não se submeteu a esse tipo de

---

23 KARDEC, Allan. **O Evangelho Segundo o Espiritismo**. Araras, SP: IDE. Cap. XIII, item 18.

viagem, irmãzinha. Ele e a esposa devem ter vindo em algum iate da família, e a nós, ou melhor, a você, deram isso. Quanta consideração!

Franz, visivelmente, arrependia-se de ter empreendido a viagem e, a sós com seus pensamentos, torturava-se pensando em como seria a "maldita" ilha para onde rumavam. Amaldiçoava o presente e o futuro e tudo o que teria de passar ainda até poder retornar à civilização. Culpava a irmã por sua desdita e por havê-lo envolvido naquela situação.

— Cale a boca, irmãozinho! Usufruir o dinheiro dos Alvarezes em Madri foi bom, não é mesmo? Pois tudo tem seu preço, e é bom que você aprenda isso o quanto antes. Se pensa que me agrada esta viagem, fique sabendo que a detesto, que nada no mundo me faria percorrer essas milhas, se não soubesse que disso depende o conforto e a segurança financeira que desfrutamos. E, antes que me esqueça, é bom que nada do que você sabe seja revelado a uma mísera gaivota que exista nesse fim de mundo para onde estamos indo. Por pior que seja, lembre-se de que é uma mina de ouro. Usufrua o que houver de bom, suporte o ruim, não abra a boca e colabore com tudo o que Rodrigo precisar para convencer dom Antônio de "seu espetacular trabalho". E, por fim, conte os dias para regressarmos à Espanha — respondeu acidamente Elizabeth, abanando-se com um fino leque de rendas para minorar as náuseas.

Aliás, a cena era hilária. Ambos estavam vestidos com os primores da moda e se encharcavam de perfume, pois a higiene oferecida no navio era das mais precárias e o banho com água doce era somente possível quando aportavam em terra para reabastecimento. A cabine minúscula comportava apenas uma cama, um banco para uma pessoa e uma mesa. Tudo era muito rústico, e eles destoavam do ambiente.

Discutiam frequentemente, repisando agressões e cobranças e tornando a viagem ainda mais difícil.

Enfim, chegaram ao destino. Se para alguns a visão da bela ilha parecia o paraíso, a eles era a imagem do exílio. Antes da chegada, eles firmaram propósitos de representar o melhor possível os papéis que necessitavam representar. Elizabeth seria a feliz amiga que reencontrava Maria Helena, e Franz, o devotado amigo de Rodrigo disposto a trabalhar pela expansão dos negócios da família Alvarez de M. na Europa. Acreditavam que, assim, rapidamente manteriam a sólida condição financeira.

— Essa é muito boa! Eu, você e Rodrigo interessados em trabalho! Não faço a menor ideia do que seja comercializar. E você, Elizabeth, pretende divertir-se, recordando o passado com Rodrigo ou será que preferirá a companhia de dom Antônio?

Franz aceitou o dinheiro quando encontrou a irmã sozinha em Madri, mas pensar que seria submetido a presenciar a farsa novamente o revoltava e, principalmente, por que teria de tomar parte nela.

— Esqueça o que faço, Franz. Se o incomoda o fato de eu me divertir com quem for, não se deixe corroer pela inveja, faça o mesmo. Notei seu interesse por Maria Helena. Ela está casada, não poderá comprometê-lo, mas continua milionária e pode ajudá-lo financeiramente se for uma "boa amiga". Aproveite! Garanto-lhe que Rodrigo não o convocará para um duelo, pois já deve estar cansado da esposa — sugeriu Elizabeth arrogantemente.

Franz olhou espantado para a irmã. A frieza calculada de suas palavras deixava claro que Elizabeth aceitara ir para a ilha disposta a manter o triângulo amoroso que tivera em Madri, assegurar a continuidade de seu estilo de vida e, tanto quanto possível, aumentar seus bens.

— Elizabeth, já discutimos suficientemente sobre essa forma de agir. Não concordo com isso. Sei que será muito difícil para mim vê-los executar essa representação. A distância, sem envolvimento entre vocês, deixando aquela jovem seguir seu destino com Rodrigo, era até aceitável. Por favor, façamos o possível para voltarmos o mais breve para a Espanha. Até lá, me poupe de vê-los representarem essa farsa bizarra — pediu Franz.

Elizabeth encarou o irmão com um olhar frio e não respondeu. Pegou a sombrinha e abriu-a para proteger-se do sol inclemente, enquanto avançava para desembarcar na ilha, ignorando as palavras de Franz, a quem somente restou segui-la.

Maria Helena aguardava-os acompanhada por Joaquim e uma menina negra, sua criada particular, para recepcionar os visitantes.

Efusivos cumprimentos e calorosos abraços marcaram o reencontro. Acomodaram-se na charrete, e Maria Helena ordenou a Joaquim que carregasse a bagagem e seguisse imediatamente para a Vila Alvarez, onde os hóspedes desfrutariam de descanso e conforto. Mais tarde, os irmãos se reuniriam com os demais membros da família.

Franz deslumbrou-se com a atividade da ilha e muito especialmente com a sede da Vila Alvarez. Somente o excesso de figuras religiosas na decoração o desagradara, e ele expôs francamente sua opinião à anfitriã.

— Minha cara amiga, esta ilha surpreende! Viemos de uma monótona, longa, cansativa e desconfortável viagem e nos deparamos com um pequeno centro cheio de atividade, com muitas pessoas e com essa maravilhosa residência. Belíssima sua casa! Mas aceite com amizade a opinião de um apreciador de pintura. Há um exagero em haver somente arte sacra nessa decoração. O exterior é um refresco para uma alma cansada da viagem, mas o interior dessas salas me lembra um templo e é tão austero e sem vida quanto eles.

— Franz, suas palavras jamais me desagradariam. Concordo com você. Eu não as apreciava antes da estadia em Madri, porém, depois de tudo que conheci, especialmente da viagem que fiz com meu marido, se fixar minha atenção nelas, entristeço. São mortas. Você não me ofendeu com sua sinceridade. Aprecio muito essa virtude e, após o convívio com Georges, ainda mais — respondeu Maria Helena.

Em seguida, ela enlaçou os visitantes um em cada braço e dirigiu-os às escadarias que davam acesso ao segundo piso da casa, onde ficariam hospedados. Depois, indagou aos visitantes:

— Por falar nele, sabem me dar notícias daquele "velho" francês?

— Não, querida. Infelizmente, não tivemos a oportunidade de ter contato com doutor Georges nos últimos tempos. Como sabe, a doença de nossa mãe prolongou-se por vários meses e agravou-se logo após a partida de vocês, exigindo de mim dedicação exclusiva. Pouco tempo me sobrava para atividades sociais e, sinceramente, não me sentia atraída por elas com um grave problema doméstico. Não tinha alegria nem disposição. Somente quando Franz retornou para casa, pude recuperar-me um pouco e suportar a morte de mamãe. Eu estava tão abatida que ele resolveu levar-me para passar uns tempos em companhia de amigos na Inglaterra — explicou Elizabeth com ar de sofrimento, imprimindo à expressão cansada um toque de melancolia.

— Como sou desatenta! Rodrigo vive dizendo que não presto atenção aos fatos que me cercam, que vivo dividindo meu tempo entre os afazeres do lar e minhas leituras. Obviamente, ele me informou da infelicidade que se abateu sobre meus caros amigos. Por favor, aceitem minhas desculpas e meu sincero pesar pela falecida — disse Maria Helena beijando a face da amiga.

— Nada há para ser desculpado. A morte é um fato da vida que precisamos aceitar, ainda que nos desagrade profundamente e não entendamos por que alguns precisam sofrer tanto quanto mamãe e outros, não. Mas, enfim, prosseguimos nós e estamos aqui para uma nova temporada na vida de Franz, agora um homem de negócios. Farei o possível para esquecer as dores dos meses passados — respondeu Elizabeth.

Franz estava estarrecido com o fingimento da irmã. A que levaria essa interpretação? Ele estava tão chocado com o comportamento de Elizabeth, que, quando Maria Helena lhe dirigiu o olhar, buscando uma resposta ao seu inocente pedido de desculpa, ele simplesmente lhe tomou a mão que repousava em seu braço e, beijando-a cortesmente, disse:

— Não perca seu tempo pedindo-me desculpas, Maria Helena. Que Rodrigo não me ouça, mas declaro-me incapaz de negar-lhe algo. Sou seu escravo. — E, fazendo troça, acrescentou: — Ainda não sabe disso, senhora de M.?

O riso de Maria Helena fez-se ouvir imediatamente, e a intimidade da atitude de Franz lembrou-lhe o querido e distante amigo de quem pedira notícias.

— Fico feliz que seja tão prontamente perdoada minha indelicadeza para com os sentimentos de pessoas que me são tão queridas, especialmente os da amiga a quem devo a felicidade que desfruto em minha vida. Por isso, prometo-lhes que, nesta estadia na ilha, lhes oferecemos o melhor. Nossa vida social é muito restrita, mas, com a colaboração dos amigos, tenho certeza de que poderemos modificar essa situação.

Caminharam por um longo corredor ao fim da escadaria, e Franz, com satisfação, constatou que as pinturas religiosas cediam espaço a paredes revestidas de madeira, havendo apenas alguns quadros retratando a virgem Maria e o menino Jesus, e isso fez o diálogo tomar outro rumo.

Parando em frente a portas duplas, Maria Helena indicou a Franz seus cômodos, que se constituíam em um espaço conjugado de três dependências, sendo o dormitório, uma pequena saleta e uma sala de banho privativa. O clima era quente na ilha a maior parte do ano, e, como a família Alvarez compunha-se de três membros que pouco se relacionavam, dom Antônio praticamente fizera adaptações para que dona Maria e a filha tivessem em seus aposentos tudo o que fosse necessário, restringindo o espaço de convivência da família.

Como se mostrara confortável a disposição efetuada, esta se estendeu a algumas dependências de hóspedes justamente nas quais Maria

Helena determinara que fossem acomodados os recém-chegados. Poderia se dizer que lhes designara apartamentos contíguos como acomodação.

Um criado já trouxera a bagagem e aguardava ordens, e Maria Helena o apresentou a Franz, dando-lhe absoluta liberdade de dispor dos serviços dele e informando que o empregado fora designado para servi-lo enquanto o amigo estivesse na ilha. Da mesma forma procedeu com Elizabeth, acomodando-a em um bonito apartamento que redecorara e onde colocara vasos de flores para receber a amiga.

— Maria Helena, quanta gentileza! Você se lembrou de minhas flores favoritas. Obrigada.

— Elizabeth, venha à janela — convidou Maria Helena. — Veja a vista. Meus aposentos e de Rodrigo ficam acima deste e têm a mesma vista.

A Vila Alvarez fora construída a uma curta distância do mar, e da janela descortinava-se a visão de extensos jardins que rodeavam a casa e terminavam em um penhasco, onde as ondas batiam e formavam uma névoa, na qual os raios do sol desenhavam um arco-íris. Um pouco além, as rochas cediam espaço a uma extensa faixa de areia com uma enseada tranquila, onde gaivotas pescavam seu alimento.

"Um tédio ver a mesma paisagem todos os dias. Isso só deve mudar de acordo com a vontade da natureza. Nenhuma novidade a apreciar. Que horror!", pensava Elizabeth ao lado de Maria Helena na alta janela que possibilitava a bela visão. Entretanto, como nem sempre a boca expressa o que sente o coração ou se passa na mente do homem, Elizabeth exclamou:

— Divino! Acordar todos os dias e ver tanta beleza e paz reconfortarão meu espírito após as tribulações. Quando regressarmos a Espanha, serei uma nova mulher! Tenho certeza disso. Minha alegria terá voltado.

— Vou deixá-la descansar. Sei o quanto é exaustiva a viagem até aqui. Sua criada a aguarda com um banho. Lembrei-me de que me dizia que um bom banho lhe refazia as forças e a ajudava a descansar após as festas. Bom descanso.

Chegando à porta, Maria Helena, antes de retirar-se, voltou-se para a amiga e declarou:

— Você não imagina como estou feliz que tenha vindo. Estava com saudades. Meus dias são solitários. Papai e Rodrigo trabalham durante tardes inteiras, e pouco tempo desfruto da companhia de meu marido. Agora, terei sua companhia por algum tempo.

Maria Helena fechou suavemente a porta e retomou seus afazeres rotineiros, alterados pela chegada dos visitantes.

Sozinha em frente à janela, Elizabeth pensava no que faria para resolver rapidamente a questão que a levara e ao irmão até aquele lugar. A seu ver, a ilha era uma prisão luxuosa, e eles não mereciam permanecer nela e afastados das coisas que realmente lhes interessavam.

Enquanto Maria Helena recepcionava os hóspedes, Rodrigo e dom Antônio supervisionavam os serviços de embarque de produtos com destino à Europa. Compartilhavam a atividade e os pensamentos voltados para o próximo encontro com Elizabeth.

À noite, reuniram-se para o jantar. Elizabeth trajava-se conforme a última moda europeia. O vestido decotado expunha-lhe a pele alva do colo, e o pescoço ressaltava-se pelo penteado dos cabelos, recolhidos ao alto da cabeça de onde pendiam alguns caracóis em torno do rosto. Ela era a personificação da alegria e doçura femininas; não lembrava em nada a mulher sofrida que quisera representar à chegada.

— Elizabeth, você está muito bonita. O descanso opera milagres. Prometa-me que, nos próximos dias, me atualizará sobre as novidades da moda na Espanha. Aqui na ilha, vivemos distantes dessas pequenas alegrias, e às vezes sinto saudades das tardes que passávamos às voltas de tecidos e costureiras. Lembra-se? — indagou Maria Helena.

— Concordo plenamente com minha filha, dona Elizabeth. A senhorita está especialmente bonita esta noite, e desejo que a temporada na ilha realmente seja revigorante. Seja bem-vinda à minha ilha — cumprimentou-a dom Antônio, interferindo no diálogo das mulheres.

Os olhos dele brilhavam de expectativa ao fitarem Elizabeth, e, com velada cobiça, dom Antônio tomou-lhe a mão estendida e beijou-a.

— Dom Antônio, tenho certeza de que será. O senhor é dono de um pedaço do paraíso — respondeu Elizabeth, no mesmo tom dúbio do cumprimento.

Para os outros, era um educado diálogo, porém, para eles, havia um significado oculto.

— Permita-me discordar, meu sogro. Dona Elizabeth não está especialmente bonita hoje; ela é especialmente bela. Somos conhecidos de longa data, e a beleza de nossa hóspede somente cresce a cada dia. É um grande prazer recebê-los, caros amigos! — falou Rodrigo, beijando demoradamente ambas as mãos de Elizabeth. Depois, cumprimentou Franz que estava ao lado da irmã.

— Confio que o senhor Rodrigo, como um bom amigo, tudo fará para que nossa estadia seja marcada por dias prazerosos — respondeu Elizabeth.

As frases de duplo sentido de Elizabeth encantavam os ouvintes, pois cada um as compreendia como queria. Aquela atitude causou intenso nojo em Franz, que era o único a interpretá-las na correta acepção. Afinal, todos os envolvimentos entre eles eram de seu conhecimento. Não suportando a encenação da irmã, ele usou o mesmo artifício para adverti-la ao dizer:

— Enquanto eles cantam a beleza mundana da minha irmã, permita-me dizer, Maria Helena, que sua beleza vem da natureza que a cerca e, principalmente, da pureza de sua alma. Espero que, com o correr dos anos, meu amigo Rodrigo saiba apreciá-la com tanto zelo quanto o fez com as "virtudes" de Elizabeth. Dito isso, também espero que me permita continuar a tratá-la sem formalidade. E não lamente a falta do tempo que passava com minha irmã.

— Franz, claro que pode tratar-me sem formalidades. Como vivi a maior parte de minha vida nesta ilha, meu contato com a sociedade foi restrito, como bem sabem. Eu não simpatizava com tantas mesuras e cerimônias, por isso eu e Georges nos entendíamos tão bem. Fico feliz em saber que concordamos neste ponto — respondeu Elizabeth.

Franz observou que dom Antônio e Rodrigo estavam hipnotizados por Elizabeth, prestando pouca atenção à presença dele e de Maria Helena.

— Senhor Franz, minha filha sempre teve um temperamento difícil. É teimosa. Quando era criança, os professores tentaram, inutilmente, corrigi-la várias vezes. Ela fazia o que queria. Apesar de estar afastada dos costumes madrilenos há muitos anos, algumas novidades me causam espanto — falou dona Maria.

Ela trajava seu tradicional e costumeiro vestido preto, extremamente recatado. Referia-se, obviamente, às maneiras e roupas de Elizabeth.

Observando a filha, dona Maria prosseguiu:

— Eu sei que a atitude dela é imprópria à sua condição de mulher casada, mas sei também que é inútil repreendê-la.

— Dona Maria, sua filha é um anjo. Em seu lugar, eu renderia graças a Deus diariamente por esse privilégio — defendeu Franz.

Sem o saber, Franz, com essa colocação, conquistara o coração da severa senhora Alvarez.

— O senhor é temente a Deus, um rapaz bom e cristão, virtudes raras nos homens. Agradeço todos os dias a Deus e à Santa Tereza pela graça recebida, ainda que, me resignando à sabedoria divina, não tenham me concedido tudo quanto pedi. Nosso padre ficará feliz em conhecê-lo. Amanhã, o convidarei para almoçar conosco, assim, poderei apresentá-los. Creia aqui estamos um tanto afastados da sociedade, mas não estamos ao desabrigo da fé. Faço questão de acompanhá-lo quando visitar nossa igreja — disse dona Maria a Franz, que lhe falou das belas catedrais inglesas que conhecera em sua última viagem.

Como compreendemos o que ouvimos de acordo com nossa disposição interior, dona Maria julgou que Franz era tão devotado à Igreja quanto ela própria.

Com esforço, Maria Helena conteve o riso. Ela sabia que seria inútil demover a mãe de tal assunto e admirou a paciência de Franz. Intimamente, lamentava a solidão da mãe, mas reconhecia que era muito difícil suportar a pregação religiosa, tema preferido de dona Maria.

Recordando seu papel na reunião, convidou a todos para dirigirem-se à sala de jantar.

Aquele primeiro encontro deixou claro a Franz que a irmã cumpriria com as intenções expostas na viagem e retomaria o relacionamento amoroso com Rodrigo e com dom Antônio.

No transcorrer da noite, Elizabeth monopolizou a atenção de Rodrigo e de dom Antônio, conduzindo, com maestria, a dúbia conversa, sem que eles percebessem que a ambos prometia as mesmas coisas. A Franz coube entreter-se com as anfitriãs. Notou o olhar de apreço e agradecimento de Maria Helena ante sua atitude com dona Maria Alvarez, e isso foi suficiente para renascer o afeto que ele julgara ter sepultado pela esposa de Rodrigo de M.

Com o passar dos dias, os sentimentos de Franz por Maria Helena ganharam maiores proporções. Ela era sua companhia constante. Sua conversa inteligente e alegre, despida de falsidade, e sua cândida ingenuidade de mulher-menina o encantavam. Era como um vinho que o embriagava e do qual não conseguia afastar-se, embora reconhecesse o perigo disso.

Elizabeth via aquela crescente aproximação como a adesão de seu irmão aos planos dela. Acreditava que ele divertia as mulheres da família

Alvarez, especialmente Maria Helena, para que a tarefa dela se tornasse mais fácil.

Dom Antônio significava a segurança do status econômico conquistado desde que o conhecera. Rodrigo era o parceiro de aventuras e orgias, além de sócio no triste empreendimento de manipular o destino alheio em troca de fortuna.

Rodrigo começava a afastar-se da esposa. O fascínio da amante, acrescido do ingrediente de ser duplamente proibido, renascera e colocara por terra as boas resoluções. Ele reincidia no vício da luxúria. Não a tratava com desdém ou frieza, mas tornava-se exatamente o marido que inicialmente propusera-se a ser: feliz por estar casado com uma jovem bela e rica, que lhe garantia o futuro e a quem com um pouco de atenção satisfazia, e tendo a amante à sua disposição.

Uma diferença fundamental, contudo, não fora considerada por Elizabeth. Apesar de dom Antônio continuar apaixonado por ela, ele tinha na ilha inúmeros afazeres, que o mantinham ocupado e atento, o que dificultava manobrá-lo cegamente com seus ardis femininos, exigindo-lhe redobrados esforços, o que a irritava. Isso representava a diminuição de um poder antes absoluto e acrescentava dificuldades.

Precisou retomar também as crises de ciúme com Rodrigo, a fim de que ele não desconfiasse de seus passeios solitários pela ilha. Encontrava-se com Rodrigo em uma cabana na praia próxima à sede da vila, e, com dom Antônio, em uma rústica construção na aldeia dos trabalhadores das plantações.

Em uma manhã ensolarada e de temperatura amena — considerando o costumeiro calor da ilha —, Maria Helena e Franz caminhavam pelos vastos jardins que rodeavam a Vila Alvarez e ladeavam a muralha natural de pedras que delimitava o final dos jardins e, após um declive, o início das areias da enseada que se avistava da vila. Como existiam muitas árvores e arbustos por ali, o local era sombreado e oferecia alguns recantos de onde, tranquilamente, se apreciava a beleza do mar. Pararam em um deles e sentaram-se sobre uma toalha que Maria Helena trouxera na cesta de trabalhos manuais que carregava consigo.

— Franz, sua companhia tem me trazido um enorme bem-estar. Pena que não possam residir permanentemente conosco. Sinto-me só, às vezes. Mamãe, como você bem apreendeu nesses dias, tem um único interesse do qual não compartilho com o mesmo fervor: a Igreja — falou Maria Helena.

— Realmente, dona Maria é uma companhia difícil. Sinto piedade dela. Uma mulher que vive desse jeito é infeliz, e é possível perceber isso com facilidade — respondeu Franz.

— A infelicidade de minha mãe é histórica, Franz — brincou Maria Helena, procurando fazer humor com o dolorido tema. Apreendera a compreender e lamentar a situação materna e prosseguiu: — Ela sempre aceitou placidamente que outras pessoas decidissem por ela, acatando deliberações sem qualquer questionamento. Foi educada para casar-se e ter muitos filhos e, de preferência, homens. Como a vida negou-lhe esse pedido, dando-lhe, após inúmeras promessas, apenas a mim, uma mulher, ela julga-se uma pecadora, que não merece a solicitude divina para seus pedidos. Além disso, o casamento não foi o que ela esperava. Dona Eleonora falava-me frequentemente da juventude de ambas e não conseguia ver a jovem que ela descrevia como sendo a minha mãe. Creio que, se a visse hoje, nem ela reconheceria a antiga companheira — explicou Maria Helena.

— Você conseguiu ser diferente, e agora que conheço este local, onde você nasceu e cresceu, admiro ainda mais sua personalidade — declarou Franz sério.

— Deixaram-me aos cuidados de empregados e professores. Minha mãe preocupava-se unicamente com minha formação religiosa, e papai somente tomou conhecimento de que eu existia quando se desiludiu com a possibilidade de ter filhos homens. Então, passou a preocupar-se em zelar por minha formação cultural, para que com isso adquirisse — e esse é o termo correto para as intenções que ele tinha — um genro capaz de administrar seus negócios — recordou-se Maria Helena.

Franz começava a não gostar do rumo da conversa. Tinha dificuldade de falar sobre o casamento de Maria Helena, pois sabia que se tratava de uma farsa vergonhosa. Para ele, Rodrigo jamais sentira um minuto sequer de ternura pela esposa e, ao ver sua conduta na ilha, convencera-se plenamente disso.

Seu afeto crescente por Maria Helena, que ele, conscientemente, admitia ser uma paixão controlada com muito esforço, insuflava-lhe ciúme e desprezo por Rodrigo. Várias vezes, sentira o ímpeto de confessar a Maria Helena a sórdida trama elaborada por sua irmã com a ajuda de Rodrigo, porém sabia que, se o fizesse, causaria imensa dor na moça, então, recuava. Se não poderia fazê-la feliz como desejava, não a faria sofrer. Ele precisava retornar o quanto antes à Espanha. Esse era seu o desejo, e Franz trabalhava para realizá-lo.

— Então, veja como é sábia a vida, meu querido amigo. Conheci Rodrigo, meu pai aceitou-o, afinal, seria irrecusável uma aliança com a família de M., e em nada disso houve interesse material. Nossos sentimentos ditaram o rumo, o que faltou à minha mãe. Agora, para ser mais feliz, ainda me falta tornar-me mãe. Por ser filha única, sempre senti falta de crianças e quero ter muitos filhos. — E, notando o repentino silêncio de Franz e sua pouca participação na conversa, aduziu: — Mas estou sendo muito chata. Deve ser por isso que o vejo ansioso para deixar a ilha. Ouvi uma de suas conversas com meu pai.

— Não, minha cara, sua companhia não me aborrece. Mas de fato preciso — e Franz enfatizou a palavra — partir. Seria louco se não gostasse da companhia de uma mulher linda e inteligente em uma ilha paradisíaca, onde nada me falta, porém, não pertencemos Elizabeth e eu a este lugar e nossas vidas devem retomar a normalidade. É tempo.

— Elizabeth está muito bem, alegre, bem disposta, superou as dificuldades pelas quais passaram. Achei-a tão triste e mudada no dia em que chegaram, mas agora ela está normal. — Maria Helena sorria ao falar da amiga. — Eu a vejo somente às refeições, pois me parece que adotou a vida natural ao extremo. Passa as manhãs percorrendo as praias a cavalo e várias tardes vai à aldeia dos negros. Parece fascinada pelo modo de vida dos trabalhadores. Realmente, eles são fascinantes. Têm cultura e modos tão diferentes dos nossos. Meu pai não lhes faz nenhuma imposição cultural ou religiosa, o que já foi motivo de desavenças com o padre. Ele, contudo, foi inflexível, por isso podemos apreciar as festas e os cultos dos negros. São alegres, e deve ser isso o que atrai sua irmã. E, como dizia Georges, se fez bem, que bom!

Aproveitando a citação do nome para desviar o tema da conversa, Franz indagou:

— Por falar nele, recebeu alguma notícia recente ou o ingrato não lhe escreve?

— Georges é a gentileza em pessoa. Escreve-me uma vez por mês. Dada as dificuldades de acesso à ilha, já aconteceu de chegarem duas ou três cartas juntas, mas todas são datadas com um mês de intervalo e sempre no mesmo dia — respondeu Maria Helena.

— Estava brincando. Conheço pouco Georges, mas, sempre que nos encontramos, admirei sua finura. Vocês são muito amigos, não é verdade? — falou Franz, à guisa de desculpa, ao notar que Maria Helena ficara magoada com o comentário sobre o médico.

— Sim, somos amigos de coração, embora dom Antônio não aprovasse nossa amizade. Ele não compreende que possamos ser amigos. Como nunca os teve, vê sempre intenções escusas nas pessoas.

"E, em outros casos, comporta-se como um cego de nascimento", pensou Franz, enquanto Maria Helena prosseguia o bordado que tinha em mãos e comentava as notícias recebidas de Georges.

A manhã terminava. Franz consultou o relógio e convidou a companheira para retornarem à vila. Maria Helena colocou a toalha de volta na cesta e abriu a sombrinha adornada de rendas brancas para proteger-se do sol. Quando se virou para admirar a enseada, surpreendeu-se com uma cena que a emudeceu.

Não queria crer no que via, e o transtorno das emoções que a assaltaram se refletiu em seu rosto subitamente lívido e em seus olhos, que ficaram muito abertos. Aproximando-se dela, Franz notou a transformação e, seguindo seu olhar, deparou-se com a cena. O que temia estava acontecendo.

Elizabeth galopava seguida de perto por Rodrigo, e, repentinamente, os dois pararam em frente a uma cabana rústica. Ele desceu do cavalo e amparou a parceira nos braços para que chegasse ao solo. Ignorando que eram observados, deram livre vazão à paixão sensual que os unia. De onde estavam, Maria Helena e Franz ouviam os ecos das risadas dos amantes na praia.

A cena não deixava margem a dúvidas ou interpretações equivocadas, e a intimidade entre eles deixava claro que aquele não era o primeiro encontro dos amantes ou um relacionamento fortuito. Entre beijos e carícias íntimas, eles entraram na cabana rústica.

O choque estampava-se no rosto de Maria Helena, porém a dor que a invadia naquele momento era indescritível. A jovem via ruir, inexplicavelmente, seus sonhos de felicidade e amor.

A inexperiência com o lado podre dos seres humanos a fizera ingênua e, por consequência, despreparada para encarar aquela dupla traição. Em seu pensamento, apenas uma pergunta repetia-se incansavelmente, mas sem resposta: "Por quê? O que fiz para merecer a traição de minha melhor amiga e de meu marido? Por quê?".

Era um daqueles instantes da vida que parecia horas infindáveis. A queda da máscara durara alguns minutos, mas a contemplação da nova face da realidade estendia-se, aumentando a dor.

O pensamento incendiado pela busca por respostas ao flagrante a deixava incapaz de pronunciar uma palavra. Nem ao menos tinha o benefício das lágrimas; parecia que um vendaval varrera sua vida emocional e nada sobrara além de uma aridez profunda.

O tão temido momento soara, e Franz não conseguira evitá-lo. A dor que desejava evitar agora estava cristalizada nas feições da mulher que ele amava. Em seu peito, a raiva rugiu contra Rodrigo de M. como uma fera aprisionada. Abominou o amigo, culpou-o pela realização das loucuras da irmã, pois ele concordara em desempenhar aquele papel inominável. A diabólica brincadeira de dispor do destino alheio cobrava sua vítima.

"O que fazer? O que dizer?", Franz questionou-se ao observar o estado de choque de Maria Helena. A consciência apontava-lhe o caminho: dizer a verdade na íntegra, sem importar-se com as consequências. O estrago que a todo custo quisera evitar fora impossível. As palavras, contudo, demoravam a sair de sua boca, enquanto ele buscava a melhor forma de abordar o assunto.

Sem dizer-lhe uma só palavra, Maria Helena deu as costas à praia e correu em direção à sede da vila. Observando-a, Franz pensou: "Ela tomou a melhor decisão. Não é momento de falar".

Na cabana, os fatos eram outros. Os amantes não imaginavam que haviam sido flagrados. Olhando a cabana, Franz decidiu nada dizer-lhes sobre os acontecimentos da manhã e retornou lentamente à sede da vila. Na chegada, foi abordado por dona Maria:

— Senhor Franz, o que aconteceu com minha filha?

— Por que pergunta, dona Maria? Ela não lhe parecia bem? — Franz sondou as percepções da anfitriã.

— Ela entrou correndo na sala e seguiu até seus aposentos. Depois, ouvi uma violenta batida da porta. Fiz perguntas, e ela parecia não me ouvir. Quando criança, agia assim ao ser contrariada, mas há anos não vejo essa atitude destemperada. O que houve?

— Conosco nada houve, dona Maria. Posso lhe garantir que continuamos amigos e que não ocorreu entre nós qualquer desentendimento. Creio que ela tenha se sentido indisposta novamente. É o calor. Não deveríamos ter ficado tanto tempo fora. Vamos deixá-la descansar — contemporizou Franz.

— Vou rezar por Maria Helena. Essas indisposições estão estranhas, pois ela sempre foi muito saudável. Será que serei avó, e ela não quer nos contar ainda?

Era a primeira vez que Franz ouvia dona Maria falar de outro assunto que não fosse a vida dos santos, a Igreja e a busca por conquistar o paraíso após a morte. Ela não ignorava o que se passava ao seu redor; apenas fazia os demais pensarem assim. Era um mecanismo de autoproteção contra a piedade alheia, que nem sempre se manifesta apropriadamente, por isso mais fere do que cura.

Franz usara como desculpa as queixas de indisposição de Maria Helena nos últimos dias, mas dona Maria mostrara estar atenta e sua suposição não era absurda.

— Ela não lhe falou nada a respeito, dona Maria? É natural que a filha procure os esclarecimentos da mãe em tal caso.

— Não, senhor Franz. Eu nem sei o que diria a ela. Meu marido a afastou de mim quando era uma menina e entregou-a a professores. Aliás, foi a única vez na minha vida que afrontei dom Antônio, pois ele queria mandá-la para um colégio interno. Seria uma privação muito dura, pois nem ao menos eu poderia vê-la crescer. O afeto não faz parte do dicionário da família Gomez Alvarez, e não me surpreenderia se ela não viesse me falar a respeito de um assunto tão delicado.

A infelicidade de dona Maria era patente. Era uma mulher riquíssima, talvez invejada por muitas pessoas, que desconheciam a face oculta que naquele momento ela deixava Franz entrever.

— Dona Maria, vamos rezar por sua filha. Seja qual for o motivo da indisposição de Maria Helena, as orações lhe farão bem — decidiu Franz, ansioso por encerrar a difícil conversa.

Três dias se passaram sem que Maria Helena deixasse seus aposentos. A jovem mandara a criada avisar que não desejava ser incomodada por ninguém, nem mesmo pelo marido. Somente a criada tinha acesso ao seu quarto, mas a jovem não deixava que abrisse as janelas e não comia. Após muita insistência, tomava um chá.

Rodrigo pouca importância deu à atitude da esposa e apenas considerou que ela estivesse seguindo os passos da mãe, fazendo algum jejum de caráter religioso. Desde que sua vida continuasse sem alterações, deixaria que ela fizesse o que bem entendesse. Começava a achar muito inteligente a forma de vida de dom Antônio e planejava acompanhar Franz e Elizabeth à Europa, sob o pretexto de sua presença ser necessária à execução dos projetos de expansão comercial.

Fiel ao propósito de nada falar, aguardando as reações de Maria Helena, Franz consumia-se em angústia, passava a maior parte do tempo sozinho e não compareceu às habituais reuniões com Rodrigo e dom Antônio para tratarem do plano comercial que deveria executar na Espanha. Ver Maria Helena tornara-se uma obsessão para ele. Interrogara a criada, mas nada obtivera de concreto. Soubera apenas que ela ora estava num mutismo absoluto, ora rompia em prantos, porém nada dizia.

Não mais suportando esse estado de coisas, Franz decidiu desobedecer ao pedido de Maria Helena. Mesmo que ela não desejasse, ele precisava falar do ocorrido, caso contrário, sua consciência não lhe daria paz.

Resoluto, bateu à porta dos aposentos dela. Não recebeu resposta e insistiu. Após diversas batidas, apelou pedindo que ela o recebesse.

— Helena, sou eu, Franz. Preciso lhe falar. Abra a porta, por favor.

— Franz, não insista. Quero ficar só e deixei isso claro. Vá embora!

— Não irei. Nem o cafajeste do seu marido demonstrou interesse em saber o que se passa com você, porém eu compreendo o que está sentindo. Eu sei a razão. Por favor, fale comigo. Dou-lhe minha palavra de que nada direi, caso assim deseje.

— Você não compreende, não — retrucou ela.

Pela entonação da voz de Maria Helena, Franz percebeu que ela chorava dolorosamente e continuou:

— O que me atormenta é não entender por que isso aconteceu. Onde errei, Franz? O que fiz para perder o amor de Rodrigo tão cedo?

— Não se torture, pois você não tem culpa. Deixe-me entrar para conversarmos. Acredite, eu posso lhe explicar tudo o que aconteceu. Aliás, sou a única pessoa que pode fazê-lo — pediu Franz.

— Não, Franz. Agradeço sua boa intenção, mas é Rodrigo quem me deve explicações. Vá embora, por favor — respondeu Maria Helena entre soluços.

— Helena, tanto quanto você insiste para que eu me vá, eu insistirei em permanecer aqui. Seria louvável se apenas bons sentimentos me obrigassem a fazer isso, mas lamento lhe dizer que também preciso do seu perdão. É minha consciência que me mantém aqui à espera de que você me atenda. Não é piedade — revelou Franz.

A sinceridade e a insistência de Franz ao falar de sua necessidade de pedir perdão despertaram um pouco de lucidez em Maria Helena.

— Por que você precisaria do meu perdão? — indagou ela.

— Porque sou a única pessoa que sabe de toda essa história sórdida desde o início. Recusei-me a participar dela, mas confesso que depois usufrui de seus benefícios financeiros. Aprendi, contudo, a conhecê-la profundamente e não tenho vergonha de dizer que você é a primeira mulher que verdadeiramente eu amei. Sei que não sou correspondido e jamais abusarei da amizade que temos, Maria Helena. Em nome desses sentimentos, preciso falar com você e pedir seu perdão para meu egoísmo — insistiu Franz falando com toda a sinceridade de que era capaz.

Hesitante, Maria Helena encaminhou-se à porta e a abriu. Franz, escorado no batente, tinha o rosto marcado pelo cansaço, com profundas olheiras, denunciando que para ele aqueles dias também estavam sendo difíceis. O estado dele, entretanto, não se comparava ao quadro de abandono e depressão da jovem mulher. Vestida com uma longa camisola branca amarrotada, com o rosto pálido e inchado pelo choro, com olheiras escuras profundas e o olhar perdido, tudo refletia seu mundo interior caótico. Franz não imaginara encontrá-la em estado tão deplorável. Sem dizer uma palavra, entrou no aposento e abraçou-a, desembaraçando com os dedos os longos cabelos emaranhados e deixando-a chorar até que ela esgotasse totalmente as lágrimas. Então, Franz conduziu-a para um divã e acomodou-a carinhosamente.

— Você está melhor agora?

Maria Helena olhou para as mãos de Franz, que retinham uma de suas mãos, e delicadamente a retirou para enrolar os cabelos em um coque improvisado e secar as lágrimas.

— Sim, estou melhor. Obrigada.

— Prometa-me que, antes de tomar qualquer atitude, pensará muito bem em tudo o que vou lhe contar. E espero que possa, um dia, compreender o que fiz — pediu Franz.

— Franz, como posso fazer promessas sobre coisas que desconheço?

— Está bem. Como lhe disse, minha consciência me impõe que lhe conte tudo o que sei, pois somente assim poderei reencontrar a paz que sempre tive, apesar de minha vida desregrada.

Sentado ao lado de Maria Helena na penumbra do quarto em desordem, Franz revelou-lhe toda a história desde o início. Falou sobre a vida de Elizabeth, sua longa permanência com a madrinha na Inglaterra, o retorno após a morte do pai, a irresignação ante as dificuldades financeiras, o romance com Rodrigo e, finalmente, o encontro com dom Antônio, a descoberta da fortuna da família Alvarez, os motivos que tinham levado pai e filha a Madri, a elaboração do plano para, através do casamento com Maria Helena, se apossarem dos bens e solucionarem os problemas financeiros que enfrentavam.

Contou-lhe também que ele, Franz, havia sido a primeira opção da irmã para marido de Maria Helena e que, diante de sua recusa em participar daquele plano, Elizabeth decidira substituí-lo por Rodrigo. Falou sobre os relacionamentos que a irmã mantinha com dom Antônio e com Rodrigo, este de longa data.

— Maria Helena, por favor, eu lhe peço que perdoe meu silêncio. Quando a conheci, percebi que você era muito diferente das moças com as quais eu estava acostumado em Madri. Você tinha um ar de criança. Desde que a vi, fiquei encantado por você. Várias vezes, pedi a Elizabeth que esquecesse aquele plano, mas foi em vão. Desentendi-me com Rodrigo logo após o noivado de vocês, por isso parti para a Inglaterra. Somente voltei quando a doença de minha mãe se tornou terminal. Enquanto isso, vocês se casaram, vieram para a ilha, e minha irmã recuperou a situação financeira anterior, ampliando seus bens. A contragosto, fui envolvido nesta viagem que nos trouxe à ilha. Creio que dom Antônio desconfiou das remessas de dinheiro que Rodrigo fazia para uma conta em meu nome, acabei tendo de vir para cá... e aconteceu tudo o que você viu. Perdão.

Gemidos de dor cortaram o relato de Franz. Maria Helena não conseguia mais chorar, porém a dor da traição que sofrera a rasgava por dentro. Ela encolheu-se de encontro a Franz e esmurrava o estofado com os punhos cerrados. Ele ergueu-a com facilidade e abraçou-a enterrando a cabeça em seus cabelos.

— Por favor, perdoe-me pela dor que lhe causo — pediu Franz num sussurro.

— Deixe-me sozinha, Franz. Prometo-lhe chamá-lo quando puder conversar. Somente falarei com você. Vá embora — sussurrou Maria Helena entre soluços.

Doía em Franz deixá-la naquele estado, mas sabia que não poderia permanecer mais tempo ali. A tarde se fora, e a noite se anunciava.

— Farei como quer. Mas, a qualquer hora que precisar, mande sua criada me chamar. Quer que eu diga alguma coisa à sua mãe? Ela está preocupada.

— Não. Não comente sobre nossa conversa. Minha pobre mãe não suportaria saber dessa história. Diga-lhe que continuo indisposta.

Franz suspirou, concordou com um gesto de cabeça e retirou-se.

O restante daquela noite Maria Helena passou entregue ao desespero. Saber que sua vida fora manipulada, que estava presa numa armadilha, que fora enganada duplamente pelo marido e por quem considerava, até então, sua amiga e que naquele jogo macabro seu pai estava envolvido, cultivando seu egoísmo e seus interesses pessoais faziam-na sentir-se presa, impotente e profundamente magoada.

"O que fazer?", questionava-se. Recusava-se a prosseguir naquela situação e não viveria como a mãe. Decidira isso havia muito tempo e agora descobria que sua situação era ainda pior que a dela. Não suportaria uma existência de mentiras e traições, menos ainda se prestaria à representação de um casamento "normal". No caos que se instalara, em meio ao desatino, ela viu sobre a cômoda o pequeno baú onde guardava as correspondências e lembrou-se de Georges.

"Sim, o velho Georges não me negaria auxílio", pensou. "Vou fugir. Irei para bem longe dessas pessoas interesseiras. Não sou um amontoado de moedas de ouro, de que se dispõe e passa de mão em mão, sem vontade e destino próprios. Irei embora, e eles que fiquem com o que tanto desejavam. Meu pai, com seu sucessor; Elizabeth e Rodrigo, com o dinheiro; mamãe, com Deus; e eu, com meu desespero. Não posso ficar aqui".

Rapidamente, Maria Helena concebeu um plano de fuga. Sabia que, em breve, partiria um navio com destino à Espanha, levando os produtos da ilha. Bastava refugiar-se nele e esconder-se até atingir uma distância segura, que tornaria difícil ao capitão o retorno. Contava que, com o dinheiro que tinha, compraria o silêncio e a boa vontade do capitão.

Estranhamente calma e decidida, Maria Helena começou a tomar as providências para a realização de seu plano. "Eles verão que também sei fazer planos."

Na manhã seguinte, desceu ao salão após a saída de dom Antônio e Rodrigo, conversou com a mãe, e foi informada de que Elizabeth estava indisposta e não desceria aquele dia. Intimamente, regozijou-se com o mal-estar da ex-amiga. "Que sofra! Quanto mais melhor", pensou.

O dia transcorreu aparentemente tranquilo. Maria Helena circulou pelos jardins, conversou com os criados, especialmente com aqueles pelos quais tinha maior apreço. Era sua despedida definitiva do local que fora seu lar.

À noite, recolheu-se cedo, fugindo ao contato com o marido e o pai. Eles seriam informados de que melhorara. De qualquer sorte, recebera apenas notícias deles ao longo daqueles dias. Deu ordens de que não desejava ser perturbada por ninguém, e somente Franz se atreveu a afrontar a determinação para visitá-la. Os demais nem ao menos perguntaram se ela necessitava de um médico, pois deduziam que estava indisposta. A pequena bagagem que levaria consigo estava pronta e escondida em uma charrete que ela preparara para ir até o navio naquela madrugada. Rememorou tudo e sentou-se para escrever a Franz.

Franz,

Quando ler esta carta, já estarei bem longe desta ilha. Não lhe revelo meu destino, pois eu mesma o ignoro e, de qualquer sorte, não desejo ser encontrada. Qualquer local ou situação será melhor do que o que tenho vivido. Não se aflija por mim.

Agradeço sinceramente por ter-me revelado os segredos que guardava e pelo afeto que diz sentir por mim, embora não entenda suas razões. Sou hoje mais uma infeliz mulher, desencantada com a vida e principalmente com as pessoas. Onde você via candura agora existe amargor. Lembre-se disso e suplante o amor que sentia. Não sofra por minha causa. A mulher por quem se disse apaixonado não existe mais, eu lhe garanto. Ainda não sei em que me transformei, mas Maria Helena Gomez Alvarez, a rica herdeira, jaz sepultada para sempre em meio a tristes e cruéis recordações. Esqueça-a!

Aceito seu pedido de perdão e compreendo suas dificuldades e fraquezas. Não sei de que valerá minha amizade no futuro, mas você a terá sempre caso deseje e algum dia venhamos a nos reencontrar, o que creio muito difícil.

Não suportaria viver um dia mais sob o mesmo teto que Rodrigo, pois o amor que um dia senti se transformou em ódio. A distância entre o amor e o ódio é muito pequena.

Adeus.

Conforme planejara, levantou-se ao raiar da madrugada e seguiu sorrateiramente até onde estava escondida a charrete em meio a arbustos. Dirigiu-se, então, para o porto de embarque das mercadorias e lá avistou o navio. Somente um marinheiro fazia a ronda, o que significava que as chances de atingir seu objetivo eram boas.

Desceu, pegou a bagagem e chicoteou o cavalo fazendo-o o correr sem rumo. Não queria que ficassem claros os sinais de sua fuga. Tomou uma pequena embarcação, remou em direção ao navio e, lá chegando, agarrou-se às escadas de cordas que pendiam e subiu. O marinheiro que guarnecia a embarcação estava de costas, andando no sentido contrário ao de Maria Helena, o que facilitou sua entrada. Embarcada, começou a puxar rapidamente a pequena bagagem para bordo. De posse dos pertences, correu em direção à escada que levaria ao porão da embarcação e escondeu-se entre a carga. Pela manhã, o navio de carga partiu com destino à Espanha, levando, clandestinamente, a valiosa herdeira Gomez Alvarez, que, sentada em meio à carga, dava livre curso à sua dor e às lágrimas, que corriam abundantes por suas faces.

CAPÍTULO 18
A LUTA DO AMIGO

Nas grandes calamidades, a caridade se manifesta, e veem-se generosos impulsos para reparar os desastres; mas, ao lado desses desastres gerais, há milhares de desastres particulares que passam despercebidos, de pessoas que jazem sobre um catre sem se lamentarem. São esses infortúnios discretos e ocultos que a verdadeira generosidade sabe descobrir...[24]

Alheio aos acontecimentos que envolviam Maria Helena e seu próximo reencontro, Georges dedicava-se quase exclusivamente ao trabalho na chácara. Com o auxílio dos amigos de Cádiz, desenvolvia terapias auxiliares que complementavam o tratamento dado aos pacientes. O número de clientes aumentara, fazendo-o ampliar as acomodações da casa para acolher os necessitados. Não eram mais apenas os loucos deserdados da sociedade, mas também pessoas de boas condições sócioeconômicas, cujas famílias, pagavam de boa vontade pelos serviços prestados aos doentes que se abrigavam na chácara, e isso possibilitava a manutenção do estabelecimento.

Após a experiência com Joana, Georges teve vários casos de recuperação de pacientes em crises semelhantes, o que despertou muita atenção da sociedade. E se, por um lado, crescia a fama do médico francês, por outro, ele atraía novamente a ira, a incompreensão e o menosprezo de muitos colegas com relação ao trabalho que fazia. Porém, Georges era um homem maduro e atribuía o justo valor à opinião de terceiros, sem deixar que ela dominasse sua existência. Assim, pouco lhe importavam as críticas descabidas, pois ver a melhora dos pacientes era para ele a melhor resposta.

O médico continuava em permanente contato com os amigos de Cádiz, especialmente Joana, com quem mantinha correspondência diária, que, naturalmente, chegava com dias de atraso. Sabia dos avanços

---

24 KARDEC, Allan. **O Evangelho Segundo o Espiritismo**. Araras, SP: IDE. Cap. XIII, item 4.

que ela fizera, tornando-se uma importante colaboradora nas pesquisas espirituais do grupo. Sua sensibilidade acentuada permitiu uma forma de comunicação mais rápida do que a que utilizavam antes. Como ela via as ocorrências do mundo espiritual, desde o início pudera descrever-lhes detalhadamente o que se desenrolava durante as reuniões. Com a regularidade no trabalho, logo a sensibilidade de Joana desabrochou, e ela passou a enxergar as respostas às perguntas feitas por Manoel aos amigos espirituais e, lendo-as, transmitia-as com maior agilidade. Sobre o fenômeno, ela escrevera a Georges dizendo:

> *É como se visse uma página, uma fita escrita, ante meus olhos. Feita a pergunta, de repente surge a resposta. Vejo-a escrita ante meus olhos e leio para que todos tomem conhecimento. Outras vezes — poucas até agora —, vejo nitidamente o espírito que dá a resposta. Ele mostra-a aos meus olhos, como se fosse escrita em uma folha. É estranho saber, Georges, que há folhas de papel iguais às nossas no outro mundo. Será, meu querido amigo, que realmente não é devaneio meu? Estou brincando, não me leve a sério. Logo após sua partida, me assaltou a insegurança a esse respeito, mas a "amiga" apareceu e, muito calma, me disse: "Confie, Joana". E eu confiei. As provas que temos obtido fortalecem nossa segurança e aumentam ainda mais nossa fé. [...]*

Trocava com Marcos e Joana as opiniões sobre seus pacientes e as transformações que se processavam na chácara. Vibravam, em uníssono, pelo atendimento e pelo novo encaminhamento que Georges dava aos enfermos. A cada melhora, as comemorações estendiam-se das cercanias de Madri ao centro de Cádiz. Georges participava a distância das atividades, enviando perguntas, pedindo orientações, fazendo comentários, e Marcos fazia as cópias das respostas obtidas e enviava-as para Madri. Por meio desse contato, recebera esclarecimentos de um amigo espiritual a respeito do uso da prece e da meditação no tratamento dos distúrbios mentais, bem como a recomendação de tratamento com magnetismo. Georges, então, selecionou os casos em que a dúvida no diagnóstico de loucura o assaltara e fizera com eles um grupo, aplicando a sugestão recebida. Os resultados foram surpreendentes.

Georges logo notou uma maior calma e serenidade nos pacientes, que, lentamente, iam vencendo os estados depressivos, fazendo-os retornar à normalidade. Muitas vezes, os pacientes, após esses exercícios, lhe falaram a respeito de problemas emocionais profundos, que antes não tinham coragem de enfrentar, emergindo daí a cura de muitos casos. A nova compreensão da existência de um ser espiritual imortal em todos os seres humanos deu a Georges uma percepção mais profunda acerca do surgimento e do papel da doença na existência de seus pacientes. Ele recorreu aos seus conhecimentos antigos, meditou sobre eles e ampliou seu entendimento sobre a lição de Hipócrates de que é preciso "ver" o doente. Há mentes doentes desta ou de outras existências.

Em meio ao trabalho e ao estudo, sua grande paixão, Georges vivia em paz e supunha que Maria Helena, filha adotiva de seu coração, estivesse bem e feliz. Em suas orações, agradecia a Deus as boas notícias que ela lhe mandava. Se, naqueles dias, alguém houvesse dito a ele o que o futuro lhe reservava junto dela, com certeza Georges não acreditaria.

Uma imensa surpresa o acometeu no dia em que reencontrou à sua porta a jovem que fora a alegria de seus dias em uma época solitária e não muito distante.

Maria Helena viajara como clandestina no navio de carga, alimentando-se do que levara na bagagem: pão, vinho, frutas secas e alguns cereais, mercadorias que eram comercializadas por dom Antônio. Emagrecera visivelmente. As crises de desespero haviam cedido, e, em seu lugar, surgira um ódio silencioso e profundo, que tornava seu pensamento fixo e consumia suas forças nessas emoções. O longo período passado no porão da embarcação, sozinha, desesperada e mal alimentada cobravam um pesado tributo à sua saúde, e a debilidade instalara-se seriamente. Náuseas e mal-estar a acompanharam até a chegada do navio na Espanha.

O porto onde Maria Helena desembarcara ficava distante de Madri, entretanto, em troca de uma de suas joias, a jovem encontrou com facilidade transporte que a levasse à residência do amigo.

À porta de Georges estava uma mulher magra, pálida, suja, com os cabelos em desalinho. Ele, que se encontrava, por feliz coincidência, àquele dia em Madri, estava recostado em uma poltrona no consultório, quando o movimento do veículo à frente de sua casa lhe chamou a atenção, e mais curioso ficou ao ver a infeliz passageira que desembarcava. Não reconheceu a amiga de pronto, mas, ao ver o estado da mulher, facilmente percebeu que ela viajara muito e em más acomodações. Notando que ela se movia com familiaridade no pequeno jardim em frente à sua casa, Georges dirigiu-se rapidamente à porta, sem esperar que ela batesse. Passando por

Jean no caminho, determinou-lhe que preparasse uma refeição rápida e leve e providenciasse o necessário para oferecer um banho a uma viajante. O criado, acostumado às determinações do médico, não questionou e voltou à cozinha para cumprir as ordens recebidas.

Georges abriu a porta pouco antes de a mulher atingir os degraus de acesso à pequena soleira de entrada e, vendo-a, reconheceu a jovem Alvarez.

— Meu Deus! O que se passa? Helena, o que aconteceu com você? — perguntou, indo ao encontro dela.

O sincero interesse de Georges e sua surpresa em vê-la naquele estado fizeram-na apressar o passo e se jogar nos braços do amigo, como quem encontra um porto seguro após uma travessia tempestuosa. Ele acolheu-a com o carinho que marcava o relacionamento deles e, envolvendo-a, conduziu-a ao consultório.

Intuitivamente, o médico pressentiu um desastre na vida da jovem. Desconhecia a origem, mas vislumbrava a gravidade e as consequências disso. O olhar inquieto, com aspecto doentio, denotava uma ruína interna. Era preciso desviar-lhe a atenção desse mundo íntimo que a consumia.

— Helena, minha menina, você quer matar seu velho amigo do coração? Por que não me avisou que viria? — indagou Georges.

— Não pude avisá-lo de minha chegada. Foi uma viagem inusitada, Georges. Ninguém sabe que estou aqui. Eu fugi da ilha, do maldito dinheiro da família Alvarez e da ganância dos inescrupulosos — respondeu Maria Helena.

— Como assim, minha menina? Está me dizendo que fugiu de sua casa e abandonou sua família, seu marido?

— Abandonei, Georges, mas não foi como pensa. É uma história longa, contudo, vou contá-la inteira para você. Preciso fazer isso, pois sinto como se fosse explodir.

Percebendo que o equilíbrio emocional de Maria Helena estava muito frágil e não desejando ameaçá-lo, Georges a interrompeu:

— Helena, você realmente deve ter muito a contar-me, por isso acho que seria melhor que estivesse mais forte para fazer isso. Vejo que a viagem até aqui não poderia ter sido pior. Mandei que lhe preparassem um banho e uma refeição leve. Direi a Jean quem é a nossa hóspede e pedirei que ele arrume um dos quartos para você descansar. Assim está bem? — perguntou Georges, aproximando-se e acariciando gentilmente a face pálida da jovem.

— Tudo quanto eu desejei nos últimos dias foi estar perto de você. Por favor, cuide de mim, Georges.

O pedido de Maria Helena fora um sussurro penoso.

— Acalme-se, filha. Cuidarei de você. Fez bem em me procurar. Venha comigo. Vamos encontrar Jean e ver o que ele providenciou. Venha!

Aparando-a, dirigiram-se até a sala de refeições, onde Jean arrumava a mesa, dispondo pratos e talheres.

— Jean — chamou Georges —, veja que alegria! Nossa hóspede é Helena! Chegou de surpresa, fez uma viagem muito ruim e está fraca. Precisa de boa alimentação e descanso. Ela ficará conosco.

Com uma simples troca de olhares com o patrão, Jean entendeu que ele esperava que agisse com naturalidade ante aquela situação inesperada.

— Claro, doutor. Seja bem-vinda, senhora de M. Prepararei seus aposentos. Doutor Georges, a refeição está posta. Bom apetite! — informou Jean.

Com satisfação, Georges notou que uma sopa de legumes fora servida. Puxando uma cadeira, disse:

— Sente-se, Helena.

Georges ajudou-a a acomodar-se e arranjou-lhe os cabelos desalinhados com as mãos, afastando-os do rosto.

— Você se sentirá melhor após a refeição. Jean é ótimo cozinheiro, como você deve lembrar. Coma! — incentivou Georges.

A jovem obedeceu às orientações silenciosamente, o que não era uma característica dela, que tinha um caráter extrovertido e espontâneo. Desejando que Maria Helena recuperasse as energias, Georges agiu como se fosse usual a atitude dela e começou a falar-lhe das novidades que haviam ocorrido na cidade. Notou, contudo, que seu esforço era inútil, pois havia algo no íntimo de Maria Helena que consumia toda a sua atenção.

— Doutor Georges, permita-me informar que os aposentos da senhora já estão prontos. Inclusive, preparei-lhe o banho quente. A banheira está no quarto com tudo que é necessário à boa higiene. A bagagem é tudo o que a senhora trouxe? Já está arrumada — indagou Jean ao término da refeição.

— Sim, Jean é tudo. Não precisa se incomodar. Não há nada mais a ser arrumado. Muito obrigada por sua atenção — respondeu Maria Helena.

— É minha obrigação, senhora. Espero que tudo esteja ao seu gosto — disse Jean educadamente.

— Com certeza, estará, Jean — falou Georges. — Acompanharei nossa hóspede até o quarto. Pode descansar por hoje. É tarde. Não acredito que ninguém mais virá nos procurar.

— Sim, doutor Georges. Mas, se precisar de qualquer coisa, estou a seu dispor — insistiu o criado.

— Eu sei, Jean. Vá descansar — determinou Georges.

Georges conhecia seu empregado havia muitos anos e sabia que, enquanto não se informasse do motivo de aquela jovem aparecer inopinadamente naquele estado, Jean não descansaria. Mas não era o momento de expô-la dessa forma ao interesse alheio, por isso, com um gesto seguro e firme, dispensou o criado e, pessoalmente, acompanhou a jovem ao quarto destinado.

— Helena — falou Georges —, sei o quanto está cansada, mas não disponho de uma criada aqui para ajudá-la no banho. Por essa razão, pergunto-lhe: está em condição de fazer isso sozinha ou deseja que eu a ajude de alguma forma?

Percebendo que pouco tinha falado, Maria Helena sorriu com a preocupação do amigo.

— Acho que eu estou assustando-o, Georges. Não estou assim tão mal. Posso banhar-me sozinha. Pode sair. Fique do lado de fora do quarto. Quando terminar, eu o chamarei para deixá-lo mais tranquilo.

Aquiescendo, Georges retirou-se do quarto, fechou a porta e sentou-se em uma poltrona que havia no amplo corredor pouco distante do quarto da jovem.

Passados poucos minutos, viu calmamente a aproximação de Jean.

— Senhor, o que houve com a senhora de M.? Ela está enferma? — perguntou o criado

— Ainda não sei, Jean. Tudo o que posso lhe dizer é o que seus olhos viram. Ela está exausta, e não é digno que a importunemos. Apenas me assegurarei de que ela está bem e irei descansar. Quando e se Maria Helena julgar necessário, ela nos contará alguma coisa. Por ora, é suficiente que vimos que sofre e temos o dever de ajudá-la. Vá descansar, Jean — respondeu Georges.

Entendendo que o médico estava advertindo seu comportamento bisbilhoteiro, Jean retrucou amuado:

— Como desejar, doutor Georges. Mas que a jovem senhora não está bem, isso é visível. Houve coisa grave por lá. Já que nada mais posso fazer, vou descansar.

Sorrindo, Georges olhou o empregado, que julgava seu companheiro de trabalho, e disse:

— Isso mesmo, Jean. E desta vez não volte, pois todos dormirão. Guarde seu "interesse" para amanhã. Creio que nossa amiga veio para uma longa temporada.

— Boa noite! — Jean despediu-se e saiu caminhando lentamente, como se aguardasse a qualquer momento um chamado para voltar.

Georges observava-o e não pôde conter o sorriso. Os seres humanos oferecem um espetáculo inédito e variado a quem se dedica a observá-los. De um lado do corredor, escondido dos olhos, havia alguém em frangalhos, ferido e distante dos outros; à frente de seus olhos, Jean dava o espetáculo do interessado na desgraça dos outros. O empregado não estava interessado em ajudar eficientemente, mas, sim, em deliciar-se em saber as ocorrências da vida alheia. Jean era uma boa alma, alegre, simples e muito afetuosa, porém pecava pelo excesso de zelo em observar e comentar os interesses alheios.

Atento aos sons que vinham do interior do quarto, Georges deduziu que Maria Helena terminara a higiene e deitara-se. Então, suavemente, bateu à porta.

— Vim ver como está minha menina após o banho.

— Bem melhor, Georges. Eu estava imunda. Tenho tido dificuldades para dormir ultimamente. Será que você tem algum remédio? Estou cansada, mas minha mente não para. Eu adoraria dormir e esquecer minha vida. Será que você me ajudaria dando-me um remédio, por favor?

Georges olhou-a preocupado.

— Maria Helena, não posso dar-lhe um medicamento sem um exame mais completo. Sei, no entanto, de alguns meios capazes de ajudá-la a dormir.

— Por favor, eu aceito o que você me oferecer, desde que eu possa dormir e esquecer tudo por um tempo pelo menos — repetiu ela.

— Descanse um pouco. Irei à cozinha e voltarei logo.

Ao retornar, Georges trazia uma xícara com chá de ervas calmantes e instruiu Maria Helena a ingerir a bebida em pequenos goles.

Sentou-se ao lado dela na cabeceira da cama e pôs-se a acariciar suavemente a face e os cabelos ainda úmidos da jovem, enquanto cantava canções de ninar em sua língua natal e em tom baixo.

A jovem demonstrou surpresa com o comportamento do médico, mas, a um gesto imperioso de silêncio dele, Maria Helena sorriu agradecida e deixou-se ninar até adormecer.

Georges observava as transformações nas feições da amiga. Ela mudara bastante. Havia sofrimento, dor, apatia e amargura em seus traços e um olhar doloridamente solitário e vazio. O que ocorrera era de menor importância; era somente necessário para compreender as transformações. Ao abrir-lhe a porta e abraçá-la, Georges sentiu que ela viera em busca de amor e conforto. Eram os remédios de que precisava naquele momento.

Enquanto a olhava, o médico dirigia o pensamento ao Criador, pedindo proteção à filha do seu coração. Notando que Maria Helena gozava de um sono mais profundo, cessou a cantiga de ninar e começou a falar baixinho com ela, dizendo-lhe do seu afeto e da certeza de poder contar com seu apoio e amizade. Era mais uma das novas técnicas que estava usando com seus pacientes. Sob a orientação dos espíritos amigos do grupo de Cádiz, descobriu que, durante o sono, o espírito está parcialmente liberto do corpo e mantém-se em atividade inteligente. Por essa razão, quando em vigília não conseguia aproximar-se dos pacientes, o fazia à noite. Sentava-se, como naquele momento, e falava da vida, de Deus, da esperança de dias melhores e dos exemplos de trabalho e espera que a natureza nos oferece, de renovação e superação das dificuldades. Junto ao leito da jovem adormecida, Georges movia a poderosa ferramenta de auxílio no tratamento do espírito enfermo: a palavra carregada de amor abrindo-lhe novos horizontes de paz e conforto.

Satisfeito, Georges saiu do quarto lentamente.

Na manhã seguinte, durante a refeição, Jean saudou-o cheio de curiosidade, dizendo:

— Bom dia, doutor! Já temos alguns pacientes aguardando. Chegaram mais cedo. A senhora de M. ainda dorme. Devo despertá-la?

— Bom dia. Não, Jean. Deixe Maria Helena dormir o quanto necessitar. Quando ela despertar, me avise.

— Doutor Georges, o que houve com a senhora de M.?

— Não nos importa, Jean. A curiosidade é um mal do qual também sofro, mas é preciso freá-la e saber quando o que menos interessa é conhecer alguma coisa. Precisamente, no estado de Maria Helena, o que menos interessa é sangrar o coração machucado para satisfação de nossa mera curiosidade. Basta-me ver que ela precisa de ajuda. Portanto, não a perturbe com qualquer referência à família ou ao passado. Deve lhe interessar somente o agora e ela própria. Fui claro?

— Sim, doutor. Longe de mim magoar a moça. Ela sempre foi muito simpática comigo.

Jean compreendera bem a orientação e com muito esforço controlaria a curiosidade, mas não faria algo que desagradasse o patrão.

— Iniciarei o trabalho, Jean. Ficarei por mais tempo na cidade, e você retornará à chácara para auxiliar Guilhermina. Consuelo, nossa nova funcionária, está indo muito bem e poderá substituí-lo a contento por alguns dias.

— Se o senhor quer assim, partirei imediatamente após dar as orientações a Consuelo — respondeu Jean.

— Avise-me quando partir, pois preciso repor alguns medicamentos na botica da chácara. Eles estão em meu gabinete, e você os levará a fim de que não faltem para Guilhermina, caso eu demore mais do que alguns dias.

— Será tão séria a situação da senhora de M., doutor Georges? É o motivo de sua permanência na cidade, certo?

— Não sei, ainda não foi possível examiná-la. De qualquer sorte, não desejo preocupar-me com a possibilidade de algo faltar aos pacientes da chácara. No entanto, não permanecerei aqui mais do que esta semana.

— Está bem.

Encerrada a refeição, Georges dirigiu-se ao atendimento dos pacientes que o aguardavam. A manhã ia a meio, quando Jean o interrompeu para recolher os medicamentos e avisar que estava partindo com destino à chácara, cumprindo as ordens recebidas pela manhã. Ao terminar o atendimento da paciente naquela manhã, Georges consultou o relógio, questionando-se intimamente se Helena ainda dormia.

Após sair do consultório, dirigiu-se à sala íntima e, tocando a sineta, chamou Consuelo.

— Consuelo, Jean explicou-lhe as tarefas em que deverá substituí-lo?

— Sim, doutor.

Consuelo era o exemplo da obediência. Georges não precisava temer dela o excesso de curiosidade como no caso de Jean. Porém, ela somente executava o que lhe era ordenado. Via-se que se tratava de uma pessoa com a inteligência muito reduzida.

— Muito bem, já sabe que temos uma hóspede. Você não a conhece. Trata-se de uma amiga que vem de um lugar bastante distante e está enferma.

— O senhor Jean me explicou, doutor Georges. Ele disse que o senhor gosta dela como se fosse sua filha e que eu devo tratá-la muito bem e não fazer perguntas.

— Jean lhe contou mais alguma coisa, Consuelo?

— Ah! Contou um monte de coisa. Disse que a moça é casada com gente importante da cidade e que o pai dela tem muito dinheiro, mas é uma pessoa em quem não se pode confiar, pois tem jeito de ser muito ruim. É verdade, doutor? Pobrezinha! Se tem pai ruim e está doente, tinha mesmo que fugir.

"Jean já falou demais", pensou Georges. "Faz uma coisa certa e outra errada."

— Está bem, Consuelo. Vi que Jean disse tudo o que você precisava saber. Agora, preste bem atenção. Não faça perguntas à hóspede e trate-a como se realmente fosse minha filha.

— Sim, senhor. Pode ficar tranquilo. Devo acordar a moça? Ela está dormindo.

— Não, Consuelo. Deixe-a dormir. Ela está muito cansada.

À tarde, Maria Helena acordou e deparou-se com Georges sentado na mesma poltrona em que ela se lembrava de tê-lo visto sentado na noite anterior. Ele lia algumas cartas que guardava em um pequeno baú idêntico ao que ela possuía.

— Bom dia, doutor. Não me diga que dormiu nesta poltrona por minha causa.

Maria Helena forçava o sorriso, por isso não iluminava seu olhar.

— Boa tarde, Helena — corrigiu Georges delicadamente e prosseguiu: — Por mais que eu goste de você e sinta saudade, não ficaria a noite acordado olhando-a dormir — brincou Georges.

Com a expressão séria e atenta, ele indagou:

— Como está se sentindo agora que descansou?

— Bem melhor — respondeu ela.

— Vou chamar Consuelo para trazer-lhe a refeição.

— Consuelo? Não a conheço. Onde está Jean? — perguntou Maria Helena.

— É uma longa história. Mais tarde, eu lhe contarei. Consuelo é uma nova funcionária. Jean foi à chácara levar algumas coisas e ficará lá com Guilhermina.

— Vejo que temos muitas novidades, Georges.

— Muitas. Mas agora é hora de alimentá-la. Depois, conversaremos — determinou Georges deixando o quarto.

Consuelo trouxe a refeição e aguardou para ajudá-la a vestir-se.

— Senhora, se permitir, posso levar suas roupas para lavar. A senhora é muito bonita. Posso levá-la onde está o doutor.

— Obrigada, Consuelo, mas não precisa me acompanhar. Conheço bem a casa e dispenso as formalidades. Diga-me apenas onde está Georges — esclareceu Maria Helena.

— Ah! O doutor está no jardim passeando com o Napoleão — informou Consuelo prontamente.

Sem nada dizer, Maria Helena saiu do quarto e foi à procura de Georges.

— Nada como um bom descanso e boa comida para devolver a beleza de uma pessoa! Vejo outra mulher à minha frente — disse Georges, satisfeito em ser honesto.

— Quer dizer que ontem eu estava feia? Para ser sincera, deveria acrescentar o banho, as roupas limpas, e dizer que ontem eu estava horrível! — sugeriu Maria Helena.

— Ora, Helena, eu diria que estava malcuidada, mas horrível jamais.

Ele convidou-a a sentar-se no banco ao seu lado, pegando no colo o animal que ocupava o espaço.

— Eles estão com saudade. Não tenho ficado muito tempo em Madri ultimamente — esclareceu Georges.

Os animais de estimação do médico não se afastavam dele.

Maria Helena sentou-se e observou o afeto e a atenção que o amigo dedicava aos animais e considerou intimamente que eles tinham uma vida afetiva muito melhor do que a dela.

— Por que está tão silenciosa, Helena? — perguntou Georges.

— Estava pensando, Georges, ou melhor, eu estava invejando a vida de Napoleão e Antonieta — respondeu a jovem.

— Ora, minha querida, não diga bobagens. Como uma mulher jovem e bela pode invejar a vida de animais?

— Simples! A vida deles é melhor do que a minha — reconheceu Maria Helena.

Ao dizer isso, lágrimas escorreram dos olhos dela.

— Chore! Alivie seu coração. E quando, como e se quiser, você me falará o porquê. — Georges abraçou carinhosamente a amiga.

Depois de algum tempo, ela acalmou-se e iniciou a longa narrativa dos acontecimentos vividos desde que partira para ilha com o pai e o marido.

Georges ouviu a tudo em silêncio respeitoso.

— E o que pretende fazer agora, Helena?

— Não sei, mas para ilha eu não voltarei mais. Deixei de ser a herdeira Alvarez. Meu pai agora já tem um sucessor, que, ironicamente, divide realmente tudo, inclusive a mesma amante. Não deixei nada para trás, Georges. Não sei o que futuro me aguarda. Em meio ao desespero, lembrei-me de você, da sua amizade, e vim para cá.

— Fez bem, querida. O velho Georges sempre estará ao seu lado. Fizemos um trato certa vez, está lembrada?

Ela sorriu debilmente e concordou.

— Muito bem! Então, não precisa preocupar-se com o futuro de imediato. Aproveite para descansar, esqueça o passado e fique comigo o quanto quiser, a vida toda, se assim desejar. Amanhã, farei um exame completo em você para ver se essa viagem maluca lhe fez mal ou não — respondeu Georges.

Abraçados, andaram pelo pequeno jardim, seguidos de perto pelos animais de estimação do médico, e, por fim, voltaram para casa.

Na ilha instaurou-se o caos...

Na manhã da fuga de Maria Helena, nada de estranho se verificara. Todos pensaram que os frequentes achaques continuavam a deixá-la indisposta. A criada, encontrando a porta trancada, nada fizera e simplesmente comunicara que a patroa ainda repousava. Somente à tarde, preocupada com a longa demora, a mulher retornou aos aposentos para tentar despertá-la. Estranhando o fato de não receber resposta, levou sua preocupação ao conhecimento da família. Procurou primeiro dona Maria, que, antes de Maria Helena e durante aqueles dias em que a filha estava indisposta, tomara as decisões atinentes à administração da vila.

— Dona Maria, posso lhe falar alguns minutos? — indagou a criada, vendo que a senhora, genuflexa em frente ao oratório, rezava compungida um terço.

Interrompendo as orações, ela respondeu brevemente.

— Somente se for urgente e não puder aguardar o término de minhas primeiras orações da tarde.

— É importante, senhora. Trata-se de dona Maria Helena.

Ao ouvir o nome da filha, ela imediatamente abandonou o terço, fez o sinal da cruz, depositou a joia que tinha entre os dedos sobre a imagem de Maria, beijou a cruz e levantou-se.

— O que houve com minha filha?

— Não sei, senhora. Esse é o problema. Essa manhã, quando fui servi-la, encontrei a porta trancada, mas, como nos últimos tempos ela tem se mantido recolhida até mais tarde, pensei que ela desejasse ficar nos aposentos e retornei. Dona Maria Helena não apareceu toda manhã. Como ela havia deixado ordens para todo o andamento do dia de hoje, não vim procurar a senhora, e executamos o que fora determinado. Agora, à tarde, fui novamente aos aposentos dela, mas continuam trancados. Chamei a patroa, mas não tive resposta. Fiquei preocupada e resolvi lhe contar.

— Fez bem. Vamos retornar lá. Talvez esteja na hora de ter uma conversa com minha filha e saber o que anda acontecendo.

Ambas rumaram para os aposentos de Maria Helena. Chegando lá, bateram inúmeras vezes na porta, chamaram-na, tudo sem resultado.

— Realmente, é muito estranho o que se passa — comentou dona Maria com a criada, visivelmente preocupada. — Vá procurar dom Antônio e meu genro.

Assentindo, a criada foi ao escritório e lá encontrou apenas Franz, que, recostado em uma poltrona, fumava calmamente um cachimbo.

— Senhor Franz, desculpe-me por incomodá-lo. Estou à procura de dom Antônio e do senhor Rodrigo. Sabe onde estão?

— Saíram para supervisionar o embarque do último navio que partirá hoje para a Europa. Foram logo após o almoço.

— Ah, meu Deus! E agora? O que faço? — perguntou a criada, revelando desespero.

— Calma, menina. Houve alguma coisa? Por que o desespero? Conte-me o que aconteceu — pediu Franz.

— Não sei se devo, senhor Franz. Dom Maria mandou chamar dom Antônio e o genro.

Imediatamente, Franz relacionou o pedido de dona Maria à filha. Ciente dos dramas pelos quais Maria Helena passava, deduziu que algo de grave poderia ter acontecido. De um salto, levantou-se e se pôs a caminho para os aposentos de Maria Helena.

— Dona Maria, o que se passa? — perguntou Franz direto.

— Senhor Franz? Chamei meu marido e meu genro, onde eles estão?

A criada chegou esbaforida e, temendo que dona Maria a repreendesse por não cumprir a ordem, relatou o ocorrido num fôlego só.

Quando ela terminou, Franz a mandou trazer um chá para Maria Helena, que deveria estar doente.

— Dona Maria — continuou ele —, deixe-me ajudá-la. Já sabe que estamos sós na vila.

— Senhor Franz, não tenho alternativa senão aceitar de bom grado seu auxílio. Preocupo-me com minha filha e decidi ter uma conversa com ela. Temo, contudo, que seja tarde. — Lágrimas correram pelas faces de dona Maria. — Pensei que ela estivesse grávida, pois todos os indícios me levavam a crer nisso: cansaço, enjoo, tonturas. Quando ela passou todos esses dias trancada, achei que esses mal-estares iniciais houvessem piorado, e nem ao menos falei com ela. Agora, penso que posso estar enganada e que ela talvez esteja doente. Talvez esteja desacordada. Ah! Minha Nossa Senhora, por favor, vele pela minha filha.

Franz abrigava pensamentos mais sombrios e temia o que encontraria no quarto. Lembrava-se vivamente da última conversa, rememorava o dia anterior, quando soubera das melhoras. Era tudo estranho.

— Dona Maria, traga as chaves extras. Precisamos abrir a porta do quarto de Maria Helena — pediu Franz.

— Claro! Como não pensei nisso antes — concordou dona Maria, batendo com uma das mãos na testa.

Apressada, dona Maria foi ao escritório do marido, onde ficavam guardadas as cópias das chaves, encontrou-as com facilidade e retornou rapidamente. Franz continuava chamando incansavelmente a amiga, contudo, sem obter resposta.

— Senhor Franz, aqui estão as chaves. Que Deus o ajude.

— A senhora não vai entrar comigo, dona Maria?

— Perdão, senhor. Sou uma covarde e temo encontrar minha filha muito doente. Entre primeiro, por favor — pediu dona Maria.

Compreendendo que ela temia o estado em que encontraria a filha, talvez tivessem o mesmo temor de ver algo pior. Franz respirou fundo e abriu a porta. Devia ser muito cruel para uma mãe a visão de um suicídio do ser que ela trouxera à vida. Assim, não restava senão a ele a ingrata tarefa de averiguar o que acontecia. Franz rezava para encontrá-la doente, até mesmo desacordada. Mas, por Deus, seria muito cruel para ele, que a amava em silêncio, encontrá-la morta naquele belíssimo quarto de casal.

Andando vagarosamente, Franz entrou na sala que antecedia o quarto. Tudo estava em primorosa ordem, e nada lembrava a bagunça vista dias antes quando conversavam. Chamou-a e nada. Continuou chamando-a até entrar em seu quarto. Tremia ao abrir a porta de comunicação interna. Nada. O vazio deixou-o mais perplexo do que as dolorosas imagens que sua imaginação criara. Os aposentos estavam limpos, impecavelmente arrumados, a janela em direção à praia estava aberta e por ela uma brisa fresca entrava. Chamou novamente por Maria Helena, mas não obteve resposta. Desesperado, escancarou as portas dos armários, da sala onde faziam a higiene, e nada encontrou.

— Dona Maria! Dona Maria! Por favor, venha aqui! — chamou Franz aflito.

Minutos depois, ela entrou no quarto da filha, olhando para todos os cantos, procurando-a. Franz, com expressão desesperada, estava no meio do quarto e passava nervosamente a mão pelo rosto.

— Não sei onde está sua filha, senhora! Procurei em todos os lugares, e ela não está. O que quer que tenha feito — e a forma como disse isso expressava o temor maior que os dois abrigavam — não foi feito aqui. Não sei onde ela pode estar.

— Meu Deus!

Dona Maria caiu de joelhos, pondo-se a rezar e chorar ao mesmo tempo. A cena era patética.

Aproximando-se, Franz levantou-a e sacodiu-a com força.

— Não adianta rezar agora, dona Maria. Precisamos encontrar Maria Helena o quanto antes. Talvez ainda tenhamos chance de salvá-la — alertou Franz.

— Claro. Tem razão, senhor Franz. Tomemos as providências necessárias. Vou descer, reunir os empregados, e o senhor lhes dará as ordens — respondeu ela.

— Certo. Antes disso, mande alguém avisar seu marido e Rodrigo do que está acontecendo. A criada que me chamou sabe onde eles estão.

Silenciosamente, dona Maria saiu dos aposentos da filha, pálida, olhos vermelhos, caminhando rapidamente.

Buscando controlar-se, Franz sentou-se na cama de Maria Helena e percorreu os móveis com o olhar, como se pudesse, repentinamente, encontrar uma resposta. Deparou-se, então, com o pequeno baú de correspondência. Sabia que não devia mexer em coisas tão pessoais, mas a situação justificava a indiscrição.

Foi até a escrivaninha e, para seu espanto, encontrou ao abrir a tampa do baú uma correspondência lacrada e endereçada a ele. Reconheceu de imediato a letra de Maria Helena. Recostou-se na cadeira que havia ao lado da janela e abriu a carta.

A leitura deixou-o ainda mais confuso. Ela fugira? Mas para onde? Como? Quando? Somente em pensar nos perigos aos quais ela estaria exposta, isso já o deixou apavorado. Ao mesmo tempo, não poderia dar conhecimento da carta aos outros antes de conversar com Elizabeth. A melhor solução seria determinar a busca pela ilha. Entardecia, e era preciso organizar os empregados da casa para procurá-la o mais rápido possível. Foi o que fez ao descer ao encontro de dona Maria.

Rodrigo e dom Antônio retornaram à sede da vila e juntaram-se às buscas. Formaram grupos e vasculharam a sede por todas as dependências e pelo vilarejo.

Ao saber da ocorrência, o padre correu a oferecer conforto à família, mas não entendia o que ocorrera para levar Maria Helena a tão impensada atitude de abandonar a família, o marido e a fortuna. Como os demais, pensava que ela havia se suicidado. Nada poderia fazer por sua alma, mas devia conforto à família Alvarez.

Tarde da noite, Franz retornou com um grupo de busca. Revirara todos os lugares da preferência de Maria Helena, mas nada encontrara, nem ao menos uma pista. Entrando na vila, encontrou Elizabeth calma, folheando displicentemente um livro. Seu rosto não tinha o menor traço de preocupação.

— Então, meu irmão, finalmente retornou à casa para descansar. Soube que o seu dia foi atribulado — comentou Elizabeth.

— Pelo que vejo, você teve um dia tranquilo, sem sofrimento — respondeu Franz acidamente.

— Não vejo motivos para abalar-me. O que quer que Maria Helena tenha feito já se concretizou. Nada me resta a fazer senão aguardar que encontrem seu corpo e participar dos funerais.

— Cale a boca, infeliz! — gritou Franz. — Como podemos ser irmãos? Sei que não sou um grande homem, mas me recuso a ser um verme que vive da podridão! Como você pode achar que não tem nada a ver com a atitude de Maria Helena?

Tomado de raiva, Franz, profundamente revoltado, agarrava o braço da irmã com violência e não percebeu a chegada de Rodrigo e de dom Antônio, que se surpreenderam com a cena e com a pergunta de Franz.

Ao longo daquela tarde, Rodrigo, presenciando a preocupação de todas as pessoas que habitavam a ilha, reconheceu que eles tinham um grande apreço por sua esposa e recordou-se dos momentos felizes e de paz que desfrutara ao lado dela desde o noivado até a chegada de Elizabeth à ilha. Com isso, arrependeu-se profundamente da traição cometida. Dom Antônio, impassível, procurava a filha e talvez, por alguns momentos, tenha sentido algo mais profundo por ela. Ele, contudo, conteve as emoções e coordenou friamente as buscas. Assim, ao deparar-se com a cena quando chegava à Vila, rapidamente se recobrou do inesperado e indagou:

— O que dona Elizabeth teria a ver com o sumiço de Maria Helena? Responda-me, senhor Franz. Porque não permitirei que lance dúvidas infundadas sobre sua irmã.

Ante a enfática defesa de dom Antônio, Franz enfureceu-se e resolveu esclarecer aquela história infeliz, que, afinal, cobrava um preço muito alto pela ingenuidade da sua vítima.

— Ah! Então, dom Antônio, severo e correto senhor de grande fortuna, pensa que lhe temo? Saiba que não! Portanto, esqueça sua fidalguia em querer defender sua pobre e linda amante, a minha irmã.

A essas palavras, Rodrigo, pálido, recuou e gritou tomado de fúria. Avançando sobre Elizabeth, ele a sacudiu.

— Traidora miserável! Você me enganou! Envolveu-me neste plano macabro e traiu anos de relacionamento e confiança. Miserável! Explique-me isso!

Dom Antônio, recusando-se a entender o que acontecia, mantinha a defesa da amante, julgando-a inocente. Em meio aos gritos e às acusações de todos os lados, não perceberam a presença de dona Maria ao pé da escadaria, que ouvia e presenciava toda a cena. Compreendendo que o marido mantinha sob o mesmo teto a amante, sentiu-se ultrajada além dos limites e, demonstrando uma força que raras vezes usara na vida, interveio na discussão:

— Calem-se! Pelo que pude entender, se há alguém com direito a explicações, esse alguém sou eu! É minha a casa onde meu marido, ao que pude ver, excedeu todos os limites do bom senso e abrigou a própria amante, fazendo-a ser tratada como amiga e hóspede da família. Não bastasse isso, é minha filha que está desaparecida! E, pelo que entendi, essa rameira também é amante do meu genro. Assim, expliquem muito bem o que se passa. E expliquem isso já!

A autoridade com que falava a senhora Alvarez deixou-os calados. Franz tomou a iniciativa de esclarecer os fatos.

— Dona Maria, a senhora tem toda razão. Todos nós devemos à senhora muitas explicações, e vou dá-las neste momento. A senhora vê Elizabeth, a minha irmã? Pois bem! Há vários anos, alguns antes de Maria Helena casar-se, Elizabeth já era amante de Rodrigo. Não se casaram porque a família dele não aceitaria o passado de minha irmã e porque ambos não teriam juntos a fortuna tão necessária às suas vidas. Por causa disso, quando ela conheceu sua filha em Madri e soube da imensa fortuna da família Alvarez, tramou uma forma de aproximar-se e apossar-se dessa fortuna, o que realizaria facilmente escolhendo quem seria o marido da herdeira. O primeiro candidato a noivo e de maior confiança era eu, mas recusei-me a representar tal papel antes mesmo de conhecer sua filha. Então, decidida a pôr em prática essa infeliz ideia, Elizabeth propôs a Rodrigo, que aceitou a incumbência e hoje é legitimamente seu genro. Casou-se pelo mais legítimo interesse econômico, em conluio com minha irmã e amante dele, que tudo fez para que dom Antônio de nada desconfiasse. Aliás, ele está tão apaixonado por ela, como a senhora, infelizmente, presenciou, que nem foi preciso trabalho.

"Dona Maria — e voltando-se para Rodrigo, que rugia de raiva —, Rodrigo, digo-lhes que Elizabeth e dom Antônio são amantes desde os tempos de Madri, inclusive os bens de que hoje ela desfruta são presentes e demonstrações da estima dele. E, caríssimo dom Antônio, antes que me esqueça, não precisa mais se preocupar em investigar as remessas de dinheiro para minha conta. Não havia negociação alguma intermediada por mim na Europa. Era apenas dinheiro que Rodrigo desviava e mandava para Elizabeth, como pagamento do acordo entre eles para usufruírem de sua riqueza.

— Senhor Franz, minha filha soube algo dessa coisa sórdida e obra do demônio que acabou de revelar? — indagou dona Maria furiosa, mas contida.

— Dona Maria, recorda-se daquela manhã em que Maria Helena entrou correndo e batendo a porta do quarto? Lembra-se que, depois, ela ficou encerrada por dias, dizendo que estava indisposta? — indagou Franz.

— Sim, recordo-me perfeitamente disso. Ela vinha de um passeio pelos jardins com o senhor — respondeu dona Maria.

— Exatamente. Naquela manhã, Maria Helena flagrou minha irmã e Rodrigo em um encontro na praia, naquela cabana logo abaixo da muralha onde terminam os jardins da Vila — informou Franz.

Ao ouvir isso, dom Antônio atacou Rodrigo e Elizabeth com socos e bofetões, sendo contido por dona Maria e Franz.

Elizabeth, absolutamente desalinhada e revoltada com o irmão, anunciou:

— Depois desse ataque de honestidade que você teve, Franz, creio que passaremos um bom tempo sem nos ver. Não pedirei desculpas, pois tudo o que fiz foi por necessidade e não me arrependo! Se Maria Helena foi desmiolada o suficiente para apaixonar-se por um homem e desaparecer ou se matar por causa de um mero romance, eu não tenho culpa. Foi decisão dela; não a mandei fazer isso. Vou arrumar minhas coisas e ir embora. Depois disso, estou dispensada dos funerais.

Dona Maria avançou e esbofeteou o rosto de Elizabeth, deixando marcas vermelhas na pele pálida da jovem. E disse:

— Vá embora, representante do pecado! E não se demore em arrumar sua bagagem! Vá agora mesmo. Siga nos barcos que partem pela madrugada. Não se preocupe com as malas, pois queimarei tudo como se faz com as bruxas. Fora!

E dirigindo-se a Rodrigo e dom Antônio, disse:

— E, quanto a vocês dois, depois que encontrarmos Maria Helena, viva ou não, resolveremos essa questão. Até lá, somente há uma ordem a ser cumprida: encontrar minha filha viva ou morta. Dom Antônio me deve isso pelos longos anos de sofrimento que tenho suportado ao seu lado. E o senhor Rodrigo de M., pela herdeira que lhe dei.

Franz, boquiaberto, não esperava tanta lucidez e presença de espírito em dona Maria. Ela o surpreendera, pois jamais esperaria aquela reação lúcida e firme da matriarca dos Alvarezes. Portanto, não se surpreendeu quando ela mandou todos se retirarem e prosseguirem as buscas no dia seguinte.

Elizabeth, sem alternativa, passou a noite nas cocheiras, pedindo aos serviçais que a levassem na primeira hora da manhã para o porto de embarque. Empreenderia sozinha aquela horrível viagem de retorno à Espanha.

Dona Maria fez questão de ser informada do embarque da prostituta, como passara a designar a antiga hóspede.

Dias se passaram em buscas inúteis. Encontraram as evidências da ação de Maria Helena, como a charrete, a pequena embarcação, deram falta de algumas roupas e joias, mas não chegaram a qualquer conclusão.

Consideravam muito arriscado que ela tivesse tomado uma embarcação com destino à Europa. Se isso tivesse ocorrido, os marinheiros saberiam informar, pois, apesar de ela não ser vista com frequência no porto, todos a conheciam. Deduziram que ela se jogara ao mar, porém vasculharam as praias ao redor da ilha diariamente e não localizaram o corpo, ficando em suspense o paradeiro de Maria Helena.

Mantiveram as buscas, porém, extraoficialmente, aceitavam a hipótese de suicídio e, lentamente, arrefecia a esperança de encontrá-la com vida. Franz partiu para a Inglaterra após a segunda semana de busca. Voltaria à companhia dos antigos amigos, mas carregava consigo a carta de Maria Helena e, no íntimo, uma certeza de que ela vivia, mas não sabia onde.

Georges, alheio ao que se passava na distante ilha da Coroa Espanhola, cuidava com zelo de Maria Helena. Ao examiná-la, descobriu que estava grávida, ainda nos primeiros meses de gestação. Felicitou-se com a nova vida que crescia ao seu lado e depositou nessa gestação toda a esperança de ver a amiga recuperar-se do trauma e da infelicidade que se abateram sobre sua existência.

Foram longos meses, nos quais Maria Helena se dividiu entre o amor ao filho que ela gerava e a raiva, o ódio, consumindo-a emocionalmente. Penalizava-se de sua própria situação e chorava por si mesma e pela criança. Nessas ocasiões, eram inúteis as tentativas de Georges de ajudá-la.

Não bastassem os problemas que ela enfrentava, os vizinhos começaram a tecer comentários indiscretos sobre a presença da jovem esposa de Rodrigo de M., grávida, morando na companhia do médico. Os falatórios acabaram magoando ainda mais a jovem e trazendo sérios incômodos a Georges, que achou melhor transferi-la para a chácara, onde ao menos ficaria resguardada daquelas agressões gratuitas e sem cabimento.

Na chácara, sob os cuidados de Jean, Guilhermina e Georges, veio ao mundo uma linda e saudável menina que recebeu o nome de Manuela.

CAPÍTULO 19
A FUGA FINAL

Os laços de sangue não estabelecem, necessariamente, os laços entre os Espíritos.[25]

Os rumores de que a esposa de Rodrigo de M. estaria residindo em Madri desacompanhada do marido e na companhia do doutor Georges alcançaram a família de M., no período em que Maria Helena já se encontrava na chácara. E eles se permitiram dar crédito a tais rumores. A primeira providência de dom Juan, pai de Rodrigo, foi escrever ao filho pedindo notícias da nora, pois havia meses não recebiam notícias da ilha.

Rodrigo, ao receber a missiva, estranhou a atitude paterna. Dom Juan não era dado a demonstrações de afeto nem era ligado à família. Por educação, informou aos familiares os tristes acontecimentos que ocorreram na ilha, envolvendo o desaparecimento de sua esposa. Obviamente, não relatou sua participação, de Elizabeth, ou do próprio sogro nos fatos, limitando-se a resumir os acontecimentos e se dizer profundamente consternado com a tragédia. Encerrou a resposta afirmando que estava consolando os sogros pesarosos, por quem desenvolvera um profundo afeto.

Os esclarecimentos do filho levaram dom Juan a contratar os serviços de um conceituado detetive para verificar a verdade dos fatos, sem que o nome da família de M. fosse envolvido em qualquer suspeita.

Passados poucos dias, o detetive retornou à presença de dom Juan com um relatório pormenorizado sobre o cotidiano da vida do médico francês, que foi narrado com minúcias e acompanhado de uma série de suposições verbais fundadas na experiência do investigador em tais casos.

25 KARDEC, Allan. **O Evangelho Segundo o Espiritismo**. Araras, SP: IDE. Cap. XIV, item 8.

— Dom Juan, o senhor é um homem de muito prestígio e de grande experiência de vida. Quando ler o relatório que lhe passo às mãos, descobrirá que a herdeira Alvarez, muito antes do casamento com seu filho, cultivava uma profunda ligação com esse médico. Apurei que estão vivendo sob o mesmo teto há mais de sete meses. Para poupá-la dos mexericos da sociedade, ele levou-a para uma chácara de sua propriedade localizada nas cercanias da cidade, onde trata de loucos de todo gênero de forma muito liberal e diferente dos tratamentos convencionais. Lamento dar-lhe a notícia de que sua nora deu à luz uma menina há aproximadamente quinze dias. Parece que seu filho foi completamente enganado, senhor. A jovem em questão fê-los crer que estivesse morta e, por certo, com a ajuda do médico, retornou ao seu convívio. Agora ambos vivem sob o mesmo teto, e ela recentemente teve uma filha. Mas aqui está o relatório com todas as perguntas que o senhor desejava ver respondidas. Encontrará alguns depoimentos de pessoas que residem próximas à casa do doutor Georges a fim de provar-lhe a verdade dos fatos.

Tomando o relatório das mãos do detetive, dom Juan de M. respondeu:

— Agradeço seu empenho em rapidamente solucionar o caso e com a discrição solicitada. Lerei as informações que me traz e tomarei as medidas que julgar necessárias.

Dom Juan pagou ao profissional e dispensou-o apontando-lhe a porta e despedindo-se formalmente.

Encerrado na biblioteca, dom Juan leu atentamente as informações contidas no relatório e decidiu informar a esposa do teor do documento. Juntos, os pais decidiram solicitar a presença de Rodrigo e dom Antônio com a máxima urgência em Madri, a fim de darem término àquele escândalo que manchava o bom nome da família de M. Ao mesmo tempo, acreditavam estar auxiliando os Alvarezes, que, segundo informações de Rodrigo, havia meses choravam a morte prematura da única filha.

— Não sei qual dor é pior. Se a perda inexplicada da filha ou sabê-la capaz de uma traição tão inescrupulosa, manchando o nome honrado de duas famílias e desprezando todo o patrimônio pelo qual lutaram seus antepassados em troca do convívio pecaminoso com um francês — repetia incansavelmente dona Margarida, mãe de Rodrigo.

As palavras dela retratavam o pensamento dominante da sociedade e especialmente as disposições da família de M.

Não conheciam a verdade escondida sob a dor e julgavam sem maiores esclarecimentos o que não compreendiam: uma amizade sincera, por estar acima dos preconceitos de uma época.

Rodrigo de M. e dom Antônio Alvarez partiram imediatamente para Madri ao receberem a carta de dom Juan. A relação deles estava severamente estremecida desde a revelação dos fatos envolvendo Elizabeth, porém eram membros de uma mesma família e, em nome do dever familiar, guardaram as mágoas e deram continuidade ao trabalho comercial que os absorvia com idêntico fervor.

Dona Maria nem ao menos fora avisada do motivo da viagem. Acreditava ter a filha sepultada sob as ondas do mar que cercava a ilha e diariamente mandava rezar missas pela desaparecida. A dor consumia-lhe a vida rapidamente e, ao longo daqueles meses, envelhecera o equivalente a muitos anos. Definhava lentamente de tristeza. Como não ficaram esclarecidos os fatos que envolviam o caso, o padre estava um tanto quanto livre, naquele local remoto, para realizar os pedidos de dona Maria, o que seria bem diferente se restasse comprovado o suicídio da jovem. Assim, após a tempestade, a vida na ilha estabelecera uma nova rotina.

Recebidos na mansão da família de M. por familiares aflitos e cuja raiva era evidente, Rodrigo e dom Antônio tomaram conhecimento do relatório encomendado por dom Juan.

— Como é possível que isso seja verdade? — indagou Rodrigo espantado. — Maria Helena é uma jovem meiga e doce. Não é possível que tenha me enganado por tanto tempo, escondendo uma relação amorosa extraconjugal com Georges. Céus! Chorei por meses culpando-me por sua morte e a fingida estava bem melhor do que todos nós, gozando da vida em Madri e tendo uma criança.

Ah! Rodrigo de M. não deixaria passar aquela oportunidade para vingar-se de todas as humilhações que passara com dom Antônio. As relações entre eles estavam estremecidas, e todo motivo para espezinharem um ao outro era válido. Com a revelação do romance escandaloso da mulher com o médico francês, Rodrigo isentava-se, assim, de todas as culpas pelo passado. Na forma de pensar do rapaz, a esposa apenas usara a descoberta de sua paixão por Elizabeth como desculpa para fugir aos deveres do casamento e entregar-se ao relacionamento com Georges, o que não fizera antes do casamento.

— Então, caro sogro, o que me diz diante das provas que meu pai lhe apresentou? — perguntou Rodrigo a dom Antônio.

— Rodrigo as provas de seu pai, se verdadeiras, terão em mim o maior defensor. Entretanto, precisamos averiguar pessoalmente os fatos para fazermos um julgamento mais acertado. É fora de dúvida que a conduta de minha filha é reprovável. Mesmo que os últimos tempos, antes de seu desaparecimento, não tenham sido os melhores do casamento de vocês, compreendo que ela agiu errado em abandoná-lo. Mas não sejamos precipitados em atribuir a paternidade dessa criança àquele médico. É também conhecido por todos que eu nunca o apreciei, porém, verdade seja dita, a criança pode ser sua, Rodrigo. A menos que tenha como afirmar categoricamente a total impossibilidade da paternidade — respondeu dom Antônio.

As palavras de dom Antônio soaram no íntimo do genro. Ficara tão envolvido com a denúncia de traição e a revelação de que a esposa ainda vivia que não pensara na hipótese de ser o pai da menina e não Georges.

— Não, dom Antônio. Não posso afirmar categoricamente que não é minha filha a criança que Maria Helena deu à luz. Nosso casamento, ao contrário do que o senhor diz, estava muito bem. Os fatos que ocorreram na ilha em nada afetaram minha convivência com sua filha. Entretanto, nada pode impedir que paire a dúvida sobre quem é o pai dessa menina. Há meses, ela convive sob o mesmo teto com um homem maduro. Como ela pôde me enganar tanto com aquele ar de ingenuidade? Jamais a julgaria capaz de semelhante coisa. Mas nada posso contra todas as evidências de traição que recebo de meu pai — respondeu Rodrigo.

— Compreendo sua delicada posição, dom Antônio. Parece-me muito sensata sua proposta. Precisamos enfrentar os traidores, frente a frente. Felizmente, para fugir à reprovação social, há alguns meses estão morando na tal chácara de loucos referida no relatório. Isso é bom, pois não teremos o testemunho dos vizinhos para nossa visita. Não queremos mais comentários. Partiremos amanhã, nas primeiras horas do dia — interveio dom Juan.

Após uma noite de sono perturbado para os moradores da mansão da família de M., partiu, nas primeiras horas, uma carruagem fechada, levando visitantes à chácara de Georges.

Alheios ao que aconteceria, os moradores na chácara iniciavam o dia trabalhando com alegria. A chegada da menina Manuela fizera renascer neles a ternura necessária aos cuidados com os recém-nascidos.

Guilhermina preparava um esmerado desjejum para Maria Helena, ao mesmo tempo que Jean aquecia a água e organizava o que seria necessário à higiene da pequena. Georges costumava acordar muito cedo e dar longos passeios, que, dizia ele, lhe renovavam as energias no contato com as forças da natureza e o despertavam para um novo dia.

Após o nascimento de Manuela, Georges fazia companhia à mãe convalescente e ao bebê no desjejum, aproveitando para examinar a saúde de ambas e acompanhar muito de perto o estado de ânimo de Maria Helena, extremamente oscilante naqueles dias. Ora a jovem estava calma, tranquila, feliz com o bebê; ora se entregava à tristeza e às angústias que a incerteza do futuro lhe traziam acumuladas com as mágoas do passado recente. Era, contudo, indiscutível seu amor pela filha, e isso era a grande esperança de Georges para vê-la recuperar o equilíbrio emocional. Dedicar-se à filha e acompanhar-lhe o crescimento deveriam fazê-la esquecer o passado e com ele os rancores e medos que a consumiam intimamente.

Aquela manhã não fora exceção. Após seu passeio, Georges estava nos aposentos de Maria Helena com Manuela nos braços. Era uma imagem encantadora um homem de físico avantajado ser tão delicado ao tomar nos braços um bebê frágil e rosado, envolto em mantas, com fitas confeccionadas com carinho e capricho por Guilhermina e Maria Helena.

— Então, minha querida mamãe, como se comportou nossa princesinha essa noite? — indagou Georges.

— Muito bem, quase não chorou. Acordou apenas para mamar e dormia em seguida. Não teve as cólicas das noites anteriores — respondeu Maria Helena.

— E você, mamãe, está bem? Dormiu bem, sem pesadelos?

— Tivemos uma noite excelente, Georges. O chá que Guilhermina me trouxe me fez muito bem, e creio que tenha até acalmado Manuela — Maria Helena sorria relaxada.

Após a batida na porta, Jean entrou carregando o jarro com água e toalhas aquecidas, que ele colocou sobre a cômoda. Logo em seguida, informou:

— Guilhermina está terminando o desjejum e virá para o banho da menina.

— Estamos aguardando, Jean. Pode dizer-lhe que não temos pressa. Nossa princesinha está comportada esta manhã.

— Mesmo assim, doutor Georges, o senhor sabe que Guilhermina virá correndo. Ela adora cuidar da menina. Acho que é porque não tivemos filhos e, como ela esteve com dona Maria Helena quase toda a gestação, acho que se considera um pouco mãe da menina também.

Georges riu sonoramente.

— Como é bom ter um bebê em casa! Viu, *ma petite* [minha pequena], você fez uma revolução nesta chácara — disse Georges, falando suavemente com Manuela, que segurava a mão do médico aninhada em seu peito.

— Manuela é uma criança feliz e tem muitas pessoas que a amam e a cobrem de mimos — comentou Maria Helena, observando a atenção dos amigos com a filha.

— Ora, dona Maria Helena! Como não iríamos cobrir de mimos a bebê? Aqui, até para tratar dos loucos, doutor Georges exige que seja com carinho. Imagina! — respondeu Jean, espontaneamente.

— Jean, já basta! Nossos pacientes merecem o carinho que recebem, e eu já lhe expliquei as razões. São almas doentes e profundamente sofridas. Ajudá-las é o mínimo que posso fazer. Agravar-lhes os sofrimentos com técnicas animalescas é desumano — explicou Georges, sem perder a calma.

Maria Helena sorriu com a breve altercação entre o servidor e o médico. A jovem aprendera que, apesar das diferenças, eles eram muito ligados. Um cooperava com o trabalho do outro, e ambos, cada qual com sua compreensão, tinham o mesmo interesse no bem-estar dos doentes.

— Vocês dois vão acordar Manuela com essa discussão boba — alertou Maria Helena.

— Você tem razão — concordou Georges e, voltando-se para Jean, disse: — Vá chamar a Guilhermina, Jean. Todos aqui adoram acompanhar o banho da pequena. Vá logo, senão a água esfriará.

Jean apenas sorriu matreiro para Maria Helena e saiu rapidamente.

Georges observava Maria Helena recostada nos travesseiros. A noite bem dormida mostrava seus efeitos; ela estava calma e mais bem-disposta. Maria Helena apreciava o carinho que Manuela recebia, e isso transparecia na luz que iluminava seus olhos nesses momentos.

— Cheguei para o banho da minha menina — anunciou Guilhermina à soleira da porta dos aposentos e prosseguiu:

— Passe essa trouxinha, doutor Georges. Ela agora será minha.

Com todo o carinho, conversando com a bebê, Guilhermina começou os preparativos do banho.

— Você não vai chorar. Uma menininha tão bonita precisa ficar limpinha. Tem que se acostumar — dizia ela.

Todos riam das atitudes de Guilhermina, que, feliz, continuava a conversar com a criança como se ninguém mais existisse no quarto.

Georges ficava extremamente contente em ver a forma como aquele espírito estava sendo recebido em seu retorno à Terra. Acompanhar a gravidez de Maria Helena, o parto e o desenvolvimento da criança, sob a luz dos esclarecimentos que recebia do grupo de Cádiz, o fizeram aprender muito e ver ainda mais beleza no milagre da reprodução da vida. Era um ser espiritual voltando à matéria para novo curso, aprendizado. Não era meramente um bebê de faculdades intelectuais limitadas. O espírito acompanhara a mãe ao longo da gestação, era inteligente, percebia tudo o que ocorria à sua volta e reagia conforme a natureza lhe permitia e conforme era recepcionado na Terra. Por isso, Georges ficava encantado com a naturalidade com que Guilhermina conversava com a criança. Era intuitivo saber que, sob a forma do bebê, havia um espírito inteligente que a tudo compreendia.

A alegria continuava na chácara até que se ouviu a chegada de um veículo, e Jean, prontamente, deixou o quarto para atender quem chegava ao local.

Ao reconhecer os semblantes carregados dos três cavalheiros, Jean soube que aquela não seria uma manhã como as outras. Eles, por certo, vinham atrás de notícias de Maria Helena e da bebê.

— Bom dia, senhores. Em que posso servi-los? — cumprimentou-os educadamente.

— Bom dia, Jean — respondeu Rodrigo. — Estamos aqui à procura do doutor Georges. Informaram-nos que ele está residindo aqui há algum tempo. Desejamos vê-lo e temos urgência. Por gentileza, anuncie nossa presença.

— Claro, senhor Rodrigo, vou chamar doutor Georges. Queiram acomodar-se e aguardar. Posso oferecer-lhes um café?

— Dispensamos. Temos a máxima urgência em falar com médico. Chame-o — ordenou dom Juan de M. secamente.

Intimidado com o tom de comando, Jean apressou o passo e regressou aos aposentos em que estavam Georges e os demais. Bateu e abriu a porta, inserindo a cabeça pela abertura para chamar o patrão.

— Doutor Georges, temos visitas.

— Tenho certeza de que você já os acomodou, Jean. Alguém está doente? — perguntou Georges.

— Não, senhor, mas é urgente — respondeu Jean.

— Não havendo doentes, podem aguardar alguns minutos para que eu termine de examinar Manuela. Diga-lhes que estou examinando um bebê e peça, por favor, que esperem alguns minutos — disse Georges envolvido com a menina.

— Doutor Georges, não acho bom o senhor fazer isso. São pessoas importantes — insistiu Jean preocupado.

Pela insistência de Jean, o médico voltou-se para encará-lo e, notando a preocupação real em seus olhos, apressou a contragosto a arrumação das roupas de Manuela, entregando-a a Maria Helena para dar-lhe de mamar.

— Helena, tome nossa princesinha. Ela, agora, precisa se alimentar para crescer. Atenderei a essas ditas "importantes pessoas", pois, como vemos, nosso Jean está aflito por causa delas.

Beijando a fronte de Maria Helena, despediu-se, e, assim que saiu do quarto e fechou a porta, Jean o pegou pelo braço dizendo:

— Doutor Georges, vamos conversar no outro quarto.

Jean abriu o cômodo em frente e empurrou o médico para dentro.

— Doutor, nossos visitantes estão com cara de poucos amigos. Tome cuidado — começou Jean.

— Ora, Jean! Desde quando se deve temer cara feia? Diga logo quem são! — disse Georges, incomodado com a atitude do empregado.

— São três pessoas doutor: o senhor Rodrigo de M., o pai dele e dom Antônio Alvarez — falou Jean de supetão.

— Céus! — exclamou o médico.

Preocupado, Georges sentou-se em uma poltrona e passou as mãos pelo rosto.

— Esse dia haveria de chegar, eu sabia, mas não contava que fosse tão rápido. Agradeço que tenha me prevenido, Jean. Obrigado.

— O que fará agora, doutor Georges? Não vai deixá-los levar a menina, vai? Guilhermina ficará muito triste se isso acontecer.

— Só a Guilhermina, Jean? Todos nós nos apegamos a Maria Helena e a Manuela. Preciso ouvi-los primeiro. Não diga nada às mulheres por enquanto. Onde estão os visitantes? Vou enfrentá-los.

— Na sala de estar, doutor. Dispensaram o café que ofereci.

— É, esta conversa dispensa coisas saborosas. Nada terá de agradável — falou Georges.

Preocupado, o médico foi ao encontro dos visitantes.

— Bom dia, senhores. Sejam bem-vindos à minha residência — Georges cumprimentou-os estendendo-lhes a mão, que, ostensivamente, foi ignorada, gerando de imediato uma sensação de mal-estar.

— Muito bem! — prosseguiu o médico — Desejam sentar-se ou preferem que conversemos em pé? De minha parte, prefiro acomodar-me, mas sintam-se à vontade.

— Doutor Georges — iniciou dom Antônio asperamente —, soubemos de fonte segura que o senhor coabita há alguns meses com minha filha, uma mulher casada, como é de seu conhecimento. Aliás, fugida do lar, onde a tínhamos por morta a esta altura. Para maior escândalo, soubemos que ela deu à luz recentemente. Gostaríamos que explicasse esses fatos, que têm trazido vexame às nossas famílias. Como o senhor se atreve a seduzir uma mulher casada, que vivia em local distante com família honrada, e afrontar a família de M. em plena sociedade madrilena?

A essa colocação, dom Juan e seu filho, prontamente, aproveitaram para dirigir-lhe mais algumas palavras amargas e agressivas.

Georges, perplexo, não acreditou no que ouvira. "Que tipo de distorção da realidade essas pessoas vivem?", indagava-se intimamente. "São devassos renomados e conhecidos e julgam-me da mesma forma, bem como aquela pobre criatura, cujos sentimentos sua ambição e ganância destroçaram." Enquanto pensava, tardava a reação, e seus agressores prosseguiam com calúnias e expressões injuriosas à sua conduta e à de Maria Helena.

Quando percebeu que a balbúrdia poderia despertar a atenção de Maria Helena, ordenou-lhes que silenciassem.

— Os senhores disseram que desejam ouvir minhas explicações. Eu não lhes devo explicações. Nada fiz para seduzir minha amiga. Aliás, isso jamais ocorreu a qualquer um de nós, nem mesmo em pensamento! Os sentimentos que tenho por ela são absolutamente paternais, dom Antônio. Sentimento que, por certo, o senhor desconhece, ou sua filha jamais teria batido às portas da minha casa pedindo ajuda. Quanto a você, Rodrigo, creio que bem sabe que o seu dever é ficar calado. Se lembrar do último jantar na minha casa, antes da partida para a ilha, recordará a advertência que lhe fiz. Eu pressentia que não poderia confiar em você — enquanto falava, Georges encarava um a um os seus ouvintes. — Eu lhe avisei que tinha nas mãos uma criança pura e ingênua que o amava, e o que você fez? Destruiu todos os sonhos dela, o próprio mundo emocional de Helena, traindo-a vergonhosamente e usando-a para angariar dinheiro para si e para sua amante. Pensaram que eu não soubesse, não é mesmo? Pois eu sei. Não me interessa julgá-los, pois a vida anota nossas atitudes e nos dá a retribuição merecida e necessária, mas não é por isso que deixarei que me ofendam e a Maria Helena. Pela sua expressão de espanto, dom Juan, acredito que eu tenha lhe dito algumas novidades, coisas que o senhor desconhecia a respeito do seu filho.

— De fato, entretanto, são apenas palavras ainda, e o que tenho em minhas mãos são documentos que atestam que há meses o senhor reside em companhia de minha nora e disso não deu ciência a ninguém — retrucou dom Juan.

— São fatos bastante simples de serem explicados. Entretanto, se não contar com a compreensão de todos, não gastarei meu tempo com palavras que serão inúteis. Os senhores já chegaram aqui com uma opinião formada, então, dificilmente o que eu disser mudará alguma coisa — respondeu Georges.

— Covarde! — acusou dom Antônio. — Nem ao menos vai se defender! Eu deveria desafiá-lo para um duelo.

— Não perca seu tempo, dom Antônio. Jamais participei de um duelo, e não será hoje que me farão mudar de opinião. Se desejarem conversar civilizadamente sobre o caso de Maria Helena e Manuela, atenderei de boa vontade, porém não participo de discussões e muito menos de duelos. Isso não tem cabimento. E, se já encerraram a visita, queiram se retirar.

— Como queiram se retirar? E minha mulher, onde está? Preciso vê-la — falou Rodrigo irritado.

— Rodrigo, não permitirei que a veja até que eu tenha certeza de que essa visita será benéfica a ela e à criança. Afirmo-lhes que a filha não é minha e que confio integralmente na fidelidade de Maria Helena ao casamento. Mas, neste momento, ambas são minhas pacientes, e, como tal, não permito, ouviram bem, que sejam molestadas. Jean, acompanhe os senhores à saída. Eles voltarão outro dia, quando estiverem mais calmos e lúcidos — disse Georges.

E, sem aguardar resposta, deu-lhes as costas e entrou no consultório, fechando a porta. Jean, tomando a frente dos visitantes, conduziu-os à saída, ouvindo toda sorte de desaforos e inverdades lançadas contra as pessoas com quem convivia e admirava.

Aquela foi a primeira de uma série de desagradáveis visitas que acabavam em discussões inúteis, pois dom Antônio e os de M. tinham uma opinião formada e desejavam a capitulação de Georges.

Por um bom tempo, essas visitas passaram despercebidas por Maria Helena, entretanto, passados quase dois meses da primeira visita, ela tomou conhecimento das pressões sociais que o amigo vinha sofrendo.

Vários de seus pacientes particulares foram retirados de seus cuidados, independentemente da melhora que apresentaram, e alguns fizeram isso com algazarras suficientes para despertar a jovem mãe e deixá-la ouvir o escândalo mais comentado na sociedade madrilena naqueles dias: a vida pecaminosa do médico francês e da jovem esposa de Rodrigo de M., que incluía uma filha bastarda.

— Doutor Georges, vim tirar minha mãe de seus cuidados. Com sua reputação, não convém que atenda à nossa família, quanto mais permitir que minha mãe permaneça mais um dia sob o teto em que o senhor vive em flagrante adultério com uma jovem casada. Toda a cidade já comenta esse desrespeito que aqui se comete, lançando lama sobre o nome de uma das mais honradas famílias de Madri. Com certeza, nenhuma família de classe há de querer seus serviços. Não sei o que será de seu futuro, mas também já sabemos que na França o senhor não é bem-visto. Deve ter sido caso semelhante! Quantos filhos bastardos o senhor tem?

Maria Helena ouvia as calúnias dirigidas a ela e ao médico, envolvendo até mesmo uma criança inocente. Não contendo seus impulsos, a jovem saiu da cama trajando apenas uma fina camisola e irrompeu na sala furiosa, com os cabelos desalinhados e olhos chamejantes. Nem sequer ouviu as advertências de Georges para que se acalmasse e voltasse aos aposentos; atacou aos gritos o cavalheiro que retirava a paciente dizendo-lhe:

— Quem o senhor pensa que é para julgar algo que desconhece? Quem lhe disse que tudo o que as pessoas falam é verdadeiro? O que sabe o senhor do meu casamento, do meu *mui* digno e interesseiro marido e sua magnífica família? Como ousa agredir um médico, que tem trazido melhoras incríveis a muitos doentes? E pior! Como tem a ousadia de envolver em falatórios de baixo nível a vida de um ser inocente que conta apenas alguns meses? Eu vou matá-lo se o senhor trouxer um só minuto de sofrimento à minha filha — dizendo isso, Maria Helena lançou-se completamente descontrolada contra o estranho.

Georges, com a ajuda de Jean, que fora atraído para lá pelos gritos de Maria Helena, conseguiu contê-la com esforço. Em meio à confusão, não perceberam a saída mais do que apressada do estranho e da paciente que levava consigo.

— Vamos, mamãe! Isto aqui é realmente uma casa de loucos. Esse médico é insano e depravado. Deixemos esta chácara o quanto antes — dizia o outrora satisfeito familiar de uma paciente.

Ouvir as calúnias proferidas pelo estranho reativara as dores e mágoas que Maria Helena carregava, reacendendo em seu consumido e frágil mundo emocional a dor e o desespero e acrescentando um temor descontrolado e a fúria de que aquele sofrimento tocasse a vida de sua filha, o bem mais precioso que tinha.

Passada a crise furiosa, em que extravasara seus sentimentos, caiu num pranto convulsivo e desesperado. A partir desse dia, o estado de Maria Helena piorou progressivamente. A jovem desesperava-se com sofrimentos imaginários e não suportava ver os pacientes abandonando um a um a chácara do amigo. A cada veículo que saía da chácara era uma crise.

A pior de todas ocorreu quando Rodrigo de M. e seus pais desejaram conhecer Manuela, acreditando que ver a criança seria a única forma de saber de quem era filha e cessar a dúvida que atormentava a família.

Após o almoço, Georges descansava lendo as cartas de Joana e de Marcos. O contato com os amigos queridos de Cádiz era seu conforto naqueles dias conturbados. Contara tudo a Joana. Relatar o que passava e como se sentia confortavam-no, e as respostas carinhosas e compreensivas de Joana davam-lhe esperanças de dias melhores.

Marcos estava desolado e reagia indignado à incompreensão das pessoas que interrompiam tratamentos vitoriosos contra um mal desconhecido movidas por ideias preconcebidas e falatórios. Por vezes, Georges compartilhava da indignação do amigo, mas, percebendo o quanto lhe fazia mal perturbar seus pensamentos e sentimentos com a maldade social, logo abandonava o sentimento, lembrando-se das palavras que lhe escrevera Joana: "[...] esta sociedade triste se diz cristã e julga sem piedade seu semelhante, afrontando todos os ensinamentos de Jesus. Eu bem sei o quanto dói, pois ainda vivo as consequências disso. Mas não se deixe abater, Georges. É possível vencer e ser feliz se eles não tocarem seu mundo íntimo. Guarde-o em paz, como me ensinou".

Quando terminou a leitura e ergueu os olhos para a paisagem verdejante e ensolarada que se descortinava da grande janela que à sua frente, avistou ao longe, na estrada, uma carruagem e logo depois reconheceu como sendo a da família de M.

Foi até a porta, chamou Jean, que fazia a limpeza no boticário, e perguntou:

— Jean, como está Maria Helena?

— Dormindo, doutor. Essa manhã, teve outra crise nervosa, e Guilhermina demorou a acalmá-la. Estava tão enfurecida que nem se lembrava da nossa princesinha e dizia coisas sem nexo. Ela está piorando, não é, doutor?

— Lamentavelmente, sim, Jean. O golpe nos sentimentos dela foi muito forte. Maria Helena era uma pessoa despreparada para suportá-los. A educação que recebeu foi esmerada em termos formais, porém absolutamente falha em preparação moral para enfrentar os reveses que a vida nos apresenta. Ela está naufragando a olhos vistos. Tenho tentado conversar com ela, porém tem sido inútil. E, no horizonte, uma nova tempestade se apresenta. Chame Guilhermina e peça-lhe que vele o sono de Maria Helena e cuide de Manuela. Temo que enfrentar essa família seja fatal para o estado dela — orientou Georges apontando a estrada pela qual o veículo se aproximava da chácara.

— Certo, doutor Georges. Direi a Guilhermina que por nada abandone o quarto de dona Maria Helena e da menina.

Rapidamente, Jean transmitiu à esposa as ordens do médico e deixou-a junto a Maria Helena e a bebê.

Quando a carruagem parou em frente à porta de entrada, Georges e Jean aguardavam para recepcionar os indesejáveis visitantes.

Tão logo eles desceram da carruagem, Georges falou:

— Não mentirei, senhores, dizendo que são bem-vindos a esta casa. Não o são e sabem disso. Nossos últimos encontros foram desastrosos, e, antes que piorem, acredito que será melhor para todos que cessem em definitivo. Evitaremos dissabores até o dia em que, lucidamente, queiram discutir o problema que os traz aqui.

— Lamento, doutor, mas não sou homem acostumado a receber ordens — respondeu Juan de M... — E jamais vindas de um estrangeiro.

Viemos aqui para conhecer a menina, e não sairei daqui enquanto não a conhecermos. Minha esposa, sabiamente, lembrou-nos de que essa é a única forma de sabermos se ela é ou não filha de Rodrigo. Toda a nossa família tem uma marca de nascença. Se a menina for filha de Rodrigo, é possível que a possua. Precisamos vê-la.

— Senhor Juan, é louvável o interesse por sua neta, embora não creia na minha palavra, quando afirmo que a menina é sua legítima descendente. Mas, como já lhes disse, não permitirei a entrada dos senhores. Maria Helena não está bem, e vê-los só piorará a condição dela. Por isso, retirem-se em paz da minha propriedade — repetiu Georges firme.

Ao compreender que estava sendo posto para fora e que o médico não atenderia à sua determinação, Juan de M. agrediu Georges violentamente, jogando-o sobre o batente da porta, onde o médico bateu com a cabeça, perdendo, assim, os sentidos. Jean, assustado, correu para socorrer o patrão caído, e, nesse momento, os visitantes indesejáveis invadiram a chácara vasculhando os dormitórios à procura da criança.

Jean arrastou o médico até uma poltrona na sala e ouviu os gritos de Guilhermina.

— Quem são os senhores? Soltem a menina! Jean! Doutor Georges! Onde estão? Socorro!

Georges recobrou os sentidos e, ainda tonto, foi ao quarto de Maria Helena amparado por Jean. Lá reinavam soberanas a confusão e a discórdia.

Maria Helena despertou, e, como se seus pesadelos tivessem se tornado realidade, lá estava materializado o seu marido. O ódio mudo alimentado desde a descoberta da traição ganhou palavras e gestos. Ao vê-lo aproximar-se do berço, no qual a criança chorava assustada, ela perdeu completamente o controle e passou a agredi-lo com um castiçal de prata que havia sobre a cômoda. Enquanto o golpeava ferozmente, gritava toda a sua fúria de mulher enganada e ferida em seus sentimentos e arranhava-o como gata furiosa.

Os sogros não conseguiam contê-la ou afastá-la. Agarrada às costas de Rodrigo, Maria Helena era uma imagem por demais triste, mas também era alguém ultrajada, que defendia seu maior patrimônio: a filha.

— Maldito! Interesseiro! Desgraçado! Roubou-me tudo! O amor, a alegria! Abusou de minha ingenuidade, tirou-me a família, está destruindo meu amigo, mas na minha filha você jamais tocará com essas mãos imundas! Fora! Fora daqui! Seus vermes! Rua! Eu mato quem tocar em minha filha! — gritava Maria Helena transtornada.

Rodrigo horrorizou-se com o estado de Maria Helena. Não reconhecia naquela mulher tresloucada a doce jovem que fora sua noiva. Seus olhos brilhavam ensandecidos, e seu rosto era um ricto de ódio. Tentava em vão defender-se dos ataques dela. Os pais de Rodrigo ficaram paralisados ao ver o quadro que a nora apresentava.

— Está louca, Juan. Maria Helena está louca — dizia repetitivamente a mãe de Rodrigo ao marido, em estado de choque.

Georges, que desde que se levantara amparado por Jean, orava pedindo a Deus ânimo e lucidez para enfrentar aquele momento, mas, ao ouvir os gritos de Maria Helena e o ruído de coisas sendo jogadas e quebradas, sabia que o pior havia acontecido. Como doeu ver aquela menina que fora a bênção de seus dias de solidão naquele estado deplorável. Georges sentia a dor de um pai, que via seu filho morrendo em vida. A cada passo naquele extenso corredor, envelhecia um pouco mais devido à imensidão de sua dor.

Ficou parado à porta, em prece, chorando ao ver o estado de Maria Helena. Nenhuma palavra seria bastante para descrever sua dor. Lágrimas grossas e fartas corriam por sua face, em geral, alegre e brincalhona. Sua dor impôs respeito. E o que suas palavras não impediram, seu pranto silencioso e sofrido conseguiu. Jean e Guilhermina afastaram o casal engalfinhado perto do berço da criança. Num ímpeto, Guilhermina pegou Manuela, afastou-se e chamou Maria Helena para que ela segurasse a filha junto de si e assim largasse Rodrigo.

Movida por uma cega confiança de que, com a filha nos braços, ninguém a tiraria dela, Maria Helena atendeu ao pedido de Guilhermina. Sem uma palavra, os de M. abraçaram Rodrigo, que estava totalmente desalinhado, machucado e em pranto, e deixaram a chácara.

Maria Helena não se recuperou daquela crise. Desde então, passava os dias ninando a filha e não a largava por nada. Com muito custo, conseguiam que ela permitisse a realização da higiene da criança. As crises de choro tornaram-se muito frequentes. Ela dormia pouco e, em algumas semanas, emagreceu vários quilos. A pele da moça perdeu o brilho, e seus olhos fixaram a expressão ensandecida. Georges usou tudo o que sabia na tentativa de recuperá-la, porém sua luta foi inglória.

Em meados de 1853, Manuela contava sete meses. Numa madrugada, Maria Helena, insone já há alguns dias, burlou a vigilância de Guilhermina, que, exausta, adormecera em uma cadeira ao lado da cama, em que, abraçadas, estavam o bebê e a mãe. Em meio às suas crises, insinuava-se na mente de Maria Helena a ideia da morte como a única saída possível para seu sofrimento.

A desilusão imperava em sua alma, e a falta de uma fé segura fazia a esperança de dias melhores soçobrar em Maria Helena. Viver daquela forma era horrível. Ela não acreditava mais nas pessoas, afinal, fora enganada, traída, caluniada, e ainda queriam lhe roubar a filha. "Para que continuar?", pensava ela. "Melhor o nada, o fim. Deus não existe. A morte deve ser o descanso, e eu estou cansada", pensava. Morreria e levaria a filha consigo, pois não havia motivo para deixá-la neste mundo.

Enquanto todos dormiam, Maria Helena, abraçada à filha, encaminhou-se para o boticário de Georges. Ela sabia que lá havia muitas drogas e alguns venenos e que encontraria neles o alívio que procurava. Primeiro, ministrou à filha uma alta dose de uma droga de efeito calmante misturada a arsênico. Depois, sentou-se na poltrona de Georges e ingeriu uma dose altíssima da mesma substância. Sentiu um torpor e desfaleceu, enquanto o veneno destruía sua vida física. "Seria rápido e seria a última dor que suportaria na vida", esse foi o último pensamento dela.

CAPÍTULO 20
O DESPERTAR

Esta dúvida da morte é muito comum nas pessoas falecidas há pouco, e sobretudo naquelas que, durante a vida, não elevaram sua alma acima da matéria. [...] Essa ilusão é sempre mais ou menos penosa, porque nunca é completa e deixa o Espírito numa certa ansiedade.[26]

— Dona Maria Helena! Onde está a senhora? — chamava Guilhermina à procura da jovem e da criança, despertando os moradores da chácara.

Georges e Jean encontraram-na no corredor.

— Procurei em todos os quartos, mas não as encontrei. Ontem, sem querer, adormeci. Manuela dormia tranquila, e dona Maria Helena parecia calma. Recostei-me e não faz muito tempo que acordei. Depois, dei falta das duas. Onde estarão? Não creio que os de M. tenham voltado. A casa está toda fechada — justificava a empregada aflita pelo acontecido.

— Sim, Guilhermina, não notei nada de diferente. Não há sinais de invasão — informou Jean com a preocupação refletida no rosto.

— Acalmem-se! Talvez Maria Helena tenha resolvido levantar-se e caminhar um pouco. E, como está insone há várias noites, pode ter adormecido em algum canto. Vamos fazer uma busca na casa.

Vasculharam todas as dependências da residência, e mas não havia sinal de Maria Helena.

— Doutor Georges, eu acho estranho o silêncio da bebê. Ela sempre acorda com fome logo ao clarear do dia, e hoje não ouvimos o choro dela — disse Guilhermina.

— Tem razão, Guilhermina. Diga-me: qual era o estado de Maria Helena à noite, depois que as deixei? — perguntou Georges.

— Ela estava estranha. Não falou comigo, não chorou, nem estava nervosa. Apenas olhava fixamente para o teto e a menina. De vez em

26 KARDEC, Allan. **O Céu e o Inferno**. Araras, SP: IDE. Cap. V.

quando, olhava para a janela, mas parecia não enxergar nada. Não disse sequer uma palavra, pouco se movimentou e manteve-se em silêncio. Eu, então, acabei dormindo, coisa que, o senhor sabe, dificilmente acontece quando estou cuidando delas, até porque tenho dormido durante o dia nesses tempos em que ela tem estado tão doente — informou Guilhermina.

— É verdade! Agradeço sua dedicação — comentou Georges, que se afligiu com a descrição do estado de Maria Helena. Já vira outras pessoas em quadros semelhantes, e o desfecho era trágico. Em silêncio, decidiu ir ao boticário. Lembrou-se de que, durante a gestação, Maria Helena demonstrara interesse em conhecer as drogas que ele guardava, aprender a utilizá-las e se seriam letais ou não.

Os criados, notando a direção na qual ele seguia, compreenderam seu temor, a súbita palidez de seu rosto, e apressaram-se a acompanhá-lo.

Ao abrirem a porta, a cena era hedionda. Maria Helena tinha os olhos desmesuradamente abertos, sangue escorrendo pelos olhos, nariz, ouvidos e boca, vestimentas sujas de urina e fezes. O corpo, retorcido na cadeira, apertava o bebê roxo e com manchas de sangue coagulado em todo o rosto.

— Meu Deus! — exclamaram em uníssono.

Aproximando-se dos corpos, precisaram olhá-las apenas para constatar suas mortes. Ao lado da cadeira, encontraram os frascos vazios. Tomando-os nas mãos, Georges identificou as drogas que continham neles. Eram letais quando ingeridas naquela quantidade. Observando aquele final, não contiveram as lágrimas. Choraram lamentando aquele triste destino. Georges lamentava a opção da amiga de abandoná-lo, de renunciar à vida física e partir daquela forma rebelde ao encontro da vida maior, que ela desconhecia. Passando a mão no rosto sujo do cadáver, Georges acariciava Maria Helena, como se, assim, pudesse aliviar a dor que martirizava aquele espírito. Com seus gestos, pretendia transmitir-lhe, onde quer que ela estivesse, o seu carinho.

Superado o choque, impunha-se a necessidade de tomar as medidas necessárias ao momento.

— Jean e Guilhermina, irei à cidade comunicar a ocorrência às autoridades. Depois, por favor, providenciem a arrumação dos corpos dignamente para os funerais. Avisem, com calma, os demais pacientes da morte de nossas amigas, mas não deem explicações. Não convém dizer a eles essa triste opção. Deixem que pensem ter ocorrido naturalmente.

Tomado de pesada tristeza, Georges dirigiu-se às autoridades para informar o suicídio da jovem mãe e de sua filha. Os policiais compareceram à chácara, examinaram o local em que estavam os corpos, a ingestão do veneno por ambas, ouviram os empregados da casa e, por fim, declararam o homicídio do bebê e o suicídio da mãe.

Os funerais foram singelos e extremamente tristes.

Georges tentava resignar-se com a opção de Maria Helena. Jean e Guilhermina, contudo, estavam inconformados com a perda da criança a quem dedicavam extrema afeição.

Para evitar maiores constrangimentos, Georges deliberou enterrá-las na propriedade, numa pradaria distante alguns quilômetros da casa, ao pé de um monte e à sombra de uma árvore frondosa. Era um local descampado, silencioso. Georges entendera que a última vontade de Maria Helena era a de não se separar da filha, por isso as duas foram colocadas abraçadas no esquife. Guilhermina tudo fizera para amenizar as marcas da tragédia, entretanto, bastava lançar um olhar sobre elas para ver a dor, o sofrimento, a doença psíquica cobrando seu preço e marcando a face da morte.

Somente os três fiéis companheiros que a acompanharam desde o retorno a Madri seguiram com elas até o último momento. Lá, envoltos na tristeza, eles acompanharam em uma manhã nublada, batida de vento, as palavras que Georges endereçava às mortas e sua prece. Terminada a pequena celebração, Jean e Guilhermina, abraçados, afastaram-se em direção à carroça em que vieram, aguardando o médico, que se demorava junto ao túmulo coberto de pedras e sinalizado com uma cruz de madeira rústica.

— Querida Helena — dizia Georges, como se a morta o ouvisse —, você partiu por deliberação própria. Pelos caminhos que resolveu seguir, eu não posso acompanhá-la. Vivemos momentos felizes juntos, mas agora nossas vidas, por algum tempo, se separam. Em mim viverá a lembrança da doce e espontânea menina que conheci na casa de doutor Ângelo. Leve com você o amor fraterno que lhe dedico e a certeza de que você sempre será uma amiga querida, a filha que eu não tive. Neste caminho que você escolheu, novas dores talvez a estejam esperando. Seja forte. Lembre-se das vezes em que lhe falei de uma outra forma de compreender a vida e busque conversar com Jesus. Ele poderá ajudá-la. Adeus, menina!

Sem perceber o que se passara desde a ingestão da droga letal, somente quando baixaram o esquife à terra, o espírito de Maria Helena despertou. Não entendeu onde estava nem o porquê de a terem deitado naquele local ermo, desabitado.

"Ai!", pensava ela. "Foram em vão as dores que senti. Não estou morta. Manuela está dormindo, pois, se eu não morri, ela também não morreu."

Naquele instante, enxergou a figura abatida de Georges e ouviu suas palavras de despedida. Entendeu que o único amigo a abandonava.

— Não vá, Georges! Por favor, não me deixe aqui! O que vou fazer com Manuela? Olhe bem! Neste lugar, não há ninguém a quem pedir socorro. Por favor, não nos deixe! — gritava Maria Helena desesperada ao ver o amigo cabisbaixo andar em direção à carroça.

Tentou levantar-se, mas não conseguiu. Era como se um peso enorme a retivesse presa ao solo, o que mais aumentava seu desatino. Ouviu o ranger das rodas da carroça, ouviu choro e lamentos, reconheceu as vozes de Jean e Guilhermina, mas não compreendia o que estava acontecendo. Apenas acreditava que a haviam abandonado em um local desconhecido e absolutamente descampado.

— O que fazer? É uma situação pior do que a da fuga da ilha. Eu sabia que havia pessoas no navio, mas aqui não há nada. Somente essa luz inclemente nos meus olhos e o céu cinzento. Ninguém me ouve.

Assim, Maria Helena passou dias e dias em total desespero. Chorava muito e depois se aturdia. Preocupada com a possibilidade de a filha despertar, sabia que seu peito estava seco e que não poderia alimentá-la. Ao tentar levantar-se, teve uma espécie de convulsão, que lhe trouxe de volta as dores passadas no momento da ingestão das drogas. Sentia-se doente, fraca, e sentia o cheiro de carne podre. Todo o seu corpo doía, como se estivesse inchado e roído por vermes minúsculos. Sentia-se presa e nem sequer podia levantar-se. Amaldiçoava a vida e a Deus, aumentando ainda mais seu sofrimento.

Julgava-se uma injustiçada. Ela, que tanto sofrera e fora vítima de tantas crueldades, buscara o fim, mas não o encontrara. Além disso, sem mais e sem um porquê, fora abandonada pelos únicos amigos que julgava possuir. Devia haver alguma explicação, porém ela não atinava qual fosse. Apertava a filha nos braços e, em meio ao horror que vivia, irradiava tamanha vontade de que a menina não sentisse nada que envolvia o espírito dela em um manto denso de sono profundo, que Maria Helena mantinha em torno da menina, alimentando-o para que a filha dormisse, dormisse, e não acordasse.

Passados vários meses, dos quais ela não se dera conta, Maria Helena, finalmente, conseguiu levantar-se. O corpo físico roído pelos vermes, totalmente putrefato, não oferecia mais amarras ao espírito. Ela, contudo, ainda experimentava a sensação de fraqueza, as convulsões e a total perturbação mental. Maria Helena não entendia o que havia acontecido, desconhecia totalmente sua situação e julgava-se ainda encarnada.

Sem saber para onde ir, começou a andar a ermo pelos campos em busca de abrigo. O desespero e a solidão eram sua companhia.

Georges deixara a chácara. Como mantivera poucos pacientes após o escândalo, decidiu levá-los para a cidade. Não suportava as lembranças que o local lhe trazia, pois estava sendo muito difícil aguentar a ausência da menina que aprendera a amar como se fosse sua família. As cartas de Joana confortavam-no. Aguardava que talvez pudesse através do grupo receber notícias de Maria Helena, mas esperou em vão. Ainda assim, alegrava-se com as notícias que vinham de Cádiz. Os amigos preparavam o lançamento de um pequeno livreto contendo as revelações do mundo espiritual. Segundo haviam lhe informado, acreditavam que era necessário que as pessoas tomassem consciência da realidade e abandonassem os mitos e as crendices para encararem a vida sob um prisma mais elevado e responsável. Em todos vibrava uma fé pungente, um amor à vida e ao Criador muito forte e seguro, nascidos na mais profunda compreensão que a razão pode oferecer.

Georges rejubilava-se com eles. Desejava partir para Cádiz, porém a morte de Maria Helena não lhe deixara somente a dor. Estava ainda envolvido com as famílias Alvarezes e de M., que, não acreditando na tragédia, o acusavam de ser o causador das mortes.

Um exaustivo e desgastante processo judicial era a herança de Maria Helena deixada a Georges. Madri borbulhava, literalmente, com os lances da tragédia, que continuavam a desenrolar-se.

Recentemente chegado da Inglaterra, Franz desconhecia inteiramente o assunto mais comentado nas rodas da cidade, mas entendeu tudo rapidamente ao ouvir o nome de Georges.

— De quem estão falando? — indagou ele ao companheiro de jogo.

— Ora, Franz, bem se vê que você esteve fora por muito tempo. Não sabe da infelicidade do seu amigo Rodrigo de M. Vou lhe contar. Escute-me, pois a conversa é longa. Creio que você conhece aquele médico francês, Georges de S.

Ante a muda aquiescência de Franz, o companheiro de jogo prosseguiu:

— Pois bem, a esposa de Rodrigo o abandonou para viver com o tal médico e teve, inclusive, uma filha, que afinal não se ficou sabendo quem era o pai. A família de M., quando resolveu investigar a criança, encontrou a mãe praticamente louca. Dizem que ela agrediu Rodrigo, e, de fato, naqueles dias, ele estava com alguns arranhões no rosto que ninguém ousou perguntar do que se tratava. Os criados, contudo, informaram que chegaram desatinados a casa e discutiram por vários dias o que fazer com a louca e a criança. O pai da moça também estava na cidade e retornou há poucos dias para a ilha onde mora. Entretanto, quando os de M. resolveram abrir um processo — por mais escandaloso que isso fosse — para discutir a posse da criança, que, legalmente, nasceu na constância do casamento entre Rodrigo e Maria Helena, descobriram que a mulher havia enlouquecido de vez. Segundo o médico e as autoridades que investigaram o caso, ela matou a filha envenenada e suicidou-se em seguida. Os de M. não creem nessa versão, julgam que o médico foi o responsável pelas mortes e o acusam. A cidade toda espera o final da história. É só o que se fala nesses dias.

Franz, lívido, ouviu a notícia trágica. Não conseguiria jogar ou divertir-se, então, depôs as cartas sobre a toalha de veludo verde que revestia a mesa e, pedindo licença, se retirou.

— Será que essa história abalou tanto assim nosso companheiro? Deixemos de lado esse episódio. Amanhã, ele deve estar de volta, pois as cartas são um amor antigo — disseram e voltaram ao jogo, substituindo Franz por outro jogador que assistia à partida.

Na calçada, sem importar-se com o adiantado da hora, Franz decidiu ir à residência de Georges.

Com surpresa, foi recebido por Jean, trajando sobre o pijama um robe surrado. Meio sonolento, não reconheceu Franz, quem, a bem da verdade, poucas vezes vira.

— Boa noite, senhor, em que posso servi-lo? — atendeu a porta com a costumeira gentileza.

— Procuro o doutor Georges. Ele ainda reside nesta casa?

— Sim, senhor. Por favor, entre e aguarde. Vou chamá-lo.

— Não é preciso, Jean — falou Georges, surgindo no *hall* de entrada. — Estava lendo e ouvi a chamada da porta. Pode ir descansar. O cavalheiro é meu conhecido.

Despedindo-se, Jean retirou-se reprimindo bocejos.

— Boa noite, doutor Georges. Desculpe-me a visita em hora tão imprópria, mas somente há poucos minutos soube do ocorrido com Maria Helena. Se não se importar de falar sobre isso, gostaria de conversar com o senhor.

— Meu caro rapaz, nos últimos tempos, tudo o que faço é responder perguntas sobre a morte de Maria Helena e Manuela. Não me deixam esquecer e tampouco isso seria possível. Noto boa disposição em você. Diferente dos outros, parece não me condenar antes de saber dos fatos. Claro que podemos conversar. Por favor, passemos à minha sala de estar.

Seguindo Georges, Franz chegou à sala onde os animais de estimação de Georges dormiam sossegadamente. A gata estava enrodilhada sobre a poltrona preferida de Georges, e o cão, adormecido no tapete aos pés da poltrona.

— São meus companheiros fiéis, Franz. Posso chamá-lo assim? Não gosto de formalidade. Por favor, use meu nome de batismo — pediu Georges.

O médico pegou Maria Antonieta, que miou reclamando a interrupção de seu descanso e, em seguida, se acomodou preguiçosa no colo dele.

— Diga-me o que deseja saber — falou Georges.

— Creio que já fui informado do pior. Portanto, não é isso o que me traz aqui, mas saber se, antes de adoecer, Maria Helena contou-lhe tudo quanto se passou na ilha.

— Contou. Sei de toda a história e a lamento. O fim da brincadeira com o destino de uma mulher foi trágico. Mas se o preocupa saber se revelei algo sobre isso, fique tranquilo. Não disse nada. Não tenho como provar o que sei, então, de nada serve. Certo?

— Errado, Georges. Eu sei de tudo desde o início. Estava com Maria Helena quando ela flagrou o encontro de Rodrigo com minha irmã. Fui eu quem contou a verdade a ela, e eu tenho uma carta de Maria Helena quando ela fugiu da ilha e sabia, ou melhor, dona Maria, mãe de Maria Helena, desconfiava que ela estivesse grávida. Vim aqui para oferecer-me, se for útil, para contar tudo o que sei. Minha omissão já teve um preço muito alto. Não posso permitir que mais um inocente, como é o seu caso, seja sacrificado — declarou Franz.

— Surpreendeu-me sua atitude, Franz. Confesso que não a esperava. Obviamente, falaremos com meus advogados e veremos se essa informação será útil, mas creio que será. Amanhã, pela manhã, pode me acompanhar no escritório deles?

— Quando desejar, Georges.

— Agora sou quem pergunta, Franz, se não se importa. Sabe o que aconteceu com sua irmã depois dos episódios da ilha?

— Nunca mais a vi. Confesso que, apesar de sabê-la errada, sinto piedade e, por que não dizer, sinto também sua falta. Entretanto, tive notícia de que está na Inglaterra. Amigos comuns me informaram de que ela adquiriu uma bela residência no campo e vive confortavelmente, porém solitária. Somente poucos amigos e uma velha parenta a visitam. Apesar de ter estado na Inglaterra durante todo esse tempo, fiquei em Londres e não fui visitá-la. Conhecendo-a, acredito que não seria bem recebido. Talvez, algum dia, ela perdoe minha interferência nos planos dela.

— A vida é suficientemente longa para nos arrependermos de atitudes impensadas. Também sinto piedade por sua irmã. Na verdade, ela não calcula a extensão do próprio erro.

— Com certeza, a ambição a deixou cega. Elizabeth nunca se conformou quando nossa família perdeu a condição social e econômica. Além disso, o envolvimento com Rodrigo também não era salutar a nenhum dos dois.

A conversa prosseguiu por toda a noite, recordando fatos passados e conversando sobre as ocorrências do presente que afligiam a Georges. Nascia uma nova amizade e o processo de redenção de Franz, que amadurecia rapidamente, consolidando um caráter mais forte.

A disposição de Franz de relatar tudo quanto sabia a respeito do caso foi recebida com alegria pelos defensores de Georges, que vislumbravam a possibilidade concreta de esclarecer todas as ocorrências envolvendo o caso Maria Helena.

Em meio aos campos desabitados e para ela desconhecidos, Maria Helena caminhava a esmo, enfrentando as intempéries. Sua aparência lembrava a de uma mendiga: trajes em farrapos, suja, pés descalços, carregava consigo inseparavelmente a menina Manuela, que Maria Helena mantinha adormecida por meio de um processo hipnótico, exercido inconscientemente. Por sua vontade, ela fazia permanecer e prolongar-se o estado de perturbação, que, em geral, acomete o espírito logo após o desencarne. Depois de muito perambular, retornou à casa da chácara, e a decepção de encontrá-la vazia foi um novo golpe em seu espírito.

— Ele me abandonou de verdade. Deixou-me doente naquele local desolado e foi embora. Para onde terá ido? Por quê, Georges? — clamava ela e chorava.

Permaneceu na casa durante algum tempo, protegendo-se do frio e das intempéries. A paisagem era triste e desolada. Com a casa desabitada, a vegetação tomava conta do jardim e dos pomares, e os poucos móveis que restaram na casa estavam cobertos por lençóis velhos. Teias de aranha formavam cortinas nas dependências, e o pó e o silêncio cobriam tudo.

Dóris, amiga espiritual de Manuela, acompanhava a trajetória da infortunada mãe buscando socorrer a menina, vítima na situação desencadeada por Maria Helena. Entretanto, o estado mental da jovem mãe exigia cuidados especiais. Ela também necessitava de amparo, porém, como era refratária a toda situação nova, tentara, diversas vezes acompanhada por outros espíritos, se fazer percebida. Contudo, mal ela notava a aproximação, julgava-se ameaçada e fugia desesperada, retornando depois à casa abandonada. Fato interessante era que ela jamais se dirigia à sala onde cometera o suicídio. Durante o longo período em que ficou na casa, Maria Helena nunca retornou àquele local. Outras vezes, tentaram ajudá-la, aproveitando os momentos de fadiga em que ela se prostrava, jogada contra as paredes do antigo dormitório, agora absolutamente vazio e escuro. Ao vê-los, a jovem, no entanto, julgava-se vítima de alucinação. Atribuía todas as ocorrências vividas logo após o despertar na sepultura a um pesadelo, a alucinações decorrentes da exposição ao sol e, nesta mesma explicação, envolvia as inúmeras tentativas de auxílio de que era objeto.

Assustada com as visitas frequentes dos espíritos que iam socorrê-la, resolveu seguir caminho. Agora que reencontrara a chácara, sabia que bastava seguir a estrada para retornar à cidade.

Maria Helena empreendeu outra longa caminhada, enfrentando a sede, a fome e o calor da primavera que se anunciava. Viu aproximar-se uma carroça de lavradores que seguia em direção a Madri e pôs-se no meio da estrada para interceptá-los e pedir ajuda. Para sua surpresa, os cavalos, assustados, pararam de supetão o veículo. Contudo, somente eles pareciam vê-la; os condutores ralharam com os animais para andarem, e ela, assustada e triste, saiu da estrada, observando o próprio estado.

— Estou horrível. Não é para menos que assustei aquela pobre gente. Ignoraram-me. Devem ter me julgado uma vadia abandonada nestas estradas.

Apertou a filha mais de encontro ao peito e falou à menina:

— Não se preocupe, filhinha. Enquanto dorme, você nada sofre. Mamãe vai cantar para você.

E assim seguiu o percurso, cantarolando antigas cantigas de ninar francesas, que Georges lhe ensinara durante a gestação. Nesse acalanto, extravasava seus sentimentos, e ele tinha conotações desesperadas e tristes. Depois, recordando-se de que cantava para a filha dormir, corrigia-se e voltava à cantiga original.

Viu uma caravana cigana que seguia pela mesma estrada e novamente tentou pedir ajuda. À frente, vinha uma carroça conduzida por um homem forte, vestido de vermelho, e, ao seu lado, uma velha senhora de roupas coloridas com um lenço amarrado nos cabelos grisalhos, fumando. Ela falou ao filho que desse sinal ao grupo para descansar. A cigana desceu da carroça e aproximou-se do local em que estava Maria Helena. A mulher a olhava com piedade. Rapidamente, a jovem colocou-se de joelhos diante da velha senhora.

— Senhora, fico feliz que tenham parado. Imploro me ajude a mim e à minha filha. Fomos abandonadas no campo e precisamos voltar a Madri. Nos leve com vocês, por misericórdia — pediu Maria Helena.

A velha cigana acocorou-se, e, próxima de Maria Helena, os demais ciganos falaram baixinho. Observando a ação da velha companheira, sabiam do que se tratava. Por certo, vira algum espírito com quem conversava. Seu dom de relacionar-se com os espíritos era famoso, e, ao longo da vida, a anciã perdera a conta de quantos foram por ela atendidos.

— Filha — dizia a velha cigana com meiguice —, o que se passa contigo? Conte-me para que eu possa ajudá-la.

E Maria Helena relatou-lhe a situação, por vezes uma narrativa truncada e um tanto difícil de compreender, aparentemente sem nexo.

— Ouça, minha linda, você não compreende muitas coisas que acontecem na vida, mas vamos conversar um pouco enquanto meus amigos preparam a refeição — disse a cigana, notando que, ao falar em comida, Maria Helena literalmente babava. — Está há muitos dias sem se alimentar, sem tomar água, e apenas caminha. Isso não lhe parece estranho?

— Acho que estou me acostumando a passar fome, senhora. Minha preocupação é minha filhinha. Desespera-me saber que ela poderá acordar e eu não terei como alimentá-la. Ela é apenas um bebê frágil; não terá a mesma resistência que eu — respondeu Maria Helena.

— Ninguém se acostuma a passar fome, mas vamos analisar um pouquinho a sua vida. Você tem um bebê, a viu nascer, sabe que irá crescer como você e sabe também que um dia morrerá. Muita gente julga que a morte é o fim de tudo, mas não é assim. A natureza é o único livro que nós, ciganos, conhecemos. Não somos doutos nem versados, mas aprendemos a ler a vida, e, nesses dias, esse livro nos fala de renascimento. É primavera. Você observou como as árvores e as flores renascem nesta época? No outono, murcham, caem as folhas; no inverno, parecem mortas, inertes, sem cor, aparentemente sem vida. Tal qual um cadáver, as árvores são de cores pálidas e sem expressão nem movimento. Mas, quando chega a primavera, começam a cobrir-se novamente de folhas, e a vida recomeça em um novo ciclo. Conosco ocorre o mesmo. Nascemos, crescemos, morremos e, tal qual as árvores, renascemos. Não somos outros, somos os mesmos, exatamente idênticos ao que éramos quando vivíamos na carne. Somos, contudo, espíritos vivendo em outra dimensão. Lá, não morremos mais, por isso suportamos todas as dores e necessidades. Elas torturam, mas não nos matam. Podem nos fazer sofrer muito, e tenho visto casos de muita dor, mas também existe muita alegria nesse mundo novo. — A velha silenciou, observando o efeito de suas palavras.

Maria Helena ouvira com calma na esperança de receber ajuda, porém não compreendeu o sentido do que a cigana desejava lhe transmitir.

— Você não me compreende, não é mesmo?

— Senhora, são bonitas as suas palavras, mas, no momento, preciso de ajuda para chegar à cidade. Se não deseja ou não pode me levar, diga-me, e eu seguirei meu caminho.

— Filha — disse a cigana —, no caminho que você escolheu eu não posso acompanhá-la. Tentei ajudá-la e peço-lhe que se lembre de Deus. Você tem alguma fé?

— Tive, senhora. Fui educada na Igreja católica, porém a vida que a senhora vê tão bela me ensinou coisas horríveis sobre as pessoas e não creio mais que Deus exista.

— Lamento muito suas palavras, pois, apesar dos sofrimentos que experimentamos, a vida é bela e merecemos viver. Tudo o que nos acontece é aprendizado. Leia, querida, o livro da natureza e aprenderá a conhecer um Deus que os padres não ensinam a ver. Siga em paz e pense em minhas palavras.

Assim dizendo, a velha impôs-lhe a mão sobre a fronte e, silenciosamente, dirigiu uma prece ao alto. Dóris, que acompanhava a cena, agradeceu à Providência Divina o auxílio efetivo, aproximou-se de Maria Helena e disse:

— Preste atenção, Maria Helena, você não pertence mais ao mundo dos vivos. Nossa amiga tentou dizer-lhe que você morreu para a vida física, mas continua existindo nas mesmas condições no mundo espiritual. Somos amigos e desejamos seu bem. Venha conosco!

E, juntando os gestos às palavras, estendeu as mãos a Maria Helena, que permanecia ajoelhada ao lado da cigana.

— Minha linda, está vendo esta amiga ao seu lado? Ela pode ajudá-la mais do que eu. Aceite o convite que lhe fizeram. Parta com ela.

— Mas, senhora, ela parece louca. Fala que a morte não existe, no entanto, já vi tantas pessoas morrerem. Como confiarei em alguém assim?

— Eu penso como ela, e você me pediu ajuda. Dê tempo ao tempo para compreender as coisas. Como lhe disse, estude o livro da natureza com calma e não se importe em saber se essa amiga é louca ou não. Ela está lhe oferecendo um local para ficar, o que é melhor do que perambular com um bebê pela estrada. Vá com ela.

— Pensando assim, a senhora tem razão. Irei com ela — decidiu Maria Helena.

Estendeu a mão a Dóris, que, emocionada, fez um sinal de agradecimento à velha cigana e se despediu jogando-lhe um beijo. A senhora levantou-se, olhou para o alto e indagou em pensamento às forças invisíveis: "Ah! Quando será que os homens hão de se ver livres de tantos preconceitos, que impedem seu crescimento e que vejam a verdade?".

E, voltando-se para o grupo que organizava a refeição, encaminhou-se ao círculo das mulheres em volta do fogo de chão. Seus companheiros lhe faziam perguntas, pois estavam habituados aos fenômenos da vida espiritual. A velha cigana era a mestra deles, e costumavam reunir-se ao redor dela para ouvir os casos e as experiências, adquirindo, assim, um pouco da sabedoria que os anos conferiam àquele rosto enrugado.

Em Madri, amanhecia. Chegara o dia do julgamento do processo que a família de M. e dom Antônio Alvarez moviam contra Georges. A manhã encontrou-o insone em meio às carinhosas cartas que recebia de Joana. Ele as lera novamente durante a noite. A lembrança daqueles dias era um bálsamo para seu espírito sofrido. À hora combinada, foi ao encontro de Franz e seus advogados.

No recinto, devidamente acomodado conforme as formalidades protocolares exigidas, teve início a sessão com o depoimento das partes envolvidas e suas testemunhas. Os de M. confiavam no escândalo que distorcera os fatos e os tornaram de domínio público e nas provas angariadas pelo investigador.

Não contavam, contudo, com a grande surpresa que foi o depoimento de Franz. A incredulidade seguida da vergonha estampou-se no rosto de Rodrigo ao ver exposta sua vida íntima e secreta. Franz não omitiu nenhum detalhe e, após seu depoimento, o juiz solicitou novamente ouvir Rodrigo de M.

— O que o senhor tem a dizer sobre as declarações do senhor Franz?

Rodrigo silencioso, cabisbaixo, em tom de voz irreconhecível, respondeu:

— Ele falou a verdade.

— O senhor está dispensado; pode voltar ao seu local. A decisão será proferida.

A ansiedade tomou conta do ambiente. Georges procurava manter-se em silêncio interior, controlar suas emoções, porém reconhecia que era muito difícil e lutava contra isso. A voz fria e indiferente do magistrado relatando os fatos doloridos que vivera ao lado de Maria Helena trazia-lhe sua imagem à mente. Não a que gostaria de preservar, a dos dias alegres, mas a tétrica recordação do dia em que a encontrou morta em seu boticário, abraçada à filha. Com muito esforço, afastou da mente aquelas imagens perturbadoras e buscou concentrar-se no que acontecia na sala. Após a longa narrativa dos acontecimentos, o magistrado começou a expor sua leitura e compreensão dos fatos, ficando nítido que reconheceria o suicídio precedido de fratricídio e, por fim, declarou a inocência de Georges.

Findo o julgamento, Franz correu a abraçar Georges. Os dois irmanavam-se em um mesmo sentimento; estavam aliviados. Georges por ver reconhecida sua inocência, e Franz por ter impedido outra injustiça, que seria a eventual condenação de Georges.

— Obrigado, Franz! Seu depoimento foi importantíssimo — falou Georges sinceramente grato.

— Cumpri meu dever. É verdade que, na vida, pouca importância tenho dado ao dever, porém não é tarde para começar — brincou Franz.

— Nunca é tarde, Franz. Nunca é tarde. Vamos embora. Este ambiente não me agrada — convidou Georges.

Abraçado a Georges e ao lado dos advogados de defesa, Franz descia a larga escadaria ao pé da qual encontravam-se os de M. O silêncio caiu sobre o grupo ao verem Georges e os outros. Andaram até a carruagem que os aguardava, evitando, assim, qualquer contato com eles.

Georges viu-os partir sem comentários. Aquele era um episódio encerrado de sua existência.

CAPÍTULO 21
A PERSEGUIÇÃO

O Espiritismo deveria ser uma salvaguarda contra o Espírito de discórdia e de dissensão; mas esse Espírito tem, em todos os tempos, derramado elemento de discórdia sobre os humanos, porque tem inveja da felicidade que proporcionam a paz e a união.[27]

Joana aproximava-se da casa de Francisco após um longo passeio pelas ruas de Cádiz, quando viu a criada dependurada na janela frontal da edificação que dava para a calçada olhando em todas as direções, como se estivesse à procura de alguma coisa.

— O que você procura a esta hora? — perguntou-lhe Joana.

— Ai! Dona Joana, que susto!

A criada levou a mão ao peito, mas logo se recuperou.

— Era a senhora que eu estava procurando. — Metendo a mão no bolso do longo avental que trajava, exibiu um envelope selado em Madri. — Chegou há pouco e sei como a senhora estava aflita por notícias do doutor Georges.

Apressada, Joana fechou a sombrinha que a abrigava do sol, embora já estivesse mais fraco com o cair da tarde, e entrou na casa pegando a carta das mãos da criada.

— Vou ler aqui na sala. Por favor, traga-me água fresca.

— Sim, senhora, já volto — respondeu a criada sorrindo e afastou-se.

Joana sentou-se numa poltrona na sala próxima à janela e abriu a carta de Georges.

Primavera de 1853.
Querida Joana,
Felicitações a todos os amigos de Cádiz, especialmente a você. Desejo sinceramente que estejam bem e progredindo.

27 KARDEC, Allan. **O Livro dos Médiuns**. Araras, SP: IDE. Cap. XXXI, Segunda Parte.

Minha correspondência de hoje é muito breve, apenas para tranquilizá-la quanto ao final do caso que me mantinha preso a Madri, onde, como sabe, nada mais me detém após a morte de Maria Helena. Para nossa surpresa e contentamento, o jovem Franz, irmão de Elizabeth — creio que poucas vezes lhe falei dele, mas teremos outras oportunidades, e quiçá você possa conhecê-lo pessoalmente —, esse jovem, certa noite, bateu à minha porta, recém-chegado de Londres. Tendo tomado conhecimento dos fatos em uma roda de jogo, prontificou-se de imediato a me auxiliar a esclarecer os fatos e foi minha testemunha no processo, esclarecendo todas as circunstâncias que levaram Maria Helena ao estado de perturbação mental em que veio a falecer. Seu depoimento convenceu o juiz de que nossa infortunada amiga tinha motivos para agir de forma tão triste e que isso fora motivado pela atitude do marido e da família, isentando-me de qualquer responsabilidade. A justiça, então, acatou o parecer das autoridades por ocasião da morte. Estou aliviado. Entretanto, reconheço sem esperança a reabertura da chácara e o trabalho que lá realizava.

"Combatente" não está bem. Como sabe, é o último paciente que me restou daquele bom período. A pneumonia que o atingiu no último inverno deixou-o muito debilitado, e creio que esteja vivendo seus últimos dias sobre a terra. Fala constantemente com a mãe e, pela idade que avaliamos que ele tenha, deduzimos que a mãe seja morta há muitos anos. É fato comum, como sabemos, esse contato próximo à morte. Terminada minha última tarefa em Madri, estarei livre, minha querida, e pretendo partir ao seu encontro e dos amigos de Cádiz, se ainda aceitarem este francês encrenqueiro nesse amável grupo.

Fico feliz com a proposta da elaboração de um livreto de divulgação para disseminar nossas ideias.

Em breve, conto estar pessoalmente com vocês.

Despeço-me, reiterando minha amizade e meu carinho.

Com amor,
Georges

Apesar de lamentar as notícias referentes ao "Combatente", Joana aprendera a encarar a morte sob novo prisma e não mais se deixava abater. O pobre homem cumpria um doloroso resgate de débitos com o passado, e, se chegava ao fim sua existência, restava o consolo de saber que ele a cumprira e esperava que sua libertação fosse definitiva. Por isso, alegrava-se com as boas novas recebidas de Madri. Havia anos, correspondia-se com

Georges e acompanhava sua vida a distância, por essa comunicação respeitosa e muito carinhosa. Seus sentimentos pelo médico não haviam se modificado, e Joana acreditava que ele também conservava o mesmo afeto por ela e que a forma usual de Georges despedir-se em suas cartas — "com amor" — representava a manutenção do sentimento que um dia ele revelara.

Concentrada na leitura da carta, não percebeu o retorno da criada, que, parada à sua frente, segurava a bandeja com o copo com água. Ao fim da carta, levantou os olhos com um largo sorriso estampado no rosto.

— Havia me esquecido da água! Obrigada. Diga-me, Francisco está em casa?

— Não, senhora. Disse que iria visitar o senhor Manuel e pediu que a informássemos de que retornará para o jantar.

Concordando com um gesto de cabeça, Joana dispensou a criada e entregou-se aos seus pensamentos e às lembranças.

À noite, Francisco chegou e encontrou Joana segurando a carta de Georges na mesma poltrona.

— Irmã, o calor a abateu? — perguntou Francisco, beijando-lhe a testa.

— Não, Francisco. Estava pensando, recordando muitas coisas boas e ruins. Bem sabe que há dias em que não consigo me furtar às recordações.

— Sim, eu sei.

— Hoje à tarde, recebi uma carta de Georges, que me despertou boas lembranças. Fiquei divagando e não percebi o anoitecer — disse Joana.

— Quais as novidades de Georges? Como se desenrolou o processo? Se não me engano, a data que ele nos informou que seria o julgamento já se foi.

— É verdade. Felizmente, são boas, muito boas as notícias vindas de Madri. Georges foi inocentado pela justiça. Diz que somente um último elo o prende a Madri: um paciente antigo que permanece sob seus cuidados, mas que se encontra em estado grave. Após a morte desse paciente, ele pretende transferir-se para cá definitivamente e juntar-se ao nosso trabalho. Não é ótimo?

Os olhos de Joana brilhavam alegres, e Francisco não deixou de notar um sorriso misterioso em seu rosto. Dando o braço à irmã, indagou:

— Será que o jantar já está pronto ou deve demorar muito?

— Creio que ainda demore, pois a criada não veio nos avisar.

— Então, vou refrescar-me antes do jantar. Por que não fica no jardim?

— Não, vou seguir sua ideia e refrescar-me também. Encontramo-nos à mesa.

E, de braços dados, seguiram aos seus respectivos aposentos.

A vida em Cádiz transcorria calma. O trabalho do grupo crescia, várias pessoas haviam tomado conhecimento das reuniões e solicitavam assistência a doentes e familiares vitimados de perturbações espirituais. O conceito do grupo firmava-se na cidade, pois nada era cobrado, e todos reconheciam que eram pessoas de moral séria, honestas e algumas com certo destaque na pequena comunidade.

Ao longo da primavera, o grupo começou a esboçar o livreto de divulgação e esclarecimento que tinham em mente.

O verão ia a meio, quando Georges cumpriu sua promessa e chegou a Cádiz para ficar após vender suas propriedades em Madri. "Combatente" faleceu no final da primavera; tinha uma idade considerável e não resistira aos problemas pulmonares. Jean e Guilhermina, fiéis ao médico, acompanharam-no na mudança. Passaram alguns dias em casa de Francisco, e logo Georges adquiriu uma agradável propriedade nas cercanias da cidade, próxima ao mar, onde preferia residir. Joana auxiliou-o na decoração da nova casa como se fosse sua. Foram dias alegres, em que buscaram esquecer as tragédias e tristezas e se entregavam ao prazer da convivência harmoniosa. Nenhuma pergunta ou referência ao passado era feita.

Rapidamente, Georges adaptou-se à nova vida e ao grupo de pesquisa do qual passara a participar ativamente. Apoiado por Marcos, retomou a profissão, e uma pequena clientela começou a se formar.

Se em Cádiz anunciavam-se novos tempos, o mesmo não ocorria em Madri.

Rodrigo de M., após o julgamento, enfrentava pela primeira vez a consciência. Dia e noite, as lembranças do passado o perseguiam. A última recordação que guardava de Maria Helena tresloucada tentando impedi-lo de ver a criança repetia-se incansavelmente, e a culpa tirava-lhe o prazer de viver e o prostrava. Reconhecia que sua conduta fora a causadora das mortes. Tivera uma filha e apenas a vira uma única vez. Além disso, a usara como instrumento de vingança contra dom Antônio por ele haver ousado tocar em Elizabeth.

Em meio à tortura que vivia, culpava Elizabeth por tê-lo envolvido em tal trama de paixão e morte.

As noites eram horríveis para Rodrigo, que sonhava repetidamente que reencontrava Maria Helena. A mulher que via, contudo, era muito diferente da pessoa que conhecera. Ela estava magra, maltrapilha, suja, com o olhar totalmente enlouquecido e, ao reconhecê-lo, jogava-se com fúria sobre ele, derrubando-o e acusando-o implacavelmente. Ele acordava suando fartamente, com o coração agitado e os sentimentos em confusão: medo, raiva, culpa, arrependimento. Depois, não conciliava mais o sono e passava a perambular pela casa durante as noites, somente adormecendo quando a exaustão o derrubava e durante o dia. Com isso, a vida de Rodrigo transformou-se. Não saía mais, não trabalhava, vivia recluso e aflito, pois dormia quando chegava à exaustão e no horário em que a sociedade estava ativa. E, quando todos dormiam, era torturado pela insônia e por pesadelos. A perseguição de Maria Helena tinha apenas se iniciado.

Após o encontro com a cigana, ela fora levada a um local de atendimento no mundo espiritual, porém, quando lhe propuseram que entregasse Manuela aos cuidados de uma assistente, Maria Helena rebelou-se e fugiu. Não sabia como tinha encontrado o marido, não compreendia sua situação, mas dava-se conta de que podia fazê-lo sofrer. Percebeu isso assim que o encontrou e não poupava esforços para atingi-lo.

Pouco importava a ela que não lhe dessem atenção e fizessem como se não estivesse ali. Maria Helena ria da sogra e de suas preocupações com o filho caçula. "Ele merece sofrer ainda mais", pensava ela.

Rodrigo emagrecia a olhos vistos. A palidez cadavérica e as largas olheiras denunciavam as noites insones. Cada vez mais, ele absorvia as sensações de Maria Helena: a fraqueza, o mal-estar constante, o desespero que lhe transmitia nervosismo e sentimentos que não conseguia identificar. Chorava desesperadamente, e, por último, vieram as convulsões e a ideia de morrer e pôr fim a tudo aquilo. E cedeu, entregando-se à forca improvisada com os próprios lençóis no terceiro ano após a morte de Maria Helena.

Assistindo ao corpo de Rodrigo balançar nas estrebarias da Mansão dos de M., Maria Helena regozijava-se feliz e gritava aos ouvidos dele:

— Morra, infeliz! Limpe o mundo de sua presença infecta! Morra, desgraçado! Aperte esse nó com força!

E, ao ver que ele morria, pendendo a cabeça para frente deslocada do resto do corpo, ela dançou em volta dele, sinistramente feliz.

Em Cádiz, a publicação do livreto em 1854 causou grande tumulto. O bispo da cidade inflamou-se, revoltado com os hereges que se abrigavam na comunidade. Poucos exemplares circularam, pois ele mandara recolher todos e conseguira fazer expedir uma ordem proibindo as gráficas da cidade de imprimirem as ideias demoníacas dos membros do grupo de novos espiritualistas de Cádiz, como eram conhecidos.

Insistindo na publicação da obra, o grupo mandou imprimir outra leva de livretos e os distribuiu não só em Cádiz, mas nas vilas e cidades vizinhas. O bispo interpretou esse ato como uma afronta e recrudesceu a perseguição ao grupo, inclusive usando violência e ameaça de morte aos envolvidos.

Os membros do grupo debatiam a situação e se reuniam altas horas na casa de Georges, por ser a mais afastada da cidade, e lá pernoitavam. Afligia-os a intransigência das autoridades para com suas atividades e sabiam que isso era capitaneado pelo bispo local.

Georges ouvia a discussão sem participar. Seus olhos, sem a habitual vivacidade, demonstravam um cansaço profundo.

Francisco, notando o estado do amigo e o adiantado da hora, deu a reunião por encerrada, dispensando os demais para que descansassem.

— Georges — indagou ele —, noto uma diferença em você. Pouco participou da reunião hoje. Parece abatido. O que há?

— Estava pensando, Francisco. Refletia, egoisticamente, sobre minha vida. Perdão se não fui útil ao grupo, mas confesso-lhe que toda essa perseguição que a Igreja tem lançado sobre nós me traz de volta os dias negros que passei sob ameaça por causa da morte de minha amiga, você sabe da história. Fiquei aqui me perguntando o que terei feito para passar por tantas perseguições. Elas estão me cansando, não posso negar.

— Não cultive a melancolia, Georges. Não combina com você. Mas reconheço que para você, mais do que para nós, isso deve ser terrivelmente desgastante, pois faz pouco tempo que toda a confusão em Madri serenou.

— É verdade. Vim para cá em busca de paz e refazimento para meu espírito e deparo-me novamente com perseguições injustas. A intransigência da Igreja é secular, e você bem sabe a que, no passado, conduziu o fanatismo. Perdão, mas é assim mesmo. O fanatismo religioso dos espanhóis me faz temer que as fogueiras se acendam novamente. E aflige-me pensar em sua irmã. Você sabe que ela será um dos principais alvos quando nossas atividades forem descobertas. O bispo e os padres pregam a existência da prática de bruxaria e a necessidade de combater o demônio.

— A situação de Joana é delicada. Como você, ela também veio para cá em busca de paz e agora está ameaçada — concordou Francisco.

— Abandonada pela família, ela já sofreu muito. É justo que ainda tenha de enfrentar as tempestades que se anunciam? Eu sei do valor moral dela, mas pergunto-me se será justo — comentou Georges.

— Georges, há algumas coisas sobre minha irmã que, egoisticamente, eu não revelei. Já que você abriu a alma comigo, é correto que eu também abra a minha. Quando você ainda respondia ao processo em Madri, recebi uma carta da minha sobrinha mais velha, uma das filhas de Joana, dando-me conhecimento da morte de meu cunhado. Pedro Diaz morreu há mais de três anos. Covardemente, temendo perder a recém-conquistada companhia de minha irmã, eu nada lhe disse. Acreditei na ocasião que a estava poupando do sofrimento causado pela lembrança das filhas. Hoje, reconheço que foi egoísmo meu. Na mesma carta, relatou que o estado de mamãe era grave e que aguardavam também sua morte para breve, vitimada da mesma doença contagiosa que exterminou a vida de meu cunhado. Meses depois, recebi uma nova carta confirmando as expectativas e informando-me de que eram minhas únicas herdeiras, sendo que a mais velha já estava casada quando perdeu o pai e que a outra, noiva à época, agora já deve ser casada. Não me escreveram mais. Respondi as duas cartas, mas nada disse sobre a mãe delas, que julgam morta há vários anos desde quando Pedro a entregou aos seus cuidados na chácara.

Conforme Francisco narrava as ocorrências, a vivacidade voltava ao olhar de Georges, que vislumbrava um fim para seus temores.

— Francisco, o que você fez dessas cartas?

— Estão comigo, Georges. Não precisa pedi-las. Amanhã, eu as trarei para você.

Prosseguiram conversando até tarde da noite e, exaustos e preocupados, se recolheram.

No dia seguinte, à hora de sempre, chegaram Francisco e os irmãos Gonzáles. Notando os semblantes carregados, Georges, imediatamente, foi tomado de preocupação. “Onde estarão os demais? E Joana e as outras mulheres do grupo?”, questionou-se.

— Somente nós hoje? Aconteceu alguma coisa na cidade?

— Sim, estamos sendo seguidos. Houve uma nova pregação no púlpito essa manhã, e, em toda parte, comentam as relações demoníacas que estão sendo travadas em Cádiz. Deliberamos evitar envolver nossas companheiras, se bem que temos de dizer que foi a contragosto delas. Estão furiosas e se declararam com coragem suficiente para enfrentar a mentalidade arcaica do bispo. Acreditamos, contudo, ser melhor protegê-las. Lembrei-me muito de nossa conversa de ontem à noite, e você tem razão, Georges — Francisco levou a mão ao bolso interno de seu casaco, retirou duas cartas amarradas com uma larga fita amarela e continuou: — Aqui estão as cartas conforme tínhamos combinado. Espero que faça o melhor com elas.

— Pode ter certeza, Francisco. Creio não precisar dizer publicamente o quanto respeito e admiro sua irmã para fazer qualquer coisa que não julgue o melhor para ela — respondeu Georges.

Os irmãos Gonzáles, que ouviam a conversa em silêncio, entreolharam-se e sorriram. João, intrometendo-se, perguntou:

— Georges e Francisco, parecem que combinam uma união. Por acaso, teremos casamento entre os membros deste grupo?

Francisco olhou para Georges, que sorriu em resposta, sem negar ou afirmar.

— Vamos deixar a conversa para mais tarde. Temos de dar continuidade ao nosso trabalho. Vamos para nossa sala de reunião.

Terminada a sessão, Georges acompanhou Francisco até o dormitório contíguo ao seu, onde o amigo habitualmente pernoitava quando hospedado em sua casa. No momento das despedidas, Georges sorriu-lhe e disse:

— Amanhã, irei à cidade falar com Joana. Creio que saiba do que pretendo tratar.

— Desejo-lhes felicidades, desde já, Georges. Vocês são um exemplo que talvez eu próprio deva seguir. Afinal, a solidão é má companheira e já me tornou egoísta uma vez.

— Francisco, meu amigo, a solidão nunca me pesou e não é para fugir dela que procurarei Joana. Mas, sim, para conhecer um companheirismo que se mostrou muito feliz nos tempos da chácara. Momentos de solidão ainda terei, e gosto deles. Não se atire a aventuras sentimentais.

— De qualquer sorte, são apenas cogitações de um velho viúvo. Felicidades, Georges. Não poderei acompanhá-lo, não só porque estamos sendo vigiados, mas porque tenho negócios na cidade vizinha e irei para lá. Boa noite.

— Boa noite.

O dia iniciou-se radiante, e Georges já estava a caminho da sede de Cádiz. Francisco saíra cedo, deixando apenas os irmãos Gonzáles na residência de Georges. Nunca costumavam sair todos ao mesmo tempo; saíam em horários diversos para retornarem à cidade.

Joana, impaciente, aguardava Francisco. O irmão a deixara preocupada, e, enquanto ele não retornasse, permaneceria ansiosa. Nas primeiras horas da manhã, ao atender à porta, foi surpreendida pela presença de Georges.

— Joana, bom dia — cumprimentou-a beijando-lhe a face, como era seu hábito. — Será que há ainda uma refeição matinal para um cavalheiro cansado da estrada? Seu irmão pediu-me para informá-la de que somente retornará à noite. Ele foi à cidade vizinha a negócios.

— Entre, Georges. É um prazer recebê-lo. Eu mesma ainda não fiz o desjejum. Venha. Já estou acostumada às viagens de Francisco.

Sentados à mesa após a refeição, Georges depositou o imaculado guardanapo branco sobre a toalha.

— Joana, temos um assunto muito sério a discutir. Prefere ir a outro local ou podemos falar aqui mesmo?

— Georges, não me assuste. Aconteceu alguma coisa séria? Claro que podemos falar aqui mesmo.

— Acalme-se, não houve nada anormal. Mas tenho notícias um tanto atrasadas a lhe dar.

— Notícias atrasadas? De quem?

— De sua família, Joana.

Georges notou um leve tremor nos lábios de Joana e a expressão de susto em seus olhos, que ela, ligeiramente, tentou superar.

— Procuraram você depois de todos esses anos? Será que Pedro não soube do fechamento da chácara?

— Joana, querida — disse Georges tomando-lhe a mão —, não foi a mim que procuraram. Foi a Francisco e há mais de três anos. Sua filha mais velha escreveu ao tio, e eu trouxe as cartas que seu irmão me entregou. Ele justificou não ter dito nada a você para evitar magoá-la. São, contudo, notícias importantes, e você precisa saber. Por isso, eu as trouxe.

— Muito bem — Joana respirou profundamente como alguém que fosse enfrentar uma batalha. — Dê-me as cartas. Vou lê-las.

Georges apertou-lhe suavemente a mão, que prendia entre as suas, e entregou-lhe as cartas. Gentilmente, Joana retirou a mão que Georges segurava para abrir os envelopes. Não pôde evitar as lágrimas ao tomar conhecimento da morte da mãe, do casamento da filha e lembrou-se de que, quando todo o seu martírio começou, a segunda filha era um bebê e já devia estar casada. As filhas de Joana casaram-se cedo, mesmo para os padrões da época.

Georges acompanhava-lhe as reações. Ao terminar a leitura da segunda carta, Joana passou as mãos no rosto e, secando as lágrimas e forçando um sorriso, devolveu-as a Georges.

— Penso se não serei avó. Quanto tempo se passou, Georges! Para sobreviver à saudade de minhas filhas, tive de sufocar muitas lembranças e contentar-me com a alegria de poder viver simplesmente. Meu marido disse às minhas filhas que estou morta há todos esses anos, e elas se julgam órfãs. Não sei o que fazer. Parece-me que talvez nada haja a ser feito. Elas estão casadas, e em nenhuma linha fez menção a mim. Por que me entregou isso agora, Georges? Dói-me remexer velhas feridas.

— Eu sei o quanto dói. Achei que era preciso que você soubesse a verdade. Mas não foi para fazê-la sofrer que lhe trouxe as cartas. — E, tomando-lhe novamente a mão, beijo-a com carinho e continuou a segurá-las. — Joana, tenho pensado muito nessa infeliz perseguição que o bispo desencadeou ao trabalho que realizamos aqui. Preocupo-me especialmente com você, temo por sua segurança e confesso-lhe que estou cansado de perseguições. Estou sendo covarde, mas estou velho e creio que tenho esse direito.

— Georges, você está pensando em partir de Cádiz? Pretende nos abandonar?

— Sim e não, Joana. Como lhe disse, pensei muito e creio ser melhor e mais seguro partir. O novo mundo me parece uma boa opção. A Europa está por demais manchada. Quem sabe uma nova humanidade não se estabeleça nesses continentes novos? É minha esperança e não gostaria de terminar meus dias às voltas com perseguições injustas, mas construindo algo novo, com as forças que me restam. Não gostaria, contudo, de partir sozinho. Joana, lembra-se de nossa conversa naquela confeitaria aqui, em Cádiz?

Joana, calada, aquiesceu com a cabeça. Não ousava crer que seu mais secreto sonho viesse a se tornar realidade.

— Pois bem, meus sentimentos não mudaram, e acredito que os seus também não. Não foi o seu casamento que me impediu de levá-la comigo de volta à chácara, mas seu próprio equilíbrio recém-conquistado. Eu sabia que, com Manuel e os demais membros do grupo, você aprenderia mais rápido do que comigo a lidar com os fenômenos espirituais. Além disso, eles precisavam de você. O tempo provou que estávamos certos ao nos separarmos daquela vez. Porém, hoje nada mais, nem mesmo seu casamento, nos separa. Temo por sua segurança permanecendo em Cádiz, pois o bispo é fanático. Mas, acima de tudo, Joana, é por meus sentimentos que eu lhe peço que me acompanhe ao Novo Mundo, seja minha companheira, minha esposa, se assim o desejar. Você aceita?

— Sim, Georges, eu aceito. Você sabe que é tudo o que eu quero desde os tempos da chácara. — E, rindo, Joana prosseguiu: — Minha vida é muito engraçada. Sou viúva, e consideram-me morta. Fui julgada louca por anos a fio e assim fui tratada, e um louco ainda maior curou-me acreditando em mim. E, no mesmo dia em que me reconheço talvez avó, sou pedida em casamento e sinto-me como se tivesse quinze anos.

Levantando-se, Joana aproximou-se de Georges, beijando-o enfim. Depois, abraçaram-se.

— Querida, partiremos em breve. Hoje mesmo, vou providenciar nossa viagem. Arrume suas coisas. Daremos a notícia a Francisco e aos nossos amigos à noite.

Aquele dia feliz transcorreu rapidamente, como só acontece com as horas alegres, que nem ao menos percebemos.

O anúncio da união de Joana e Georges era para todos previsível, porém, logo que ele se estabeleceu na cidade e nada se modificou, acharam que haviam interpretado mal os sentimentos que viam entre os dois, por isso, mesmo previsível, o anúncio foi motivo de surpresa e alegria. A decisão de partir para o Novo Mundo surpreendeu a todos, mas foi bem recebida. Sabiam que o interesse pelas experiências espirituais tomava caráter de maior seriedade, não apenas a moda de salões que havia agitado tantos invernos europeus. Nascia uma época em que pesquisadores sérios se interessavam pelo tema, e aonde quer que fossem poderiam continuar as relações com o além e ensiná-las a outras pessoas. Levavam as sementes, e isto era o mais importante. Era tempo de semear uma nova mentalidade. Ainda que o grupo se dissolvesse, ficariam as marcas em seus espíritos daquela época, e onde estivessem se manteriam fiéis à nova fé.

CAPÍTULO 22
O FINAL

Nascer, morrer, renascer ainda e progredir sempre, tal é a lei.[28]

A vingança de Maria Helena contra Rodrigo seguia inclemente. Mesmo sem o saber e com as faculdades mentais comprometidas, o pouco que entendia era que deveria fazê-lo suportar tudo o que ela própria tinha passado e ainda estava passando. Seu maior desejo era fazê-lo suportar "os pesadelos", como ela os julgava. O terrível despertar após o suicídio. Exultou ao vê-lo desesperar-se e debater-se clamando pelo fim, pois ele não se dera conta, de imediato, de sua situação e acreditava não haver logrado êxito em sua tentativa de esvair-se da vida, fugir ao horrível fantasma que o atormentava e às lembranças pungentes que a consciência culpada não lhe permitia esquecer.

Após vários dias inconsciente, Rodrigo despertou. Sentia-se sufocado, sem ar. O local era quente e úmido e cheio de bichos, e ele sentia vermes andando sobre seu corpo e sentia-se coberto de formigas, que andavam sobre ele, entravam-lhe no nariz e nas orelhas, enlouquecendo-o de dor. Sentia uma terrível dor na altura do pescoço, e frequentes crises de falta de ar o enfraqueciam.

Tudo era escuro e silencioso. Somente o som dos vermes efetuando o trabalho da natureza interrompia os pensamentos de Rodrigo sobre como livrar-se daquele estranho e apertado local.

Não se dava conta das horas nem dos dias. O tempo deixara de existir, e ele perdera completamente a capacidade de mensurá-lo.

28 Essa frase está presente na lápide de Allan Kardec.

Em meio a tudo aquilo, ouvia o som de um acalanto, mas sentia que não era para ele, embora fosse familiar. Rodrigo identificou quem cantava. Remexeu-se e, surpreso, sentiu o contato de rendas úmidas e o cheiro de podridão humana.

— Rendas. Mau cheiro — apalpou um pouco abaixo de si —, cetim... — Olhou à sua volta. — Tudo estava escuro. Havia somente algumas réstias de luz. — Deus meu! Enterraram-me vivo! Estou preso num caixão. Socorro, socorro! — gritava Rodrigo, debatendo-se alucinadamente.

Sentada sobre um túmulo, Maria Helena, feliz, acompanhou o despertar dele.

— Sofra infeliz, sinta como é bom. Já passei por esse pesadelo! Aproveite! Não vai chamar sua querida amante para ajudá-lo? Quem sabe ela tenha um plano brilhante, como o de manipular a minha vida? Sofra! — E ria deliciada, observando-o pedir socorro.

Para seu espanto, Maria Helena viu um pequeno grupo aproximar-se. Suas aparências eram péssimas. Tinham os ferimentos expostos, usavam trajes sujos e estavam pálidos como a morte. Outros trajavam longas vestes mortuárias, e à frente vinha um homem forte com poucos dentes, a maioria podres, com cabelos empapados de sangue e um largo corte na cabeça. Trazia as roupas rasgadas e os pés descalços e encardidos, sujos de lama, e, aparentemente, exercia autoridade sobre o grupo.

— Alto! — gritou a tal entidade diante do túmulo de Rodrigo. — O que temos aqui? Parece que mais um vai juntar-se a nós — disse ele.

Levantou o olhar e deparou-se com Maria Helena. Ela, que estava acostumada a ser ignorada, surpreendeu-se ao ouvi-lo corrigir-se:

— Talvez dois. Quem é você? — perguntou ele a Maria Helena.

— Por que quer saber?

— É parente dele? — O homem fez um gesto apontando para o túmulo de Rodrigo.

— Sou, mas o odeio. Ele merece esse pesadelo — informou Maria Helena.

— Que pesadelo? Dona, isto é realidade! Esse infeliz acordou dentro do caixão. Está descobrindo sua nova morada — disse ele.

— Não, ele tentou matar-se, mas não conseguiu. Por que se interessou por ele? Por acaso o conhece? — indagou Maria Helena.

— Não, mas somos uma irmandade aqui, e ele pode nos ser útil. Você também, se quiser. O que traz consigo? Uma criança? Isso ainda não tinha visto.

— É minha filha. Afaste-se. Ela está dormindo.

— Largue-a por aí. Alguém da luz pode vir buscá-la. Um bebê não nos interessa. Se desejar ficar conosco, lhe daremos comida e um local para ficar. Dividimos todos uma capela que fica no fim do cemitério. Pode ir para lá, mas sem a criança.

Assustada e temendo algum mal à menina, Maria Helena levantou-se e saiu correndo do cemitério. "Voltarei depois que eles se forem", pensou.

Porém, à noite, quando voltou ao local, não ouviu mais os gritos de Rodrigo. Olhou bem e viu apenas o corpo inerte e os vermes passeando sobre ele. Era uma visão deprimente.

"Morreu", pensou Maria Helena. "O infeliz era mais fraco do que eu, que sobrevivi à coisa parecida. Vai ver a família caprichou quando o fechou no caixão. Não havia como viver mesmo. Tomara que vá para o inferno."

Com uma leitura absolutamente distorcida da realidade, Maria Helena não se dava conta de que via coisas que normalmente não veria, como, por exemplo, ver o que se passava no interior de uma sepultura. Não percebia que a matéria não lhe oferecia obstáculos.

Por longos anos, Elizabeth viveu em clima de razoável bem-estar na Inglaterra. Logo após os episódios da ilha e a descoberta de todo o seu plano de enriquecimento, retornou a Madri, desfez-se de todos os bens que amealhara durante a relação com dom Antônio e os últimos anos com Rodrigo, recolheu as obras de arte que ornavam a Mansão Alvarez, que lhe servira de lar, e partiu. Em terras inglesas, estabeleceu-se em uma aprazível casa de campo próxima a Londres, investiu o restante do dinheiro em aplicações bancárias e joias e usufruiu a vida tranquilamente. De início, poucos amigos souberam de seu retorno, mas, com o passar do tempo, tornou-se novamente conhecida nos círculos sociais, onde seu dinheiro era muito bem recebido, e a solidão que se abatera sobre ela desapareceu.

Elizabeth teve outros amantes, que a ajudaram a amealhar mais joias e pequenos presentes caros, porém a nenhum dedicou afeto. Somente

Rodrigo de M. despertara-lhe paixão, mas não propriamente amor. Sentia saudade do irmão, mas, por orgulho, não o procurou. Bania as lembranças e o interesse em saber o que acontecera com Franz após sua partida da ilha. "Fatos passados não mudam", dizia a si mesma. E assim entregava-se a muitos afazeres sociais, que lhe consumiam o tempo e a disposição.

Envelheceu precocemente, e a solidão dos primeiros dias retornou à sua existência. Poucos amigos sobraram, nenhum amante, nenhum afeto. A saudade do irmão doía-lhe, e a falta de notícias causava-lhe uma agonia, pois agora longas horas tinha à sua frente e não havia como fugir das recordações de passado. Crises de depressão sucediam-se, e Elizabeth começou, lentamente, a pensar no que seria o final da sua vida. E depois? Era a interrogação ao fim de cada reflexão. Durante a vida, não colhera nenhuma amargura pelo que fizera e começava a reconhecer que talvez não houvesse agido da melhor forma. A culpa começou a lançar suas garras e aprisionar a rebelde Elizabeth. Nada fica impune na vida. As leis que regem a existência são sábias e seguras, nos conduzem ao aprendizado e se, por vezes, se utilizam de métodos dolorosos, é porque, nós, os alunos, escolhemos com nossos atos os caminhos tortuosos da dor, da culpa, do medo, em razão das inúmeras ilusões que abrigamos como verdades.

Elizabeth acreditava na supremacia do dinheiro, de que ele seria capaz de abrir-lhe todas as portas, e para isso não titubeou em fazer o que fez. Entretanto, suas ilusões não lhe permitiam ver que as portas que desejava abertas eram as da hipocrisia, da falsidade, dos interesses mundanos, todas transitórias e sem real significado. Iludiu-se, e a vida providenciou algo para que ela amadurecesse e abandonasse as ideais antigas.

A idade também lhe trouxe a doença, que a colocava acamada dias a fio, sem ter como fugir de si mesma. Ao fim da existência, era obrigada a rever a forma como havia vivido. Por fim, arrependeu-se e voltou-se para Igreja. A criada que a servia era membro de uma congregação protestante e frequentemente conversava com ela, exortando-a a procurar amparo na fé e a ajuda de Deus. Tanto fez que Elizabeth a autorizou a levar o pastor até sua residência e, com surpresa, tornou-se sua amiga, apreciou as palavras do bondoso pastor, que lhe falava dos evangelhos e do poder da fé, do perdão de Deus aos pecadores arrependidos e da recepção no reino dos céus.

Arrependida, Elizabeth confessava seus pecados a Deus e implorava-Lhe perdão. Reanimada, tornou-se, nos últimos anos de sua vida, membro e benfeitora da pequena comunidade evangélica da localidade onde residia. Um de seus últimos atos foi reatar relações com o irmão. Franz, também idoso, estabelecera-se com um pequeno comércio e continuava a viver em Madri. Passados vários anos, unira-se a uma senhora viúva e com ela tocava o negócio. Ele auxiliava na criação dos dois filhos menores da esposa, que Franz adotara como se fossem seus. Abandonara os vícios, e podia-se considerá-lo um cidadão honrado. A amizade com Georges era um dos grandes fatores das mudanças operadas em Franz. Ele e a esposa agora se diziam simpatizantes do Espiritismo, a nova doutrina que, em 1857, fora trazida à luz por um professor francês, o senhor Hippolyte Leon Denizard Rivail, que assinava seu primeiro livro expondo as conclusões e experiências com o além sob o pseudônimo de Allan Kardec.

Recebeu com alegria as notícias da irmã. Ainda que tarde, ela compreendera que errara. Respondeu-lhe dizendo que a ele não devia um pedido de perdão e, sim, a Maria Helena, Rodrigo e Manuela. Falou-lhe das ocorrências há muito passadas e recomendou que fizesse preces pelos mortos. Continuaram correspondendo-se até a morte dela, porém não mais se encontraram pessoalmente.

Uma criada informou a Franz da morte de Elizabeth e participou-lhe que seu testamento beneficiara os criados que a serviram até o fim e que todo o restante fora doado à comunidade evangélica da qual ela se tornara membro. Franz compreendeu que a irmã sabia que ele não aceitaria qualquer dinheiro vindo dela, pois conhecia a origem da fortuna, e que deixá-lo a uma instituição religiosa era uma tentativa de redenção de sua consciência.

Arrependida, Elizabeth ingressou na vida espiritual sob o amparo da mãe, que a assistiu e esclareceu. Conduzida a um local de refazimento, teve contato com Dóris, que a informou da penosa situação de Maria Helena e da trajetória de Rodrigo, que, havia pouco tempo, convalescia em uma casa de atendimento. Dóris a esclareceu quanto às leis que regem a vida e a conscientizou de sua responsabilidade no estado daqueles espíritos com os quais convivera.

— É, Elizabeth, não basta a atitude passiva de quem reconhece o erro. Logicamente, ela é melhor do que a persistência no equívoco numa postura arrogante, porém é preciso reparar o malfeito — alertou Dóris.

— Como posso fazer isso? São fatos passados, não posso voltar no tempo — argumentou Elizabeth.

— É verdade. Você não pode voltar no tempo, mas deve avançar no tempo, que é nosso grande tesouro. Ele nos permite refazer hoje ou amanhã o ontem. A reencarnação, minha cara, nos possibilita retornar em outros corpos, em outros locais, esquecidos dos fatos passados, mas lembrando, seja por questões afetivas, por sonhos ou por intuição, os vínculos do passado para, assim, refazermos as relações. Não são os fatos em si que você deverá procurar refazer tal e qual, mas sim os relacionamentos. Jesus nos ensinou que todas as leis se resumem em amar a Deus sobre todas as coisas e ao próximo como a si mesmo. Assim, o que a reencarnação nos possibilita é justamente o aprendizado e o cumprimento dessa lei. Ela nos ensina a valorizar a vida, as oportunidades que recebemos e a aprender, sobretudo, a reconhecer a inteligência, a bondade e o infinito amor de Deus para com a criação da qual fazemos parte. Não se lamente; observe a natureza, trabalhe. Após a tempestade, a natureza não murmura; ela trata de refazer-se e refazer cada ser. Ela é útil e contribui para o equilíbrio dentro de suas potencialidades.

— Mas o que posso fazer, Dóris?

— Ajude suas vítimas de ontem, ampare-as na sua recuperação, que será lenta e penosa.

— Você me aceitaria como sua ajudante? — perguntou Elizabeth.

— Claro.

Aceitando a mão que Dóris lhe estendia, Elizabeth disse:

— Você é muito boa. Obrigada por não me condenar pelo passado.

— Quem sou eu para ser considerada boa? Lembre-se do que Jesus disse: "Bom é nosso Pai". Além do que, não devemos julgar senão nossa própria consciência — ensinou Dóris.

E, juntas, começaram a arquitetar planos de recuperação para os envolvidos naqueles episódios, especialmente Manuela e Maria Helena.

Tão logo Rodrigo de M. recuperou-se do longo período em que habitara o cemitério de Madri, de onde fora resgatado por Dóris, conversou longamente com a benfeitora sobre o passado. Juntos, reavaliaram situações, e, arrependido, Rodrigo consentiu em participar do plano de recuperação de Maria Helena e de Manuela, juntando-se a Elizabeth.

Mágoas ainda existiam entre Rodrigo e Elizabeth, e, incansavelmente, Dóris os exortava a buscarem a paz, a relegarem ao esquecimento os fatos passados e a empenharem-se na tarefa de construção de novos tempos.

Quase ao mesmo tempo, retornavam ao mundo espiritual Georges e dom Antônio, porém, de forma muito diversa.

Georges dedicara a vida ao próximo, vivera com retidão de caráter e, ao ver florescer sobre a terra, ao fim do século XIX, as luzes do conhecimento espiritual, que ele divisara em Cádiz, lamentou não ter ficado e lutado com os demais amigos pela verdade que divisavam. Encerrou seus dias na América Central, descobrindo resquícios da antiga cultura Maia e dedicando-se à medicina e ao contato com o mundo espiritual. Estabelecera-se com Joana em uma pequena aldeia, onde viveram com simplicidade, mas muito felizes.

Naquele local quase selvagem, não reconheceriam em Georges e Joana dois distintos cidadãos europeus. O casal adotou os trajes locais, coloridos e apropriados ao clima e, após algum tempo, foi aceito incondicionalmente pelos habitantes nativos.

Seu leito de morte foi chorado por inúmeros amigos e pela mulher que ele amara devotadamente e cujas preces e o carinho o seguiram após o túmulo, diminuindo a dor da separação.

Dom Antônio, ao contrário, morreu só, exatamente como viveu. E despido de sentimento foi o seu enterro. Ninguém lamentou afastar-se dele. Dona Maria não alimentava nenhum bom sentimento pelo marido e foi com agrado que o viu partir. Estava livre e internou-se em um convento para o qual foi indicada pelo padre do vilarejo. Após alguns anos, ela encontrou a morte vitimada por pneumonia, adquirida nos longos jejuns e na reclusão nas celas escuras e úmidas do convento. A ilha e toda a sua riqueza retornaram à Coroa espanhola. Os Alvarezes não deixaram descendentes.

Joana foi a última a retornar e foi recebida com muita alegria. Vencera a tarefa espinhosa a que se propusera. Seu espírito retornava à pátria isento de ódios e mágoas; não levava consigo débito e ia em paz. Logo se juntou a Georges e a Dóris para novos trabalhos e prosseguiu vivendo com a mesma alegria, simplicidade e força de vontade que a caracterizavam quando encarnada.

CAPÍTULO 23
NOVO COMEÇO

Se o amor ao próximo é o princípio da caridade, amar os inimigos é sua aplicação sublime, porque esta virtude é uma das maiores vitórias alcançadas sobre o egoísmo e o orgulho.[29]

Levantei-me e andei pela sala pequena e simples que me servia ao trabalho. Havia nela apenas uma mesa, e a iluminação era garantida por uma vasta janela, que dominava quase totalmente uma parede e dava vista ao jardim bem cuidado de nossa instituição. Do lado de fora, a algazarra das crianças era visível, embora os ruídos não me perturbassem. Ouvindo Chopin, concentrei-me de tal modo na narrativa das vivências de nossos personagens que desconheço quantas horas passei analisando as memórias que encerramos no capítulo anterior. Foram muitas.

Sucedem-se as eras, e ainda tropeçamos em velhas pedras, que deveriam ser conhecidas no caminho. A história de nossos personagens é comum, corriqueira, e os dramas da paixão repetem-se continuamente. E, após eles, surge o sofrimento, que é o legado de todo exagero, de tudo quanto não possui o controle, que marca a qualidade da razão no espírito humano.

E lamentos e revoltas elevam-se ao Criador em atos de rebeldia extremada, pois melhor lhe infligir a pecha de injusto do que reconhecer a própria responsabilidade nos atos insanos. Ultrapassada a fase infantil do entendimento da vida, esgotados de sofrer, enfim, amadurecemos, e, defrontando nossos atos, vem o arrependimento, por vezes, amargo, mas sempre benéfico para o equívoco de nossos atos. E aí? "Trabalho!", responde-nos a vida com incansável sabedoria.

Trabalho íntimo, impostergável na própria melhora. É a hora de colher o fruto da compreensão da experiência vivida na carne. Seja ela boa

---

29 KARDEC, Allan. **O Evangelho Segundo o Espiritismo**. Araras, SP: IDE. Cap. XII, item 3.

ou não, encerra sempre um aprendizado que, a bem da evolução, não deve ser desdenhado.

Depois de conhecer todos os lances que culminaram no atendimento feito a Maria Helena e Manuela, é impossível não refletir sobre a consequência das atitudes. Não são apenas ideais que, lançadas, fogem ao nosso controle. Em um mundo de vibrações, até mesmo nosso pensamento causa repercussão em nossa e na vida de outros seres. Que dirá nossas atitudes?

Saint-Exupéry muito bem definiu esse entrelaçamento que existe em nossas existências em todas as esferas, quando escreveu "tu te tornas eternamente responsável por aquilo que cativas". Somos levados a pensar na palavra cativar como sinônimo de amar, porém cativo também é aquele que tem sua liberdade cerceada. E de quantas formas cerceamos liberdades? Inúmeras.

Cerceamos pensamentos, impingindo-lhes ideias preconcebidas; cerceamos comportamentos, impingindo às pessoas padrões de conduta socialmente tidos como aceitáveis e discriminando outros com julgamentos nada cristãos; e reclamamos da hipocrisia social que alimentamos.

O amor jamais torna alguém cativo, porque sem liberdade ele se estiola. A liberdade é natural ao ser humano, e tudo quanto seja contrário à natureza está fadado ao insucesso. Amor cativo, amor escravo, não existe; é paixão desenfreada, que desatina e faz sofrer por não sermos nós que a conduzimos, e sim ela que nos conduz. Somos cavaleiros sem perícia montados em um potro forte. Precisamos nos reconhecer senhores das forças que possuímos e desenvolver a perícia em manejá-las, para, então, crescermos em equilíbrio e segurança, evitando, assim, os dramas que se sucedem por conta das paixões.

Mas basta de divagações. Era preciso reencontrar os companheiros de jornada e inteirar-me das condições de nossas atendidas. Confesso que a curiosidade me fustigava.

Dirigi-me ao salão, onde sabia que sempre encontraria alguém e, com um pouco de sorte, nosso orientador, para relatar-lhe a conclusão do trabalho. Onde houvesse pessoas em movimentação e atividade ali, ele estaria com o prazer e a atenção de sempre, eu o sabia. Não demorei a encontrá-lo. Sua figura serena e distinta, cabelos e barba brancos, olhos redondos e escuros, calmos e seguros, as vestes simples de operário[30], estatura baixa, magro, pele morena. Com alegria, fui ao seu encontro.

— Então, José, finalmente retornou ao nosso convívio! Sentimos sua falta.

---

30 Nota da médium: O traje referido trata-se de um terno marrom.

— Estive trabalhando na história de Maria Helena. Refiz as vivências que a levaram ao lamentável estado em que se encontrava quando a socorremos com o bebê. Não esquecerei facilmente aquele canto atormentado ou a tristeza da cena naquela caverna escura.

— Realmente, são tristes as condições dela, porém confiemos que, a seu tempo, tudo retornará ao equilíbrio a que está fadado. É uma questão de aprendizado.

— Porém isso não afasta a dor.

— A dor é a mestra. Como afastá-la? Sabe, José, todos nós elegemos nossos mestres e como seremos tratados. Escolhemos as escolas que vamos frequentar. Em âmbito moral, a situação em nada difere. Usando nosso livre-arbítrio, elegemos as situações que iremos vivenciar e, por conta da lei de ação e reação, recolheremos o correspondente às nossas atitudes sempre. Ao entregar-se à descrença e à rebeldia contra o Criador, Maria Helena optou pela escola do sofrimento. Lá, a mestra é a dor. Como em toda escola, a dor somente cessará sua ação quando a aluna tiver aprendido integralmente a lição. Jesus já nos falou desse método de avaliação, quando disse que não sairíamos antes de pagar centil por centil. A Justiça Divina não aceita devedores e alunos com curso incompleto. A evolução não pode ser feita por média como nas escolas da Terra; ela se dá por assimilação integral. Aprendizado racional, emocional e comportamental.

Meditei sobre suas palavras por alguns instantes. Não carecia dizer nada. Sorrindo, por ver que ele não perdia a oportunidade de um diálogo esclarecedor, perguntei:

— Como estão nossas atendidas agora?

— Georges irá visitá-las. Por que não o acompanha?

— Ótimo! Ele virá aqui ou devo encontrá-lo em algum lugar?

— Georges está passeando com uma irmã nova que chegou enquanto você trabalhava. Ela traz muitos conflitos. É um caso muito complexo dos enredos que as emoções descontroladas podem fazer em nossas existências. Isso já lhe dá a entender que teremos bastante tempo para conversar. Então, me conte como foi o trabalho com a história de Maria Helena?

Relatei-lhe grande parte da história. Guardei-lhe apenas uma surpresa; não a revelei. Assim como Georges, ele ignorava a pesquisa incluída nas vivências de Maria Helena. Ambos acreditavam que eu me ativera tão só à sua vivência, mas eu contava ainda obter a permissão de Georges para dar conhecimento de sua experiência a respeito do trabalho desenvolvido em

Cádiz, ainda antes da Codificação Kardequiana. Era meu reconhecimento pelo muito que aquele grande amigo me ajudara no passado recente.

Continuamos conversando alegremente até que vimos Georges aproximar-se. Cotidianamente, ele trajava-se da forma simples como terminara seus dias na finda existência que relatamos, ou seja, com trajes dos nativos da América Central. Era seu tributo à arte da simplicidade que aprendera com eles, como sempre dizia.

— Saudações, José Antônio. Já pensávamos que nos havia abandonado em busca de outras histórias. É bom revê-lo! Como está?

— Muito bem, Georges. Estive muito tempo isolado. Você sabe que é assim que gosto de escrever, mas concluí minha tarefa e confesso-lhe que a curiosidade e a amizade que desenvolvi ao longo do trabalho por Maria Helena e Manuela me fizeram buscar novas notícias. Soube que vai visitá-las e gostaria de acompanhá-lo, se não for incômodo.

— Amigos são o que Maria Helena mais precisa. Que o seu trabalho traga a ela muitos amigos, pois a amizade é um sentimento construtor no espírito, que fortifica e nos dá ânimo. Conforta-nos saber que corações fraternos nos cercam. Claro que será bem-vindo. Apenas terminarei uma tarefa que estava realizando e retornarei para irmos vê-las.

Minutos depois, partíamos com destino à Casa de Maria.

À chegada, encontramos Dóris parada em frente ao jardim das fontes.

— Como você está, Dóris? — cumprimentou Georges. — O que faz aqui?

— Tão bem quanto vocês, eu espero. Infelizmente, não são boas notícias que me trazem aqui. Essa manhã, Dulce informou Regina de que Maria Helena não estava nada bem. Ela retornou ao estado de alienação e tem clamado pela filha, dizendo que haviam conseguido roubar a menina dela. Não atendia a ninguém. Tentaram várias alternativas de tratamento, mas foram infrutíferas sem a cooperação dela. Por fim, começou a vasculhar a casa e os arredores, fugindo do controle dos amigos que se responsabilizavam por sua segurança e seu tratamento.

Penalizado, Georges fitava o gramado e os próprios pés. Quando levantou a cabeça, seu olhar estampava uma sentida tristeza. Ainda que contidamente, via-se que ele sofria com as informações recebidas.

— Acreditei que, dessa vez, minha menina fosse se recuperar, mas me enganei. Seu espírito ainda não superou as ocorrências do passado e obstina-se na fuga da realidade e de sua cota de responsabilidade. Prosseguir orando por ela é a solução. Já a localizaram?

— Está vagando à procura de Manuela. Seu estado mental é bastante sério e exigirá um tratamento prolongado para recuperar-se. Todos estão atentos. Tão logo tenham alguma localização, irão nos informar.

Notando o abatimento de Georges, resolvi interferir:

— Bem, apesar do encanto que esta casa e seus conceitos me causaram, creio que devamos retornar, não é, Georges? Nosso orientador falou-me de um novo caso que está acompanhando. Disse ser delicado e complexo. Em nossa instituição, seremos mais úteis. O que acha?

Com a sagacidade que o caracterizava, Georges percebeu minha intenção de animá-lo. Após conhecer os lances do passado que o uniam a Maria Helena, podia bem avaliar a dor que sentia. Creio que deixei transparecer esses sentimentos.

— Agradeço, José Antônio, pelo carinho de sua atitude. Obviamente, regressaremos, pois muito trabalho nos espera. E talvez lhe possa falar um pouco mais de minha amiga e de nossa relação.

— Enquanto os amigos retornam às suas tarefas, me dedicarei às minhas. Manuela está se recuperando esplendidamente. Em breve, deve estar em condições de discutir conosco seu retorno à esfera carnal — disse Dóris e, acenando, despediu-se.

Em nosso regresso, as palavras de Georges martirizavam-me, mas respeitei o silêncio do amigo e aguardei que ele mesmo fizesse as revelações que julgava necessárias.

— José Antônio, sua pesquisa enfocou exatamente o quê?

— A vivência de Maria Helena desde o nascimento até sua trajetória no mundo espiritual após o duplo crime que cometeu.

— Nada enfocou sobre seu passado anterior?

— Não. Meu objetivo era abordar os tormentos voluntários que angariamos para nossas existências por conta de nossas paixões, e o relato da vida de Maria Helena era perfeito. Não havia elos do passado interligando as vidas de Rodrigo, Maria Helena e Elizabeth. Tudo quanto ocorreu foi por conta da livre vontade e deliberação deles.

— É verdade. Criaram vínculos nessa última existência, que os manterão unidos até que aprendam a se amar com o mesmo ímpeto com que hoje se repelem. Mas meu afeto por Maria Helena é anterior a tudo isso. Somos conhecidos de longa data.

— Isso eu percebi — respondi e silenciei. Existem ocasiões em que as pessoas conversam conosco como se falassem sozinhas e, para Georges, aquele era um desses momentos.

— No passado, Maria Helena foi minha muito adorada filha. A última de uma numerosa prole. Ela cresceu em meio a homens adultos e era por nós todos muito mimada. Seu nascimento custou-me a perda da esposa, então, devotei-me à menina com redobrado amor. E ela, por sua beleza e seu encanto, seduzia a todos. Cresceu muito unida a mim, mas, como eu mesmo reconheço, errei em deixá-la isenta de responsabilidades, em não lhe reconhecer o caráter apaixonado. Para resumir a longa história, ela, na adolescência, apaixonou-se por um comerciante, homem muito mais velho e vivido, entregou-se a ele e engravidou. Casamento e família eram duas coisas que o mercador não desejava separadas, quanto mais de uma só vez. Abandonou-a, e ela, desesperada, temendo contar-me a verdade pela decepção que julgava me causar, optou por procurar uma parteira que lhe recomendou métodos abortivos. Ela terminou aquela existência poucos dias depois, consumida pela febre decorrente da infecção. No seu violento martírio, confessou-me tudo, pediu que a perdoasse, arrependeu-se de sua atitude, mas era tarde. Na vida espiritual, a reencontrei buscando dignificar o amor materno que relegara. Guardava profunda mágoa do antigo namorado e, em novos planos, concordou em regressar ao seu lado em outra encarnação. Retornou como Maria Helena Gomez Alvarez, única filha de dom Antônio, seu antigo sedutor reencarnado. Eu, por minha vez, concordei em tutelá-la novamente na adolescência. Daí o forte sentimento que marcou nossa amizade. Ao receber Manuela como filha, Maria Helena devotou-lhe extremado amor, ainda fruto de resquício do passado. Exageros, paixões, a conduziram novamente ao tropeço.

— Compreendo. Mas, a seu tempo, tudo voltará ao equilíbrio. Maria Helena precisa amadurecer, e, como você mesmo disse, só nos resta orar por ela.

Chegando à nossa instituição, logo vimos a movimentação e a alegria costumeiras. Vislumbrando o quanto havia de trabalho a ser feito, Georges olhou-me e sorriu.

— Basta de nostalgia. O hoje é nosso melhor momento. Trabalhar e crescer são o que nos compete realizar.

E assim dizendo, começou a observar a atividade que um grupo de aprendizes realizava. Ele os havia treinado, e eram agora seus auxiliares. Estavam dialogando com um grupo de espíritos recém-libertos da matéria e pouco conscientes de sua nova realidade.

É gratificante ver o bem em ação. E melhor ainda poder participar dele — dizendo isso, afastou-se de mim e juntou-se aos seus aprendizes e ao que eles faziam.

Passados mais de dois anos do atendimento feito a Manuela, encontramos Dóris, muito feliz, acompanhada de nosso orientador. Conversavam enquanto caminhavam pelos arredores de nossa instituição. Após nos cumprimentarem alegremente, indaguei:

— Então, Dóris, tudo corre bem com nossa Manuela?

— Sim, tudo se encaminha para o melhor. A reencarnação de Manuela está em fase de conclusão. Em breve, nossa menina deve mudar de nome.

— Já tão rápido?!

— Prevíamos que seria ainda prematuro auxiliar Maria Helena com êxito, porém o caso de Manuela era muito diferente. Urgia resgatá-la e viabilizar seu despertar e sua recuperação da consciência espiritual. Feito isso, encaminhá-la à nova jornada na Terra era tarefa urgente e o dissemos naquela ocasião. Por isso, não entendo seu espanto, José — interveio nosso orientador amistosamente.

— Recordo, mas não julgava que seria tão rápido. Já tinham planos traçados anteriormente?

— Claro — respondeu Dóris. — Tão logo retornou ao mundo espiritual, Elizabeth, arrependida de suas atitudes, prontificou-se a trabalhar no reajuste de Rodrigo e Maria Helena. Recebeu nesse novo começo Rodrigo por companheiro de existência, em uma tumultuada relação conjugal em que a dedicação e a resignação serão imprescindíveis ao sucesso. Os dois enfrentarão dificuldades econômicas, para não dizer a própria miséria, e Manuela lhes chegará em breves dias como filha. Em decorrência de sua vivência recente, será também uma criança problemática, que exigirá amor incondicional da mãe. Por meio dessa atitude, esperamos que, quando Maria Helena se recupere, reconheça os esforços dos antigos desafetos em prol da menina a quem tanto amou no passado e que por aí comecemos a construir dias de paz para esses irmãos. Elizabeth dispôs-se à caridade sublime, e esperamos que ela conquiste a vitória sobre a ambição e o orgulho, que foram seus motivos de queda.

Conversamos um tanto mais e despedimo-nos, retornando cada qual ao seu trabalho. Por mais que se fale na justiça da reencarnação, ainda assim, sempre haverá novas palavras que expressem nossa admiração por essa sábia lei.

EPÍLOGO

Às vésperas do século XXI, Maria Helena, enfim, despertou de sua longa fuga e retornou à razão. Ao longo desse tempo, vagou pela vida, sofrendo e fazendo sofrer. Reencontrou Rodrigo e Elizabeth, reencarnados sob novas vestes carnais, acrescentou uma dura ação obsessiva às dificuldades que eles haviam se proposto a vencer na nova vida.

Enfim, exausta de sofrer, vem dia a dia se fortalecendo cercada de atenção e esclarecimento. Tem se mostrado uma aluna dedicada de nosso orientador, que busca educá-la segundo os princípios de Jesus, mestre e educador de almas. Para ser aceita como aluna, precisou, como ele nos diz, encontrar a senha: um "sincero propósito de mudança interior". Somente com essa vontade se é admitido nesse programa de educação espiritual. Ela o tem manifestado.

Fim